4elleue

Heinrich Eppinger
Humor und Heiterkeit im Leben und Werk Rudolf Steiners

Heinrich Eppinger

Humor und Heiterkeit

im Leben und Werk
Rudolf Steiners

mit einer Anekdoten-Sammlung

Philosophisch-Anthroposophischer
VERLAG AM GOETHEANUM

© Copyright 1985 by Philosophisch-Anthroposophischer
Verlag am Goetheanum, Dornach/Schweiz. Alle Rechte vorbehalten

Gesamtherstellung Clausen & Bosse, Leck

ISBN 3-7235-0421-3

Inhalt

Vorwort

Lieber Leser,

»Puritaner des Humors« könnte man Zeitgenossen nennen, die so überzart empfinden, daß sie es nicht ertragen können, wenn über Humor gesprochen, geschrieben oder gar etwas gedruckt wird. Im Grunde – so meinen sie nicht ganz ohne Grund – sei und bleibe das Wesen des Humors doch unaussprechlich.

Sie, geneigter Leser, gehören bestimmt dieser Puritanergilde nicht an, denn schon ein Blick auf den Buchtitel hätte jeden Puritaner davon abgehalten, den zweiten Blick ins Buchinnere zu tun, den Sie furchtlos wagen.

Mehr noch, Sie erkennen sogleich, worauf es mir ankommt: in erster Linie nicht auf Humor und Heiterkeit, sondern darauf, das Bild der Persönlichkeit Rudolf Steiners und ein wenig auch das der anthroposophischen Bewegung von einem bestimmten Gesichtspunkt aus abzurunden.

Nun läßt es sich allerdings nicht ganz verheimlichen, daß ein »Humorbuch« zustandegekommen ist; es will mit Vergnügen gelesen werden, aber keineswegs zur bloßen Unterhaltung. Denn mein Anliegen ist ernster Art. Und so muß ich des Vorwurfs gewärtig sein, zu ausführlich, zu wenig »leichtfüßig«, spritzig, mit einem Wort nicht »leicht« geworden zu sein. Ich gestehe, derlei Vorwürfe will ich lieber hinnehmen, als den Vorwurf der oberflächlichen Plauderei. Und so hoffe ich unentwegt, nicht nur der Anekdotenteil werde Lesefreude bereiten, sondern auch zwischen den Zeilen des übrigen Textes werde der heitere Ton zu vernehmen sein.

Die Anthroposophie will das gesamte Kulturleben durchdringen und gestalten. An diesem Streben sind Heiterkeit und Humor in bedeutsamer Weise beteiligt; das wollte ich darstellen, und ich konnte es nur, indem ich einen Überblick in die einzelnen Sachgebiete darbot.

Eine thematische Besonderheit kommt hinzu: im Unterschied zu Christian Morgenstern zum Beispiel hat Rudolf Steiner den Humor nicht definiert, sondern »nur« so charakterisiert, wie es sich aus dem gegebenen Zusammenhang ergab. So sprach beispielsweise Steiner vom Humor einmal als der »beherrschenden Seelenkraft«, ein andermal als von einem »gesteigerten Temperament«, oder als der »Fähigkeit, sich über eine Sache zu erheben« und so fort. Es mußte auf einzelnes eingegangen werden. Und so wuchs die Schrift unversehens an auf 21 Kapitel! Raumgründe erzwangen eine entscheidene Kürzung. Nicht nur innerhalb der einzelnen Kapitel wurde zum Teil rücksichtslos gestrafft, es wurde notwendig, 7 Kapitel, zumindest vorderhand, ungedruckt zu lassen; es geschah recht schweren Herzens. Es sind die Kapitel: Erziehungskunst, Sprachgestaltung, Rezitation und Deklamation, Dramatische Kunst, Musik als Kunst der Heiterkeit, die Oberuferer Spiele, der landwirtschaftliche Impuls.

Verlag und Verfasser sind der hochgemuten Erwartung, dies vergnügliche Humorbuch werde so freundlich – nicht ohne sicherlich angebrachte Nachsicht – aufgenommen werden, daß ihm ein zweiter ergänzender Band folgen kann. Es ist geplant, ihn wieder gleichsam anekdotisch abzuschließen, wobei die Leserschaft herzlich eingeladen wird, mitzuwirken. So könnten auch mir unterlaufene Unvollständigkeiten und Unvollkommenheiten gutgemacht werden. Wir denken an Lesefrüchte als Ertrag des humoris causa bei weitem noch nicht voll ausgewerteten Vortragswerks, des weiteren an auf verläßlicher Überlieferung beruhende Mitteilungen anekdotischen oder episodenartigen Inhalts. So könnte für fortwirkende Arbeit ein unerschöpflich-fruchtbarer Boden geschaffen werden.

Ich möchte den Leser nicht nur informieren, sondern ihn vorab teilnehmen lassen an der hohen Freude, die mir durch die Arbeit an dieser Schrift vergönnt war. Es belebte sich mir die verehrungswürdige und liebenswerte Gestalt des Geistesforschers im Lichte der Heiterkeit und der Wärme des Humors immer mehr. So durfte auch der Schüler einen – verschwindend klein – Teil der Dankesschuld abtragen, die ihn belastet.

Gern sage ich auch innigen Dank den Menschen, die dazu beitrugen, daß dies Buch zustande kommen konnte: Frau Grete Lachner (Salzburg) dafür, daß sie mir aus tiefem Verstehen wertvollste Ermunterung schenkte, Frau Grete Preußler (Freiburg i. Br.), daß sie jahrelang die mühevolle Übertragung des Manuskripts in Schreibmaschinenschrift auf sich nahm. Herrn Karl Bögner (Berlin) schulde ich herzlichen Dank für die kritische Durchsicht der Arbeit. Dank auch dem Philosophisch-Anthroposophischen Verlag (Dornach), seinem Leiter Herrn Joseph Morel und dem unermüdlichen Lektor Herrn Thomas Meyer.

Schließlich und nicht zuletzt danke ich meiner Frau, die mir weit über das Maß dessen hinaus, in dem wohl die meisten Autorengattinen normalerweise stille energische Hilfe leisten, beigestanden hat.

Freiburg i. Br., im Sommer 1985   *Dr. Heinrich Eppinger*

Einleitung

Als am 30. März des Jahres 1925 die Individualität, die sich als Rudolf Steiner verkörpert hatte, um die anthroposophische Kulturbewegung ins Leben zu rufen, den Erdenplan wieder verließ, trat anstelle einer Persönlichkeit, die stärkste geistige Wirkung entfaltet und bedeutsame Richtkraft ausgestrahlt hatte, ihr Bild: so, wie es im Erinnerungs-Bewußtsein der zeitgenössischen Mitarbeiter und Schüler weiterzuleben begann.[1]

Wenn wir von Rudolf Steiners Humor und seiner Heiterkeit sprechen, berühren wir einen höchst persönlichen Lebensbereich. Diese Berührung möge sein verblassendes Erinnerungsbild zu neuer Farbigkeit beleben. Es geschieht nicht – dies sei mit Nachdruck betont –, um einen Persönlichkeitskult zu pflegen. Derlei Sentimentalitäten hat Steiner stets sehr entschieden abgelehnt: »Ich will nicht verehrt, ich will verstanden werden.«

Wir aber können und wollen nicht Verstehen und Verehren absolut trennen; ist es doch folgerichtig und natürlich, wenn mit dem gründlicher werdenden Verstehen auch die Verehrung wächst.

Und so ist denn auch dies Buch, das Kunde geben möchte vom heiteren und humorvollen Wesen Rudolf Steiners, vor allem seinen dankbaren, verehrungsvollen Verstehern oder verständnisvollen Verehrern zugedacht. Es will ihren Gefühlen neue erheiternde Kräfte als Nahrung zuführen und zugleich den Nebelschwaden des Unecht-Sentimentalen große Fenster des ungehindert-raschen Abzugs öffnen. Es will aber auch jene, für die Rudolf Steiner bis jetzt ein nichtssagender Name ist, ermuntern, sich dieser einzigartigen Persönlichkeit von der Seite innerlich zu nähern, die herauszuleuchten hier versucht wird.

Trotz des von Verantwortung getragenen tiefen Ernstes, ja dieses Ernstes wegen, mit dem sich Rudolf Steiner in den Dienst der Erfüllung einer hohen Menschheitsaufgabe stellte, war sein Leben mitgeprägt von einer reichen Fülle des Humors als nichtwegdenkbarer Erscheinungsform seiner Wesensäußerung. Sein Humor war die Frucht einer Heiterkeit besonderer Art: Sie entsprang einem unmittelbaren, fortwährenden Verbundensein mit der Geistwelt.

So nahe verwandt auch Heiterkeit und Humor sind, sie müssen doch auseinandergehalten werden. Gründlich können wir uns mit dieser Frage aber erst dann befassen, wenn zureichend viele Lebenstatsachen – als Anschauungsstoff gleichsam – beigebracht worden sind.

Um einen ersten Eindruck zu vermitteln, lassen wir Rudolf Steiners Zeitgenossen zu Worte kommen, die als seine Mitarbeiter zu ihm in nähere Beziehung traten. Sie alle bekunden aus unmittelbarem Erleben, er habe, wo immer er erschien, eine freudig beschwingte Atmosphäre verbreitet. Es war die ihm selber eigene Heiterkeit, die heiter stimmte und entschlossen-tätiges Leben erregte.

F. W. Zeylmans van Emmichoven, der erste Leiter der anthroposophischen Landesgesellschaft in Holland, erzählt (»W«, »Rudolf Steiner in Holland«)[1]: »Das Festlich-Freudige stellte sich bei jeder Begegnung ein, ob ich über einen Krankheitsfall oder anderes mit ihm sprechen durfte, ob die Unterredung eine halbe Stunde oder nur wenige Minuten währte, – was sicherlich auch andere empfunden haben.«

»Beglückend, tief und heiter zugleich«, nennt Zeylmans ein in Paris geführtes Gespräch. Er war ebenso wie der russische Schriftsteller Andrej Belyj, auf den wir noch zu sprechen kommen, Zeuge des unerwartet raschen Wechsels von schmerzlich-sorgenvollem Bedrücktsein Rudolf Steiners in die »heiterste Stimmung, die sich denken läßt«. Auch diese erstaunliche Wandlungsfähigkeit einer starken Seele ist ein Kennzeichen der aus der Geistwelt wirkenden Heiterkeit.

Die Stuttgarter Waldorfschul-Lehrerin Martha Haebler (»E«, »Meine Erinnerungen an Rudolf Steiner« [1]) nahm mit Freude wahr, »wie der Ernst dieses Antlitzes sich wandelte in die Leichtigkeit seines offenen, herzhaften Lachens … Sein Lachen war heiter-beseelt, ohne jeden Harm, fast hätte ich gesagt – kindhaft. Das konnte eben ein Weiser«.

Ähnliches erlebte Herbert Hahn (»E«, »Begegnungen mit Rudolf Steiner als Auftakt der Waldorf-Pädagogik«[1]): »Das Glück, ja die kindliche Freude, mit der Steiner vor Beginn der ›Zauberflöte‹ dem neben ihm sitzenden Emil Molt am Abend der Stuttgarter Waldorf-schul-Eröffnungsfeier zeigte, wo überall Lehrerinnen und Lehrer der neuen Schule saßen: Es offenbarte sich noch einmal die ganze geistige Anmut dieses großen Menschenfreundes.« Schwerelos graziös wirkende Geistigkeit durchstrahlte auch den Vortragsstil.

Martha Haebler gedenkt (a. a. O.) abschließend eines »wichtigen Wesenszuges« von Steiner: »das war die Fülle seines Humors, der nie bissig oder sarkastisch war, der aber gelegentlich jemanden tüchtig beim Ohr nehmen konnte, ohne ihn jedoch damit herabzusetzen oder zu verletzen.«

Guenther Wachsmuth hatte als langjähriger Sekretär Steiners vielfach und immer wieder Gelegenheit, seine alle physischen Hindernisse überwindende, zu fast unglaublichen Energieleistungen befeuernde Kraft der Heiterkeit zu bewundern. Dabei waren Ernst und Heiterkeit völlig ausgeglichen. »Er wollte frohe, aufgeschlossene, freudige Menschen um sich haben, die im richtigen Moment ernst, aber auch heiter und lebensfroh waren.« (In »W« ist ein Auszug aus Wachsmuths Werk »Rudolf Steiners Erdenleben und Wirken« abgedruckt.) Wachsmuth ist einer unter vielen anderen, die Steiner als passionierten Erzähler »der schönsten und heitersten Begebnisse aus seinem ereignisreichen Leben« schildern; er habe sie mitunter in ernste Gespräche über tiefste Fragen des esoterischen Lebens eingestreut.

Als Einbegleitung mögen diese Erlebnisberichte genügen, um im allgemeinsten das Wesentliche sichtbar zu machen. Sie werden auch sicherlich nicht den Eindruck erwecken, als ob die tiefe *Tragik* verharmlost oder verdeckt werden sollte, die das Erdenleben des großen Mannes überschattete. Dies wäre, von allem anderen abgesehen, unsachgemäß; denn erst auf dem dunklen Hintergrund des schweren Leides, das über ihn verhängt war, wird – als Wirken des Polaritätsgesetzes – voll einsehbar, welche Bedeutung der Heiterkeit und dem Humor im Leben und im Werk Rudolf Steiners zukommt.

Keiner besser als er wußte um die unentrinnbare Notwendigkeit des Leides, das in unserer Zeitepoche mit Geistesforschung verbunden ist. In Oxford führte er einmal aus: »Das Leiden muß da sein, wenn sich die Welt in ihrer Schönheit aus dem Leiden erheben soll… Nur dadurch kann man sich wirklich hineinfinden in die übersinnliche Welt, daß man durch Schmerz hindurchgeht… Für das, was ich Glückliches, Erfreuliches in meinem Leben gehabt habe, bin ich meinem Schicksal dankbar. Meine Erkenntnisse aber habe ich nur durch meine Schmerzen, nur durch meine Leiden errungen.«[2]

An anderer Stelle heißt es:

»Überwindungen erfordert das Eindringen in die höheren Welten, Leidvolles muß überwunden werden.«[3]

Oder auch: »Dem Feuer ist das Leben verwandt –
Wohltätiger Wirkungen Keime bergen beide in Fülle;
An den Menschen stellen beide ungleiches Verlangen.
Daß im Leben Glück uns werde ohne bitteren Schmerz,
Kann verlangen nur, wer törichten Sinnes
Das Feuer will, ohne den Brennstoff zu opfern.«[4]

Hinzu kam Verhängnisvolles von der Umwelt: Unter dem Brand des ersten Goetheanum-Baues in der Silvesternacht 1922/23 litt Rudolf Steiner sehr schwer. Zeitgenossen berichten Übereinstimmendes. Assja Turgenieff (»Erinnerungen an Rudolf Steiner und die Arbeit am ersten Goetheanum«[5]) schreibt: »Das jugendlich-heitere Lachen, das die ernsten Gesichtszüge Rudolf Steiners früher oft erhellte, seine leichten, raschen Bewegungen, seinen rhythmischen Gang – niemand konnte so gehen wie er – das alles erlebten wir seit der Brandnacht nicht mehr.«

Auch Annemarie Dubach-Donath beobachtete den tiefschmerzlichen Eindruck des Brandes auf Rudolf Steiner: Wie er in die Eurythmieproben kam, oft schweigend saß, den Kopf in die Hand gestützt. »Aber in einem Schweigen, das mehr als Worte sprach. Er schien wie von ungeheuren Weiten umgeben, geistiges Licht ausstrahlend in das Dunkel dieses Schweigens… Die Menschheit wollte sich nicht helfen lassen, diese Tragik spürte man seit dem Brande des Goetheanums. *Und trotzdem begann er immer wieder von neuem, mit einem Mut, mit einer Freudigkeit: sie besagten, daß der Menschheitshelfer nie die Zuversicht verliert*, immer wieder den Glauben hat, daß das Wahre, das Gute, das Schöne doch siegen werde« (»E«, S. 179).[1]

Alles Leid überwindend, alle Trauer überstrahlend blieb seine Kraft siegreich; sie offenbarte sich im Blick der sonnenhaften, unvergeßlichen Augen als liebevoll verstehende, helfenwollende *Heiterkeit*.

Im Tagebuch der Margerita Woloschin lesen wir: »Dr. Steiner schaute mich an mit seinen Augen, in denen Freude und Trauer durch Liebe zusammengeschweißt sind ... Brunnen der Ewigkeit« (»E«, S. 56)[1].

1. Kindheit und Jugendzeit

Wer nach Spuren von Humor und Heiterkeit auf dem Lebensweg Rudolf Steiners Umschau hält, wird sich alsbald der Sorge des Suchens enthoben fühlen.

Rudolf Steiner hat – von vielen anderen vorderhand abgesehen! – zwei Humorquellen hinterlassen. Sie sind so reichhaltig und lebensvoll das »Was« betreffend und das »Wie«, daß wir, die zwar übliche, aber schnöd-nüchterne Fund»grube« meidend, lieber von quellenden und früchtereichen Fund»gärten« sprächen, doch wollen wir bei den schlichteren Fund»stätten« bleiben.

Deren erste und erstrangige ist die von Steiner auf dem Krankenlager 1924/25 niedergeschriebene, bis in die letzten Lebenstage fortgesetzte, leider unvollendet gebliebene Autobiographie. Sie erschien erstmals in der Wochenschrift »Das Goetheanum«, hernach in Buchform mit dem Titel »*Mein Lebensgang*« im Rahmen der Gesamtausgabe.[6]

Die zweite Fundstätte ist ein am 4. Februar 1913 in Berlin im Rahmen der 1. Generalversammlung der neu begründeten »Anthroposophischen Gesellschaft« vor deren Mitgliedern gehaltener Vortrag. Er wurde als »*Skizze eines Lebensabrisses*« im 1. Band der Briefe (aus der Zeit von 1881–1890)[7] abgedruckt und war veranlaßt worden durch von feindlicher Seite verleumderisch verbreitete Unwahrheiten: Rudolf Steiner sei von Jesuiten erzogen worden, sei ein »abgefallener Geistlicher« u. ä. m. Die Tatsache, daß ein Jesuit es war, der in den »Stimmen aus Laar«, einer jesuitischen Zeitschrift, die Mär vom abgefallenen Geistlichen aufbrachte, regte den so Verdächtigten zu folgendem Vergleich an: »Wie aber Alter nicht vor Torheit schützt, so schützt auch der Jesuitismus niemanden davor, eine objektive Unwahrheit unberechtigterweise zur Behauptung zu erheben.« So gemein diese lügnerischen Angriffe auch waren, nachträglich zollen wir den Verleumdern gewissermaßen Dank: die Abwehr ihrer Attacken hatte doch zur Folge, daß dieser Vortrag – Steiner sprach damals von sich in der dritten Person – überhaupt gehalten wurde, dem wir die Kenntnis biographisch so wertvoller Tatsachen verdanken.

Der Verfasser ist sich dessen bewußt, wie bedenklich es im Grunde ist, wenn er nun beginnt (und das in der Folge wiederholen wird), Einzelheiten des Lebenslaufs herauszugreifen. Aber dies liegt nun einmal im Wesen und ist eine unvermeidliche Folge jeder Monographie. Der Leser sei gebeten, die Ganzheit stets im Bewußtsein zu haben und alles Stückhafte eingeordnet in sie zu denken. Möge das hier Gebotene Anlaß sein, sich recht eingehend mit der Biographie Steiners vertraut zu machen.

Nur der erste, die Kindheit und Jugendzeit umfassende Lebensabschnitt ist im folgenden skizziert.

In dem damals ungarischen Dorf Kraljevec (heute Jugoslawien) wurde Rudolf Steiner im Jahre 1861 geboren, und zwar am 27. Februar, einem Mittwoch. – Beide Eltern stammten aus dem niederösterreichischen »Waldviertel«. Dort waren der Vater Johann Steiner (1829–1910) wie vor ihm schon der Großvater Förster im Dienst der Grafen Hoyos. Nicht aus Neigung, sondern um sich dem Heiratsverbot des Grafen zu entziehen, wurde Vater Steiner nach Absolvieren eines Kurzlehrganges als Telegraphist Stationsvorstand in einem der kleinen Orte an der österreichischen Südbahnstrecke. Auf Kraljevec folgte für ein halbes Jahr Mödling bei Wien, Pottschach und das an der Grenze von Österreich und Ungarn gelegene Neudörfl. In Inzersdorf am Südrand Wiens endet das Hin und Her der Versetzungen; die Bahndirektion wollte das Hochschulstudium des Ältesten erleichtern.

Schon im ersten Lebensabschnitt ereigneten sich zwei ihrer Seltenheit wegen besonders wertvolle Fälle unfreiwilligen Humors. Der erste, im »Lebensgang« geschildert, folgt sogleich – er stellt eigentlich eine ganze Serie von »Fällen« dar – der zweite später in anderem Zusammenhang.

»Eine sonderbare Eigenart hatte ich als ganz kleiner Junge. Es mußte von dem Zeitpunkt an, da ich selbständig essen konnte, sehr

auf mich acht gegeben werden. Denn ich hatte die Meinung ausgebildet, daß ein Suppenteller oder eine Kaffeetasse nur zum einmali-
gen Gebrauch bestimmt sei. Und so warf ich denn jedesmal, wenn
ich unbeachtet war, nach eingenommenem Essen Teller oder Tasse
unter den Tisch, daß sie in Scherben zerbrachen. Kam dann die
Mutter heran, dann empfing ich sie mit dem Ausruf: ›Mutter, ich
bin schon fertig‹«.[8]

Eine positive Erklärung für diese »sonderbare Eigenart« folgt
nicht, es wird nur Zerstörungswut als »Tatmotiv« ausgeschlossen,
da der Kleine seine Spielsachen mit peinlicher Sorgfalt behandelte
und sie lange in gutem Zustand erhielt.

Dem Nachdenklichen ergibt sich folgende Lösung des Problems:
So tolerant Rudolf Steiner im Persönlichen war, so radikal, gründlich und auf Ordnung bedacht konnte er im Sachlichen sein. Sollte
sich im Bedürfnis des Kindes, stets restlos »reinen Tisch zu machen«, nicht dieser Zug zum Radikalen schon mit vielverheißender
Entschiedenheit angekündigt haben?

In Pottschach, wo den Eltern noch eine Tochter und ein Sohn
geboren wurden, verlebte der Knabe Rudolf die Zeit vom zweiten
bis zum achten Jahr. Die Ärmlichkeit der Lebensverhältnisse kennzeichnete Steiner später als ein »Ankämpfen gegen die schlechte Be-
zahlung solcher kleinen Eisenbahnbeamten«. Zum Wohl der Kinder mußten die letzten Kreuzer hingegeben werden; »aber es waren
nicht sehr viele solche letzten Kreuzer vorhanden« (»Skizze«).
Doch welchen Reichtum bot dem kindlichen Gemüt die Natur!
»Eine wundervolle Landschaft umschloß meine Kindheit«, lesen
wir im »Lebensgang«. »Der Schneeberg fing mit seinem nach oben
hin kahlen Gestein die Sonnenstrahlen auf, und was diese verkün-
deten, wenn sie vom Berge nach dem kleinen Bahnhof strahlten, das
war an schönen Sommertagen der erste Morgengruß ... Das Grün,
das von überall her in dieser Landschaft freundlich lächelte, ließ
die Berge gleichsam aus sich hervorsteigen. Man hatte in der Ferne
die Majestät der Gipfel und in der unmittelbaren Umgebung die
Anmut der Natur.«[9] Da ist es, das Motiv des Gegensatzes! Um-
woben vom morgendlichen Leuchten der Sonne erklingt es zum
erstenmal in der gewaltigen, melodienreichen Symphonie des Stei-
ner-Lebens. Und es wird in allen folgenden »Sätzen« wieder

und wieder aufklingen, vielfach abgewandelt, das gleiche Thema: der Gegensatz und der Widerspruch, der »kriegerische« Vater aller Dinge, der weltdurchwirkenden Polarität, der Komik, des Humors …

Der Knabe erlebte das Gegensätzliche auch in einem seltsamen Hell-Dunkel. Er hauste ja mit der Familie in den fast primitiv-nüchternen, dem Bedarf der Verkehrstechnik entsprechenden Bahnhofsgebäuden; da konnte es nicht ausbleiben, daß »seine Interessen stark in das Mechanische dieses Daseins hineingezogen wurden«. Und das Maschinenwesen »wollte den Herzanteil der kindlichen Seele verdunkeln« (»L«, S. 10), die doch der lichtdurchstrahlten Natur zugehörte.

Und es gesellten sich zu dem Widerspruchs-Motiv drei weitere Motive: Die erzwungene, klaglos ertragene Bedürfnislosigkeit, ein gewisser, jeglicher Untertänigkeit schroff widerstrebender Freiheitssinn und die durch den häufigen Dienstortwechsel des Vaters bedingte, durch das Gefühl der Einsamkeit noch vertiefte Heimatlosigkeit.

In den Pottschacher Jahren trat ein recht gegensätzlich veranlagtes, deshalb auch in sich »gründlich zerfallenes« Pfarrer-Paar ins Blickfeld: Der ortsansässige Geistliche, »unser Pfarrernazl« [genannt], gab eine »recht komische Figur« ab, man nahm ihn nicht ganz ernst. Er fehlte aber nie, wenn die »Dorfhonoratioren« sich zum »großen Ereignis des Tages«, der Ankunft eines Zuges am Bahnhof einfanden. – Der Pfarrer des Nachbardorfes war völlig anderer Art. Als ständiger Gast der Familie Steiner prägte sich sein Persönlichkeitsbild dem Vierjährigen genau ein. Er war ein »entschiedener Liberaler«, dessen Freigeistigkeit so weit ging, daß er selbst vor dem Knaben es nicht an »losesten Worten über den Jesuitismus« fehlen ließ. Er war eine »Persönlichkeit von großer Originalität, robust, breitschultrig und voller Schnurren«. Er »liebte es, wenn die Menschen um ihn lachten. Und man lachte noch weiter über das, was er gesagt hatte, wenn er schon lange fort war«. Er schnupfte gern und schätzte gutes Essen. Mit liebevoller Ausführlichkeit wird erzählt, wie nach des Pfarrers Rezept »gebackene Akazienblüten« zubereitet wurden (»Skizze«, S. 7f., »L«, S. 11).

»Man wußte gar nicht, warum er Pfarrer war … Es machte damals dem Knaben einen außerordentlichen Spaß, was er einmal von
jenem Pfarrer hörte. Es war ihm der Besuch des Bischofs angesagt
worden. In einem solchen Falle werden sonst in so kleinen Ort-
schaften große Vorbereitungen getroffen. Unserem freigeistigen
Pfarrer aber war es passiert, daß man ihn aus dem Bette holen
mußte, indem man ihm sagte, er solle schnell aufstehen, denn der
Bischof stünde schon in der Kirche« (»Skizze«, S. 8).

Die Pottschacher Dorfschule besuchte der Knabe nur kurze Zeit.
Im »Lebensgang« wird eingehend und köstlich der persönliche
Zwist geschildert, der dazu führte, daß Vater Steiner den Jungen aus
der Schule herausnahm.

Das Oberlehrersöhnlein, ein rechter »Schlingel«, der dieselbe
Schule besuchte wie der Knabe Steiner, machte sich »den Spaß, mit
einem Holzspan in alle Tintenfässer der Schule zu tauchen und rings
um sie Kreise aus Tintenklecksen zu bilden. Der Vater bemerkte
dies. Die Mehrzahl der Schüler waren schon fort. Ich, der Lehrer-
sohn und noch ein paar Buben waren zurückgeblieben. Der Schul-
lehrer war außer sich, schimpfte fürchterlich. Ich war überzeugt, er
würde sogar ›brüllen‹, wenn er nicht ständig heiser gewesen wäre.
Trotz seines Tobens ging ihm durch unser Benehmen ein Licht darüber auf, wer der Übeltäter war. Aber da kam es doch anders. Die
Lehrerwohnung stieß an das Schulzimmer. Die ›Frau Oberlehrerin‹
hatte die Aufregung gehört, kam herein, hatte wilde Augen und
fuchtelte mit den Armen. Für sie war es klar, daß ihr Söhnlein das
Ding nicht gedreht haben konnte. Sie beschuldigte mich. Ich lief
davon. Mein Vater wurde wütend, als ich die Sache nach Hause
brachte. Und als die Lehrersleute wieder zu uns kamen, da kündigte
er ihnen mit der größten Deutlichkeit die Freundschaft und erklärte: ›Mein Bub darf keinen Schritt mehr in Ihre Schule machen‹.
Und nun übernahm mein Vater selbst den Unterricht« (»L«, S. 13).

Wie nun der väterliche Unterricht im Lesen und Schreiben verlief, ständig unterbrochen vom Vollzug der Amtsgeschäfte, dem
Zugverkehr und dem Dienst am Morseapparat, können wir uns ja
vorstellen. »Wie fesselte mich alles, was der Vater tat«, es regte an,
es ihm nachzutun. Das Telegrafieren erlernte der Schüler rasch –
aber was er eigentlich tun sollte, interessierte ihn nur von der natur-

gesetzlichen Seite, beispielsweise wie schnell wohl der Streusand mit der Tinte auftrocknete? »Ich probierte immer wieder mit den Fingern die Buchstaben ab; welche schon aufgetrocknet seien, welche nicht. Meine Neugierde dabei war sehr groß, und dadurch kam ich zumeist zu früh an die Buchstaben heran. Meine Schriftproben nahmen dadurch eine Gestalt an, die meinem Vater gar nicht gefiel. Er war aber gutmütig und strafte mich nur damit, daß er mich oft einen unverbesserlichen ›Patzer‹ nannte … Mehr als meine Buchstabenformen interessierte mich die Gestalt der Schreibfeder. Wenn ich das Papiermesser meines Vaters nahm, so konnte ich es in den Schlitz der Feder hineintreiben und so physikalische Studien über die Elastizität des Federmateriales machen. Ich bog dann allerdings die Feder wieder zusammen; aber die Schönheit meiner Schriftwerke litt gar sehr darunter« (»L«, S. 15 f.).

Komik wurde wohl damals weder vom väterlichen Pädagogen erlebt noch vom Schüler. Bei uns aber kann sie sich – wenngleich nur als ein staunendes Schmunzeln oder als ein wenig gerührtes Lächeln – dann einstellen, wenn wir vergleichen: Die möglichst lebhafte Vorstellung der jungenhaften »Patzereien« von dazumal mit dem Schriftbild (Marie Steiner sprach einmal von einer »Sternenschrift«), dessen ausnehmende Schönheit uns beispielsweise in dem Faksimile der Seite eines Briefes (aus der Feder Rudolf Steiners) entgegentritt (siehe »L«, nach S. 392).

Als der Vater in das damals auf ungarischem Staatsgebiet, in einer urdeutschen Gegend gelegene Neudörfl versetzt wurde, kam der Knabe auf die dortige Bauernschule. Aber mit den Fortschritten im Lesen und Schreiben war's dort auch nicht weit her. Viel verdankt Rudolf Steiner dem in Neudörfl wirkenden Hilfslehrer Heinrich Gangl.

Wir dürfen diesen unscheinbaren, bienenfleißigen, vielseitig begabten Mann, von dem Steiner im »Lebensgang« wiederholt hervorhebt, er verdanke ihm viel, sehr viel, getrost den beiden anderen unscheinbaren, als »Ingangsetzer« aber hochbedeutsamen Persönlichkeiten zugesellen, die als seine Nachfolger und Vollender in der Wiener Hochschulzeit in das Leben Rudolf Steiners traten. Es war der Kräutersammler Felix (!) Kogutzki und die von ihm gewissermaßen vorverkündete Meisterpersönlichkeit, deren Namen Rudolf

Steiner nie genannt hat. Heinrich Gangl, der unansehnliche Hilfslehrer, des Knaben helfender, aber nie schulmäßig unterrichtender, ihn nur behutsam leitender Erzieher, eröffnete den Reigen der drei Lebensgangbestimmer. Was der Philister »Zufall« nennt, das Tragen dieses als Verkleinerungsform so bescheiden wirkenden Namens – dürfen wir es nicht auch als launige Geste einer im Schicksalswalten wirkenden Geistwesenheit deuten? –

Zunächst war es die Herausnahme aus dem Schulzimmer, in dem unterrichtet wurde, die der Knabe Gangl verdankte. Sie kam einer Erlösung gleich. In diesem Raum wurden Jungen und Mädchen gemeinsam zu gleicher Zeit unterrichtet, »es war schlechterdings unmöglich etwas anderes zu tun, als die Seele dumpf brüten zu lassen und das Abschreiben mit den Händen fast mechanisch zu besorgen …« (»L«, S. 20). Gangl liebte das Zeichnen und entdeckte sofort die Zeichenbegabung des Stationsvorsteherjungen. Er wies ihm eine kleine Stube zu, wo der Knabe nun stillvergnügt, nicht gestört durch Unterricht, saß und zeichnete. Unter der Anleitung des Hilfslehrers brachte er es bis zum Kopieren eines Porträts des Grafen Széchényi.

Nun entdeckte der Knabe bei Gangl ein Geometriebuch. Was dies für ihn bedeutete, ist in einem Satz der Autobiographie zusammengefaßt: »Der Hilfslehrer in Neudörfl lieferte mir mit seinem Geometriebuch die Rechtfertigung der geistigen Welt, die ich damals brauchte« (»L«, S. 23). Mit Enthusiasmus stürzte sich der Achtjährige auf das Buch. Seine Seele war ganz erfüllt von der Kongruenz, der Ähnlichkeit von Dreiecken, Vier- und Vielecken, der Pythagoräische Lehrsatz bezauberte ihn. Man konnte ohne äußere Sinneseindrücke »in der Ausbildung rein innerlich angeschauter Formen leben« (»L«, S. 21). Wie tiefbefriedigend! Und es tröstete über die beunruhigende Stimmung, der vielen unbeantworteten Fragen wegen. Das Erleben des reinen Denkens war beseligend: »Ich weiß, daß ich an der Geometrie das Glück zuerst kennengelernt habe … Ich sagte mir als Kind natürlich nicht deutlich, aber ich fühlte, so wie Geometrie muß man das Wissen von der geistigen Welt in sich tragen« (»L«, S. 21). Zwar war dem Knaben die Wirklichkeit der geistigen Welt so gewiß wie die der sinnlichen – hatte sich doch der Eindruck eines etwa in die gleiche Zeit fallenden okkulten Erlebnisses (es wird in der »Skizze« genau geschildert) unverlierbar der Seele eingeprägt! – aber er bedurfte doch einer Art Rechtfertigung seiner Annahme. Die Geometrie gab sie her: »Hier *darf* man etwas wissen, was nur die Seele selbst durch ihre eigene Kraft erlebt« (»L«, S. 22). Es gibt neben der sichtbaren eine Welt, »die man nicht sieht«; »kindlich unbeholfen« nennt der »Lebensgang« diese Art der Rechtfertigung durch die Geometrie (S. 22). Was in der Knabenseele aufleuchtete, war die geistige Heiterkeit, die das ganze weitere Leben erhellte und durchstrahlte. Geist-Heiterkeit, der Sieg des Lichts über die Finsternis wurde in voller Realität erlebt. Abschließend heißt es: »Ich lebte gerne in dieser [unsichtbaren] Welt. Denn ich hätte die Sinnenwelt wie eine geistige Finsternis empfinden müssen, wenn sie nicht Licht von dieser Seite bekommen hätte« (»L«, S. 22 f.).

Wie vordem in Pottschach trat nun auch in Neudörfl ein Pfarrer-Duo, den Knaben beeindruckend, in Erscheinung. Der ortsansässige Pfarrer war eine bedeutende Persönlichkeit. Als »energischer ungarischer Patriot« (»L«, S. 24) war er – zum Unwillen des Vaters Steiner – an der Magyarisierung des deutschbesiedelten Gebietes beteiligt. Gleichzeitig arbeitete er tatkräftig für die Kirche, indem er sonntags von der Kanzel herab gegen die Neudörfler Freimaurerloge wetterte. Das für den Knaben Bedeutsamste aber war, daß er in den Kreis der »reiferen« Schüler aufgenommen wurde, dem der Pfarrer das kopernikanische Weltsystem erklärte; ja sogar eine Spezialunterweisung über Sonnen- und Mondfinsternisse wurde ihm zuteil.

Der zweite Pfarrer, ein Zisterzienser, entstammte einer ortsansässigen Bauernfamilie. Er war auswärts beschäftigt, ließ sich aber immer wieder in Neudörfl sehen. »Da konnte man dann beobachten, wie ein Wagen, den eine bauernmäßig gekleidete Frau und jener Pfarrer zusammen schoben, immer schwerer und schwerer wurde. Das war nämlich ein Kinderwagen, und mit jedem Jahr gab es ein Kind mehr für diesen Kinderwagen. Man konnte von dem ersten Besuche an bei diesem Geistlichen eine merkwürdige Vermehrung seiner Familie beobachten, die als eine ›Beigabe‹ seines Zölibates mit jedem neuen Jahr immer sonderbarer erschien. – Vielleicht darf da doch die Bemerkung eingefügt werden, daß in dieser Weise nicht dafür gesorgt wurde, daß der Knabe möglichst viel Respekt bekam vor dem, was die Traditionen geistlicher Körperschaften sind.« (»S«, S. 16)

Auf letzteres Moment kam es ja Rudolf Steiner hier an, deshalb auch war soviel von Geistlichen die Rede. Uns aber erheitert nicht nur die Situationskomik, sondern auch die köstliche Art der Schilderung.

Ein seltsames Phänomen, nur in diesem Nebensinn »komisch«, kann nicht stillschweigend übergangen werden, zumal es von Rudolf Steiner selbst in voller Offenheit aufgezeigt wird:

Im »Lebensgang« erzählt er: »Ich war damals etwa zehn Jahre alt und konnte noch nicht orthographisch und grammatikalisch richtig schreiben« (S. 27). Über die Schwierigkeit in allem Sprachlichen, auch im Deutschen wird in der »Skizze« berichtet: »Jener Knabe hat bis zu seinem vierzehnten, fünfzehnten Jahre die allertörichtesten Fehler in der deutschen Sprache bei seinen Schulaufgaben gemacht; nur der Inhalt hat ihm immer wieder hinweggeholfen über die zahlreichen grammatikalischen und orthographischen Fehler. Weil es Symptome sind für eine gewisse Artung der Seele, darf auch noch erwähnt werden, daß der Knabe, von dem hier die Rede ist, zu einer Nichtberücksichtigung gewisser grammatikalischer und orthographischer Verhältnisse selbst seiner Muttersprache dadurch geführt wurde, daß ihm in einer gewissen Weise der Zusammenhang mit dem fehlte, was man nennen könnte: unmittelbares Sichhineinleben in das ganz trockene physische Leben.«

Es sei erlaubt, diese symptomatologische Erklärung ein wenig näher auszuführen:

Die Meisterschaft der Sprachbeherrschung in Wort und Schrift, zu der es Rudolf Steiner sehr rasch brachte, ist so bekannt, daß hierüber kein Wort zu verlieren ist. Wenn man aber auch nur flüchtig auf die gesamte Lebensleistung hinschaut, fällt auf, welchen Raum die Gestaltung der Sprache zum vollmenschlichen und künstlerischen Ausdrucksmittel einnimmt. Er umfaßt: Erziehung und Unterricht, die redenden Künste und nicht zuletzt die Laut-Eurythmie als Sichtbarmachung der Sprache. Wie ist damit die von Steiner selbst betonte Sprachschwierigkeit in seiner Jugend zu vereinbaren? – Es wird uns weiterhelfen, wenn wir nun der »Skizze« auch das folgende entnehmen, in dem wir zugleich die oben angekündigte Schilderung des zweiten Falles von unfreiwilligem Humor in etwas gekürzter Form vor uns haben:

»In der [Neudörfler] Bauernschule … mußten die Kinder immer zu Neujahr und zu den Namenstagen der Eltern usw. auf schönem bunten Papier Glückwünsche schreiben«. Ein auf dem Pfarrhofe lebender Knabe – (»Es soll dabei an nichts Schlimmes gedacht werden«) – ging »auch zu uns in die Schule und schrieb dort auch seine Glückwünsche. Da kam es einmal so, daß der Knabe Rudolf Steiner in das Glückwunschkonzept des betreffenden Knaben hineinschaute, der im Pfarrhof wohnte, und dabei sah, daß dieser Knabe nicht wie die anderen sich unterschrieb, sondern: ›Ihr herzlich ergebener Neffe‹. Der Knabe Rudolf Steiner wußte damals nicht, was ein ›Neffe‹ ist; er hatte nicht viel Sinn für die Verbindung von Worten mit Dingen, wenn die Worte selten ausgesprochen wurden. Aber er hatte einen merkwürdigen Sinn für den Klang der Worte … Und so hörte der Knabe aus dem Klange des Wortes ›Neffe‹, daß es etwas besonders Herzliches sei, wenn man auf seinem Glückwunsch sich seinen Angehörigen gegenüber unterschrieb: ›Ihr herzlich ergebener Neffe‹, und er fing nun auch an, für seinen Vater und für seine Mutter zu unterschreiben: ›Ihr herzlich ergebener Neffe‹. Erst durch Aufklärung über die Tatsachen wurde dem Knaben klar, was ein Neffe ist. Das geschah, als er zehn Jahre alt war.« (»Skizze«, S. 18 f.)

Der Hinweis auf den »merkwürdigen Sinn [des Knaben] für den Klang der Worte, für das, was man durchhören kann durch den Klang der Worte«, erklärt schon alles. Der Knabe ist ja ganz aus der niederösterreichischen Mundart herausgewachsen, und in jeder Mundart lebt noch bei weitem mehr Ursprünglich-Seelenhaftes als in der Hochsprache. Eine Jungenseele, die völlig hingegeben mit dem inneren Ohr dem Wortklang lauscht, dem Musikalischen, dem sinnlich nicht wahrnehmbaren Melos, das Dichtung werden will im schwingenden Rhythmus der Sprache, ist völlig taub für alles, was von außen herdringen will. Der so lauschende Knabe war nicht ansprechbar von seiten der beiden alten Gouvernanten Orthographie und Grammatik; ihr superklug sich gebendes, humor- und phantasieloses, pedantisches Gerede von Regeln und Ausnahmen erreichte ihn gar nicht. Es drängte ihn, »genau die Wortbilder so in Lauten festzuhalten, wie ich sie als Dialektworte zumeist hörte« (»L«, S. 30).

Auch beim Lesen, das dem Knaben ganz leicht fiel, ging die Seele »über die Worte hinweg«.

Wie gut verstehen wir diesen Knaben! Fehler hin, Fehler her! (Wir sind übrigens nicht so ganz überzeugt davon, daß es »allertörichteste Fehler« waren – gehört doch das harmloshumorige Übertreiben zu den von Steiner gelegentlich angewandten Mitteln einer farbigen Charakterisierung.) Wie dem auch sei, wir verzeihen nicht nur alle noch so schweren orthographisch-grammatikalischen Jugendsünden, sondern wir danken sogar der weisen Schicksalsführung, daß sie einen fruchtbaren Bereich der jugendlichen Seele abschirmte gegen das vorzeitige Eindringen des philologischen Regelwerks und so das Keimen dessen möglich machte, was dem Heile der Menschen dienen sollte. –

Nicht unerwähnt darf der Wiener-Neustädter Arzt Dr. Hickel bleiben, die »meistgeachtete Persönlichkeit im Leben des Knaben«. Das Bild der im peripathetischen Hin- und Her auf dem Neudörfler Bahnhofsplatz empfangenen Einführung in die deutsche Literatur bewahrte Rudolf Steiner zeit seines Lebens in dankbarer Erinnerung: »... der hochgewachsene, schlanke Arzt mit seinem kühn ausschreitenden Gange, stets mit dem Regenschirm in der rechten Hand, den er so hielt, daß er neben dem Oberkörper schlenkerte, an der einen Seite und ich zehnjähriger Knabe an der anderen Seite, ganz hingegeben dem, was der Mann sagte« (»L«, S. 30).

Die zart-humoristische Stimmung dieses Bildes weicht grotesker Komik, wenn in der »Skizze eines Lebensabrisses« aus der bahnärztlichen Praxis Dr. Hickels berichtet wird. Er sei »in gewisser Beziehung ein außerordentlich guter Arzt« gewesen, sehr freigeistig und mit einer »weitschauenden Lebensauffassung ... Aber es passierten ihm tolle Sachen. Der Weichenwärter hatte einen heftigen Zahnschmerz ... Der gute Arzt wollte recht schnell mit den Sachen fertig werden und schickte ein Telegramm, daß er mit einem bestimmten Zug kommen würde. Er wollte aber nur so lange aussteigen, als der Zug hielte, um in dieser Zeit den Zahn herauszuexpedieren und dann gleich weiterzufahren. Die Sache wurde in Szene gesetzt, der Arzt kam mit dem festgesetzten Zug, zog dem Weichenwärter den Zahn aus und fuhr weiter. Aber nachdem der Arzt abgefahren war, kam der Weichenwärter und sagte: ›Nun hat er mir halt einen gesunden Zahn ausgerissen, aber der kranke tut mir au nit mehr weh!‹ Dann hatte der Weichenwärter einmal Magenschmerzen, da wollte ihn der Arzt in gleicher Weise abfertigen. Diesmal aber war der Zug, mit dem er kam, ein Schnellzug, der auf der Station nicht hielt … Der Weichenwärter mußte sich hinstellen, die Zunge herausstrecken, während der Zug vorüberfuhr, und der Arzt telefonierte dann von der nächsten Station aus das Rezept zurück. Das waren einige Seiten der ›weiten Lebensauffassung‹ dieses Arztes. Aber er war ein feinsinniger, außerordentlich menschenfreundlicher Lebenskenner.«

Nach Ablauf der Volksschuljahre wurde der Knabe der Aufnahmeprüfung in die Bürgerschule unterzogen; er bestand sie sehr gut. »Man hatte alle die Zeichnungen mitgebracht, die ich bei meinem Hilfslehrer angefertigt hatte; und diese machten auf die Lehrerschaft, die mich prüfte, einen so starken Eindruck, daß wohl dadurch hinweggesehen wurde über meine mangelnden Kenntnisse. Ich kam mit einem ›glänzenden‹ Zeugnisse davon« (»L«, S. 32 f.). Dieser Erfolg erfreute nicht nur die Eltern, den Hilfslehrer und Pfarrer, sondern war auch für viele Honoratioren von Neudörfl ein schlagender Beweis, daß die »Neudörfler Schule etwas leisten könne«. Den Vater Steiner ermunterte er, den Knaben sogleich auf die Wiener-Neustädter Realschule zu schicken, wo er denn auch nach bestandener Prüfung im Oktober 1872 aufgenommen wurde.

Nun wurde täglich der den Grenzfluß Leitha überschreitende Weg von »Transleithanien« (Ungarn) nach Wiener-Neustadt im österreichischen »Cisleithanien« zurückgelegt, morgens mit der Bahn, abends auf Schusters Rappen, ein im Sommer sehr schöner, im Winter oft beschwerlicher Fußweg.

Im »Lebensgang« gedenkt Rudolf Steiner ausführlich und aufschlußreich seines Bildungsganges auf der Realschule: wie er erst in der dritten Klasse ein »guter Schüler« wurde, welchen Eindruck die Lehrer auf ihn machten, welchen Einfluß sie ausübten. Der Ernst des für dieses Alter ungewöhnlichen Erkenntnisstrebens fällt auf, besonders auf den Wegen der Mathematik und Geometrie. Dennoch, es war kein finsterer, sondern ein beschwingter Ernst, durchschimmert von der Heiterkeit, die das Geometrie-Erlebnis ausstrahlte.

Im siebenten Vortrag des Bandes »Geschichtliche Symptomatologie«[10] wirft Steiner einen Blick auf seine Realschulzeit. Er wertet es als Symptom, daß er auf die Realschule und nicht aufs Gymnasium geschickt worden war, wo »ein Zusammengehen mit naturwissenschaftlicher Gesinnung« ermöglicht und darauf vorbereitet wurde, modern zu denken. Unter den Lehrern dieser Gesinnung und Fachrichtung gab es hervorragende Persönlichkeiten, während die anderen nicht immer ganz ernst genommen werden konnten. Der Religionslehrer beispielsweise – in seinem Fach wurde nur in den unteren Klassen unterrichtet –, ein katholischer Geistlicher, »war ein sehr gemütlicher Mann«, nicht geeignet, »uns zu irgendwelchen Frömmlingen zu erziehen«. Dafür – heißt es weiter, »sorgte schon die Tatsache, daß drei kleine Buben, von denen die ganze Welt sagte, daß sie seine Söhne sind, jedesmal, wenn er unsere Anstalt verließ, ihn abholten. Aber ich schätze den Mann heute noch außerordentlich wegen all desjenigen, was er in der Klasse gesagt hat außerhalb des eigentlichen Religionsunterrichtes. Den erteilte er in der Weise, daß er einen aufrief und einen ein paar Seiten aus dem Buche lesen ließ, und dann bekam man das auf; man wußte nicht, was drinnensteht, man sagte es auf, bekam dann eine ausgezeichnete Note. Aber man verschlief selbstverständlich die Sache, die darinnenstand. Was er außerhalb der Klasse sagte, war manchmal ein schönes, weckendes Wort, war vor allen Dingen sehr gemütvoll und nett.«

Auch die Realschul-Sprachlehrer, zwei Karmeliter, scheinen keine Koryphäen ihres Fachs gewesen zu sein. Vom Englisch-Lehrer heißt es: »Der insbesondere konnte vor allen Dingen kaum irgendwie ein englisches Wort, nun, jedenfalls nicht einen Satz sprechen.« (Man beachte die bewußte, aber gleich wieder gebremste Übertreibungskomik!)

Dem Geschichtslehrer verdanken wir das Zustandekommen eines netten Humoristikums. Steiner, der das Buchbinden nebenbei erlernt hatte, brachte es durch Einheften der »Kritik der reinen Vernunft« in sein Geschichtsbuch zuwege, dieses kantlektürefähig zu machen. Es lohnte sich: er erhielt in Geschichte die Note »vorzüglich«; denn was der Lehrer nicht vortrug, sondern wörtlich vorlas, konnte man daheim in Ruhe selbst lesend lernen und während der Geschichts-»Vorlesung« wurde stattdessen Kant gelesen – manche

Seite zwanzigmal! Im angezogenen Vortrag geht es dann so weiter: Man kam dann, »nachdem man sich so durchgewunden hatte durch solch eine Anstalt ins Universitäts-, ins Hochschulleben hinein ...«

Nun, trotz dieses »Sich-Durchwindens« bestand Rudolf Steiner die Reifeprüfung – auf österreichisch »Matura«, ein liebenswürdig-anerkennendes Wort statt des fast hinauswerfenden »Abitur« – im November des Michaelsjahres 1879 »mit allgemeiner Auszeichnung«, eine auch für damalige Verhältnisse ausgezeichnete Zensur! Zusätzlich erntete der ausgezeichnet reife Absolvent noch bei der Abschlußfeier ein Sonderlob seines Deutschlehrers: »Ja, Sie waren mein stärkster Phraseur!« (»Skizze«) Dr. Josef Mayer – so hieß der Deutschlehrer – galt unter der Schülerschaft als der »gescheiteste Professor«. Ihm waren die überlangen, mitunter ganze Hefte füllenden Aufsätze, die Steiner abgab, ein zeitraubendes Ärgernis. Nun war ja zu erwarten, daß auf die Schwierigkeiten, die der Volksschüler mit der deutschen Sprache hatte, gleiche Schwierigkeiten des Realschülers mit seinem Deutschlehrer folgten. Aber der Aufsatzschreiber war kein Phraseur, sondern ein überlasteter Akteur, dem die Länge der eigenen Arbeiten aufgezwungen war: die besten Gedanken hatte er mehrmals an »hilfsbedürftige« Mitschüler abgeben müssen, deren Aufsätze er schrieb; die Spärlichkeit des verbliebenen Gedankenrestes mußte dann durch ein entsprechend großes Wortquantum verdeckt werden.

So schloß auf kaustisch-köstlich verschlungenen Humor-Wegen die Wiener-Neustädter Realschulzeit.

2. Die Wiener Hochschulzeit
(1879–1890)

Als der Achtzehnjährige von Inzersdorf aus die Wiener Technische Hochschule bezog, beschloß er, auf das Realschul-Lehramt hinzuarbeiten. Er ließ sich zunächst für Mathematik, Naturgeschichte und Chemie einschreiben. Die Mathematik konnte er als Grundlage seines Erkenntnisstrebens anerkennen; in ihr war ein System von Begriffen unabhängig von aller Sinnesanschauung gegeben. Dennoch mußten die Ergebnisse der Naturwissenschaft und der Mathematik auf einen sicheren philosophischen Boden gestellt werden. Daß der Jüngling nun nicht nur aus Büchern, sondern aus dem Munde der Philosophen selbst Belehrung empfangen konnte, machte einen tiefen Eindruck, brachte aber auch Schwierigkeiten mit sich, weil das in der Schulphilosophie übliche Denken dem Hellsichtigen nur als Abglanz dessen erscheinen konnte, was ihm aus unmittelbarer Anschauung der geistigen Welt erlebte Wirklichkeit war. Niemand wollte von einer übersinnlichen Realität etwas hören. So mußte sich der Student unverstanden und innerlich einsam fühlen.

Aber auch – wacker regen mußt' er sich! Gebieterisch traten die Anforderungen des täglichen Lebens an ihn heran. Wenn man bedenkt, daß der junge Steiner darauf angewiesen war, seinen Lebensunterhalt durch Nachhilfeunterricht zu bestreiten, daß er die Vorlesungen der Hauptfächer regelmäßig besuchen und die für einen Stipendiaten zwingend vorgeschriebenen Zwischenprüfungen mit allem Drum und Dran absolvieren mußte, ist es schon erstaunlich, wie er daneben auch noch an der Universität Vorlesungen hören und umfassende philosophische Studien betreiben konnte.

Je tiefer er in die verschiedenen Strömungen des damaligen Geisteslebens eindrang, umso bedrängender fühlte er ihm Gegensätzliches und innerlich Widerstrebendes. Das schon angetönte Gegensatz-Motiv schwoll so an, daß die Vereinsamung sich zu tragischer Lebenswirrnis hätte steigern können. Da bedurfte es des unerschütterlichen Vertrauens in die geistige Führung und in die letztlich siegreiche göttliche, im Schicksalsgange sich offenbarende Harmonisierungskraft. Ungewöhnlich kraftvoll und urgesund mußte eine Individualität sein, die sich in diesem Strom von Widersinnigkeiten nicht nur aufrechtzuerhalten, sondern heiteren Mutes und mit Humor über alles zu erheben wußte wie dieser Jüngling.

Wir schauen hin auf die auch noch in historischer Perspektive fast verwirrende Fülle der Gegensätze und gewahren dann wieder zwischendurch das Aufleuchten helfender, im höheren Sinne auf-heiternder Erlebnisse. Und Ehrfurcht ergreift uns im Erahnen des geheimnisvollen Webens der schicksalsgestaltenden Mächte. –

Seltsam schon in der äußeren Erscheinung war die Persönlichkeit, die den jungen Studenten gleichsam in das neue Leben geleitete. Im »Lebensgang« wird sie nicht mit Namen, sondern als »einfacher Mann aus dem Volke« eingeführt. »Er trug auf dem Rücken sein Bündel Heilkräuter; aber in seinem Herzen trug er die Ergebnisse, die er aus der Geistigkeit der Natur bei seinem Sammeln gewonnen hatte« (»L«, S. 60). Felix Kogutzki mag im Umgrund der Wiener Zivilisation wunderlich, ja komisch gewirkt haben, wie etwa zu gleicher Zeit im gleichen Wien Anton Bruckner in seinem bäuerlichen Lodenmantel –, aber im Grunde war spöttisches Belächeln unberechtigt und töricht; da verstanden ihn seine Dorfgenossen besser; die wußten, daß er ein nüchterner, lebensnaher Mensch voller Humor war, an dem jeder Spott abgeprallt wäre. »Er wußte im Dorfe mit jung und alt … so zu reden, daß die Leute an seinen Worten Freude hatten« (»L«, S. 61). Steiner hat dies an Ort und Stelle erleben können; denn aus der anfänglichen Bahnbekanntschaft (Felix brachte, mit demselben Zug wie der Student von Inzersdorf nach Wien fahrend, seine Kräuter zu den Apothekern) wurde bald eine enge Freundschaft. Der Kräutler konnte aus eigenem Erleben der übersinnlichen Welt den jungen Menschen bestärken. Es war eine beseligende Bekräftigung ähnlich jener durch das Geometrie-Lehrbuch des Neudörfler Hilfslehrers.

An dieser Stelle sei gleich noch ein weiteres »Licht-Erlebnis« berichtet, das sich allerdings erst später aus dem Studium der synthetischen Geometrie ergab, ein in seiner Konkretheit und Originalität das Neudörfler Urerlebnis überhöhendes Ereignis. Es wirkte wie eine Befreiung: Etwas Unfaßliches, quälend Bedrückendes hatte für den Jüngling die der damals herrschenden naturwissenschaftlichen Theorie zugrundeliegende Vorstellung eines »ins Leere starrenden Raumes«. Da trat während einer Vorlesung, einer Offenbahrung gleich, die Anschauung vor seine Seele, daß »eine Linie, die nach rechts ins Unendliche verlängert wird, von links wieder zu ihrem Ausgangspunkt zurückkommt« (»L«, S. 64). »Wie wenn eine Zentnerlast von mir gefallen wäre«, fühlte sich der Student. »Wie in meinen ganz jungen Knabenjahren« war es eine beglückende Heiterkeit und Erkenntnisfreude, die hereinstrahlte. –

Mit *Karl Julius Schröer* (1825–1900), dem Professor für Literatur an der Technischen Hochschule, trat eine Persönlichkeit in das Steiner-Leben, deren Bedeutung nicht hoch genug bewertet werden kann. Das Verhältnis entwickelte sich rasch zu väterlicher Freundschaft und verehrungsvoller Zuneigung. Aus der Beziehung, die Schröer zu Goethe herstellte, ergab sich für den jungen Steiner Wichtigstes.

Begleiten wir zunächst den Studenten in die Übungsstunden, die Schröer eingerichtet hatte, um seinen Hörern Gelegenheit zu bieten, Selbsterarbeitetes vorzutragen.

Da hatte ein aus Siebenbürgen stammender Kommilitone einmal einen Vortrag über den Pessimismus Schopenhauers gehalten. »Alles, was Schopenhauer für diese Lebensauffassung vorgebracht hatte, lebte in diesem Vortrage auf. Dazu kam die eigene pessimistische Lebensstimmung des jungen Mannes. Ich erbot mich, einen Gegenvortrag zu halten. Ich ›widerlegte‹ den Pessimismus mit wahren Donnerworten, nannte schon damals Schopenhauer ein ›borniertes Genie‹ und ließ meine Ausführungen in dem Satze gipfeln, ›wenn der Herr Vortragende mit seiner Darstellung über den Pessimismus recht hätte, dann wäre ich lieber der Holzpfosten, auf dem meine Füße stehen, als ein Mensch‹. Dieses Wort wurde lange spottend in meinem Bekanntenkreise über mich wiederholt. Aber es machte den jungen Pessimisten und mich zu innig verbundenen Freunden« (»L«, S. 78).

Unüberhörbar ertönt in diesem jugendlich-heiteren Weltanschauungs- und Lebensgesinnungs-Optimismus ein Leitmotiv, das uns noch im Zusammenhang mit der »Philosophie der Freiheit« beschäftigen wird.

Das »bornierte Genie« sollte außer der siebenbürgischen schlagartig eine weitere Freundschaft begründen: die folgenschwere mit dem Literaten-Original *Otto Erich Hartleben*. Als Mitglied der Goethegesellschaft tauchte er gelegentlich in Weimar auf. Eines abends kam es im Kreise von Journalisten und Theaterleuten zu einem Gespräch über Schopenhauer. Für Rudolf Steiner war Schopenhauer das »bornierte Genie« geblieben. »Das gefiel ihm [Hartleben] ... Ihn interessierte tief, daß man die Ansicht haben könnte, auch ein Genie könne borniert sein« (»L«, S. 232).

Das Wesen des hochbegabten, aber in seiner fahrigen Lebensart ewig unfertig gebliebenen Hartleben stand gleich dem des jungen siebenbürger Pessimisten im polaren Gegensatz zu demjenigen Steiners. Aber gerade dies ist für dessen Art bezeichnend: Der Gegensatz wird rein sachlich genommen, der Vertreter einer anderen Meinung oder Art wird nicht »abgelehnt« oder gemieden, er wird geradezu aufgesucht. Die zahlreichen Jugendfreundschaften zwangen zu einer Art »Doppelleben in der Seele«. Einerseits blieb der junge Steiner im Erleben der Erkenntnisrätsel, mit denen er damals rang, ein »einsamer Wanderer«, andererseits »lebte ich alles voll mit, was im Dasein meiner Freunde auftauchte« (»L«, S. 81). Dies Miterleben – heißt es weiter – »war auch in vielen Fällen ... von tiefgehender, dauernder Bedeutung für meine Entwicklung«. Das Phänomen des »Doppellebens« ist nicht auf die Jugendzeit beschränkt; es bleibt auch in späteren Jahren für die Wesensart Steiners ebenso charakteristisch wie das oben erwähnte willige Ertragen des Gegensätzlichen.

Kehren wir nun zu Professor Schröer zurück. Das Verhältnis des Studenten zu ihm war zwar vorwiegend harmonisch, doch fehlte es auch hier nicht an gewissen Gegensätzlichkeiten. Daß Schröer im Gegensatz zu dem jungen Steiner kein Interesse für die Naturwissenschaft und die einschlägigen Schriften Goethes hatte, wirkte nicht trennend, sondern in glücklichster Weise schicksalhaft verbindend;

war es doch Steiner, der gerade durch Schröers Vermittlung diese Lücke der Goetheforschung und -literatur auszufüllen bestimmt war.

Doch weitaus einschneidender war das Gegensätzliche im Verhältnis Schröers zu außenstehenden Persönlichkeiten. Ein Beispiel von schwer überbietbarer Kraßheit war Professor Robert Zimmermann (1824–1898), bei dem der junge Steiner mit ganz wenigen weiteren Hörern das ganze Semester ausharrte. Zimmermann lehrte damals an der Universität ganz im Sinne Herbarts »Ästhetik als Formwissenschaft«. Obwohl Steiner entschiedener Gegner dieser Kunstauffassung war – er nannte sie in anderem Zusammenhang die »antitheosophische Ästhetik« –, war er »ganz erfüllt von der geistvollen, beseelten, ausgezeichneten Persönlichkeit dieses Mannes«, die ihm so lieb war, daß ihm sogar seine außerordentliche Steifheit gefiel, weil »die Art ..., welche die deutsche Sprache gewinnt ... aus dem Deutschböhmischen, aus dem Prager Deutsch heraus, ganz besonders sympathisch war ... ›Ach, Goethe ist doch als Physiker nicht ernst zu nehmen! Ein Mann, der nicht einmal Newton verstehen konnte‹.« Ein derartiger Satzinhalt »verschwand mir völlig hinter der graziös-koketten Art, durch die sich so etwas bei Robert Zimmermann dem andern mitteilte. Ich hatte eine solche Gegnerschaft außerordentlich lieb.«[11] – Und nun folgt eine ganz köstliche Schilderung nach Art eines humoristischen Genrebildchens: wie sich der Mensch Zimmermann in den Herbatianischen Ästhetiker verwandelte:

»Wie dieser Mann hereintrat, schon durch die Türe, hinaufstieg auf das Podium, seinen feinen Spazierstock ablegte, merkwürdig seinen Rock auszog, merkwürdig dem Stuhl zuschritt, merkwürdig sich setzte, merkwürdig die Brille abnahm, merkwürdig eine Weile innehielt, merkwürdig mit den seelenvollen Augen, nachdem sie entbrillt waren, den Blick nach links, nach rechts, nach der Tiefe über die sehr geringe Anzahl vorhandener Zuhörer schweifen ließ ...« Man konnte beobachten, »wie der liebenswürdige, sympathische ... Mensch als Inhalt vertilgt erschien und in Herbartischer Form auf dem Katheder wieder auftauchte«. Und Steiner hebt hervor, »daß man eine solche Charakteristik machen kann auch dann, wenn man liebt«.

Es folgt eine überraschende Wendung: Zimmermann hatte das Wort »*Anthroposophie*« gewählt als Titel eines seiner Bücher, um »eine aus logischen, ästhetischen und ethischen Abstraktionen zusammengefügte Pappendeckelfigur zu kennzeichnen«. Steiner aber scheute sich nicht, dasselbe Wort »Anthroposophie« zu verwenden, »um den durchgeistigten und beseelten Menschen wissenschaftlich zu behandeln«. So hat sich mit diesem inhaltschweren Wort auf humorvoll-graziöse, unpathetische Weise eine es befreiende Wandlung vollzogen! Ist es nicht wahrhaft merk-würdig, daß sich eine Humor-Spur bis in dieses Wort hinein verfolgen läßt? Es verliert dadurch nichts an Gewicht.

Es sei noch des bekannten, durch und durch pessimistischen »Philosophen des Unbewußten« Eduard von Hartmann (1842 bis 1906) gedacht: Rudolf Steiner schätzte ihn als Menschen sowohl wie als Denker, wenngleich er ihn insbesondere als Ästhetiker von Grund auf ablehnen mußte.

Man könne »dessen Ästhetik ja charakterisieren dadurch, daß Eduard von Hartmann den Künsten, die ihm eigentlich ziemlich fernstanden, etwas abzog, das er dann den ästhetischen Schein nannte. Er zog das den Künsten ab, ... so wie man ungefähr verfahren würde, wenn man einem lebendigen Menschen die Haut abzöge. Und die abgezogene Haut – ist es wunderbar, daß sie zu Leder wurde unter der harten Bearbeitung, welche ihr dann widerfuhr ...?«

Abschließend bemerkte Steiner in jenem Vortrag (GA 171, »Die Psychologie der Künste«), die Hartmannsche nach der Zimmermannschen Ästhetik sei »das zweite, von dem ich mich dazumal zu befreien hatte«. Selbstbefreiung durch Humor! Dieses Motiv wird uns noch beschäftigen.

Die gesellige Natur des Jünglings, seine Heiterkeit ausstrahlende Liebenswürdigkeit brachte es mit sich, daß er in weiteren Menschenkreisen als Gast hochwillkommen aufgenommen wurde: So in den Kreis der Verehrer der begabten jugendlichen Dichterin delle Grazie, in die Gemeinschaft junger österreichischer Dichter um Fritz Lemmermayer (1857–1932), den späteren engen Freund Steiners, in die Runde um den evangelischen Pfarrer Alfred Formey, einen Menschen von »kindlicher Frömmigkeit«, erdentrückt und lyrischen Gemüts. Wieder anderer Art war die lustige Gesellschaft um die begabte Schauspielerin Wilborn: »weltfreudig, humorbedürftig, lebenslustig … man lachte, daß die Stühle klapperten« (»L«, S. 144 f.).

So intensiv auch die Interessen des jungen Mannes in diese bunte und vielfältige gesellschaftliche Außenwelt verflochten waren, sein inneres Leben stand damit in keinem Zusammenhang. Ein Abgrund trennte ihn innerlich von allen das zeitgenössische Bewußtsein beherrschenden Geistesströmungen. – Man lese Näheres im »Lebensgang« nach, beispielsweise, wie ihn Sinnets Buch »Esoterischer Buddhismus« abstieß, das ihm bekannt geworden war durch die von H. P. Blavatsky (1832–1891) ins Leben gerufene theosophische Bewegung. Zu der Art des dort gepflegten mystischen Strebens konnte der Hochschüler Steiner kein Verhältnis finden; denn er empfand das ideenlose, rein gefühlsmäßige Untertauchen ins Innere als »keinen Weg zum Lichte, sondern eher einen zur geistigen Finsternis«. Man muß – wie jedes Wort bei Steiner – den Gebrauch des Wortes »Licht« ernstnehmen. Licht – wir sprachen schon in diesem Sinne von »Geistheiterkeit« – wird Wegmarke und Zielweiser. Zwei Richtungen werden sichtbar: Die eine führte in das Licht geistdurchtränkter, objektiver Ideen – die andere ins Dunkel subjektiver Gefühle.

Schon der junge Steiner hatte sich klar entschieden. Alles Widersprüchliche und Zwielichtig-Dunkle konnte ihn nicht beirren, es verhalf nur dazu, den rechten Weg einzuschlagen. Es war der von mystischen Anwandlungen freie Weg, der Weg zur »Philosophie der Freiheit«.

Ungern – wenngleich vom Thema her zu Recht – übergehen wir, was im »Lebensgang« berichtet wird von so bedeutenden Persönlichkeiten wie beispielsweise der mystisch suchenden, feinsinnigen Marie Lang, der Schriftstellerin Rosa Mayreder oder Pauline Specht, der »Seele« jener Wiener Familie, in der der Student als Privatlehrer, Erzieher und Therapeut jahrelang tätig war, wo er sogar – dieser rührend heiteren Tatsache sei hier gedacht – seine »Spielzeit« nachholte: »Ich hatte in meinem Leben, bevor ich in diese Familie eintrat, wenig Gelegenheit, an kindlichen Spielen teilzunehmen … Ich mußte da auch lernen, wie man spielt. Denn ich mußte das Spielen leiten. Und ich tat es mit großer Befriedigung.

Ich glaube sogar, ich habe im Leben nicht weniger gespielt als andere Menschen. Nur habe ich eben dasjenige, was man sonst vor dem zehnten Lebensjahre in dieser Richtung vollbringt, vom drei- bis achtundzwanzigsten Jahre nachgeholt« (»L«, S. 107f.).

Aber dieses Engagement als »Spielleiter« war nur eine humorig- liebenswürdige Variante dessen, was das Schicksal weise zuweg- brachte mittels des Privatunterrichts: Der junge Mensch wurde durch ihn gründlich vor Einseitigkeit bewahrt. Volle 15 Jahre »hielt mich das Schicksal in dieser Beschäftigung fest«. »Ich mußte vieles aus dem Grunde selbst lernen, um es unterrichten zu können«, und schmunzelnd liest man weiter: »So lebte ich mich in die ›Geheim- nisse‹ der Buchhaltung ein, weil ich Gelegenheit fand, gerade auf diesem Gebiete Unterricht zu erteilen«. Man kann sich unschwer vorstellen, welche Fülle pädagogisch-didaktischer Lebenserfahrun- gen ein Jüngling mit der außergewöhnlichen Auffassungsgabe und Phantasie eines Rudolf Steiner ansammelte.

Abschließend gedenken wir des bedeutendsten Erkenntnis-Er- lebnisses, das Rudolf Steiner in diesem Lebensabschnitt beschieden war als Frucht eines langjährigen Ringens um Bewältigung der ihm schicksalhaft gestellten »Goethe-Aufgabe«: die Herausgabe der na- turwissenschaftlichen Schriften Goethes in »Kürschners National- bibliothek«. Er überwand auf Goethes Gedankenwegen wandelnd den Gegensatz zwischen dem Sinnlich-Erfaßbaren und dem Gei- stig-Anschaubaren, zwischen Naturerkennen und Geisterkennen. Unermeßliche Erhellung, Er-heiterung im höchsten Sinne, ging von diesem Ereignis aus: Sie durchdrang die im Werden begriffene »Philosophie der Freiheit« und gab für die bevorstehende Arbeit in Weimar die erforderliche Kraft.

3. Komik- und Humortheorie

Obwohl im vorigen und im einleitenden Kapitel bereits vom Humor-Begriff die Rede war, wird es vielleicht überraschen, daß jetzt erst und nicht schon am Beginn dieser Schrift eine Theorie der Heiterkeit und des Humors dargelegt wird. Wäre dem so, es müßte nicht nur in Kauf genommen, sondern sogar begrüßt werden. Denn nach der Überzeugung des großen Aristoteles besteht das Wesen des Humors in der Überraschung. Was praeter exspectationem – wider Erwarten – auftritt, das eben wirke komisch. So wäre »überraschenderweise« die stets erwünschte Einstimmung auf das Thema hergestellt ... Nun ist aber zu bedenken: Jedes Theoretisieren kann gerade jene enttäuschen, die wir echte Humoristen nennen, weil sie Humor »haben«. Sie halten es für unzulässig, wenn nicht sträflich, über Humor und Heiterkeit auch nur ein Wort zu verlieren; mit dem Dozieren und dem bekanntlich grauen Theoretisieren zerrede man, was nur dem Gefühl zugänglich ist und unsagbar bleibt. – Immerhin, ein Dilemma! Ein wenig listig ist der Ausweg schon, den der Verfasser betrat: Um die Theoriegegner nicht von vornherein zu verstimmen, begann er zunächst mit dem Lebensweg Rudolf Steiners und wartete zu mit dem Begrifflichen.

Nun aber werden auch die grundsätzlichen Theorieverächter ihm folgen, umso williger, wenn sie vernehmen, daß Rudolf Steiner selbst es war, der sich über das Wesen des Komischen und des Humors ausgesprochen und überdies so ausführlich über »Lachen und Weinen« vorgetragen hat, daß wir hierfür ein besonderes Kapitel einräumen müssen. Und wir sind dankbar für das Geschenk dieser Fülle. Denn diese Gedanken sind wertvoll: Sie machen neue Seiten geisteswissenschaftlicher Grundfragen von einem ungewohnten Gesichtspunkt aus, dem des Humorig-Heiteren, sichtbar.

Übrigens verlassen wir gar nicht den Lebensweg Rudolf Steiners;

bis zum Ende der Wiener Hochschulzeit sind wir ihm gefolgt – und gerade damals befaßte er sich mit eingehenden Ästhetik-Studien auf der Grundlage der Welt- und Kunstanschauung Goethes. Im Anschluß an den am 8. November 1888 im Wiener Goethe-Verein gehaltenen Vortrag über »Goethe als Vater einer neuen Ästhetik« ging er daran, eine Ästhetik im Sinne des Dichters zu schreiben; zunächst die grundlegende Abhandlung »Über das Komische und seinen Zusammenhang mit Kunst und Leben« [12].

Vermutlich wurde sie als erstes Kapitel in Angriff genommen. Einen Grund hierfür dürfen wir wohl darin erblicken, daß Rudolf Steiner das Thema persönlich nahelag; dafür spräche der Titel, wenn man den »Zusammenhang mit dem Leben« auch subjektiv versteht. Zweifellos aber und hauptsächlich lag der Grund für die Bevorzugung dieses Stoffes darin, daß nach der gleich im ersten Satze ausgesprochenen Überzeugung Steiners die Idee des Komischen unter den irrigen Voraussetzungen der deutschen Schönheitswissenschaft am meisten gelitten hat.

Die Komik-Abhandlung ist das einzige Kapitel der geplanten Ästhetik, das sich erhalten hat. Es fand sich bei den an Eduard von Hartmann gerichteten Briefen in dessen Nachlaß. Hartmann hatte Steiner ermuntert, an seiner »Ästhetik« »rüstig fortzuarbeiten«; man kann dies immerhin als komisch-widerspruchsvoll empfinden, wenn man bedenkt, daß die Ästhetik-Auffassungen der beiden Denker keineswegs übereinstimmten; so spricht es für eine rein sachliche, echt philosophische Einstellung. Noch »komisch«-seltsamer ist es, daß eine Abhandlung über Komik dem Nachlasse des größten Pessimisten seiner Zeit entsteigen konnte, weil sie von ihm verwahrt worden war. – Der Ästhetik-Plan konnte nicht ausgeführt werden. Durch die ihm übertragene Herausgabe der naturwissenschaftlichen Schriften Goethes in »Kürschners Nationalliteratur« wurde der junge Steiner zunächst auf dieses Sondergebiet festgelegt, und in den folgenden Jahren beanspruchte die anthroposophische Bewegung seine ungeteilte Arbeitskraft. Neben dem in sich geschlossenen Vortrag vom 8. November 1888 kann die Abhandlung über den Humor als aphoristisch empfunden werden. Sicherlich hätte Steiner im Rahmen des geplanten Werkes den Humor breiter dargestellt. Wie schon erwähnt, beginnt die Abhandlung mit einer Kritik an der herrschenden deutschen Ästhetik-Auffassung: Ihr Irrtum, der es auch unmöglich macht, die Komik als Kunstgattung in die Ästhetik einzuordnen, besteht nach Steiner darin, daß die Schönheit als Erscheinen der Idee (des Göttlichen) in einem sinnenfälligen Kleide erklärt wird. Wird so die Idee in den Sinnenbereich heruntergeholt und mit dem Sinnlichen umkleidet, sind nur drei Fälle denkbar: Harmonie zwischen Bild und Idee – man spricht vom »Einfach-Schönen« – oder Disharmonie in zwei Formen: Das Bild bleibt zurück hinter der unfaßlichen Größe der Idee – das »Erhabene« tritt in Erscheinung – oder das Bild überragt an Größe die Idee: das »Häßliche« kommt zustande. Von ihm ist das »Tragische« nur ein Sonderfall. – Ein vierter neben diesen drei Fällen ist nicht mehr möglich, so daß für das Komische kein Platz bleibt, obwohl ihm fraglos der Charakter des Künstlerischen zukommen kann.

Aus der Sicht Goethes und Steiners »kann die Kunst nie und nimmer die Aufgabe haben, die Idee selbst darzustellen«[13]. Welchen Sinn sollte es haben, das in sich vollkommene Ideelle herunterzuziehen und es in ein sinnliches Gewand zu stecken? Wohl aber ist die Sehnsucht verständlich, das weniger Wertvolle, das Sinnlich-Anschauliche hinaufzuheben in die Sphäre des Göttlichen. – Sache der Wissenschaft ist es, die unmittelbare Wirklichkeit zu überspringen und nur die Idee gedanklich durch das Wort darzustellen. Der Künstler aber überschreitet die sinnliche Wirklichkeit nicht; »er nimmt sie liebevoll auf, ja er lebt und webt« in ihr, ändert nicht das »Was«, sondern nur die Form, das »Wie«, stellt aber die Gegenstände der Wirklichkeit so dar, als ob sie »so notwendig, so gesetzerfüllt und so göttlich wären *wie* die Idee«[13].

Die Kunst ist »das Reich des Sinnlichen im Gewande des Göttlichen«[13], nicht das Reich des Göttlichen in dem Kleide des Sinnlichen. Als ein neues und drittes tritt das Reich der Kunst neben das der Wirklichkeit (des unideellen Sinnlichen) und das unsinnliche Ideelle der Wissenschaft. – So gesehen hat das Reich der Kunst keine Wirklichkeit; deshalb spricht man vom »ästhetischen Schein«. Rudolf Steiner versteht diesen »Schein« als das *durch den schaffenden Menschengeist durchgöttlichte Sinnliche*[13]. Der Künstler sucht die sinnliche Wirklichkeit zu überwinden, indem er sie durchgeistigt. Das nur Natürliche an dem Objekt wird abgestreift, es wird so hingestellt, als ob es ein Göttliches wäre. Frei von den Trieben der Natur und ihren Gesetzen herrscht die Idee. Darin besteht das Wesen der Freiheit: in der Herrschaft des Geistes über die Sinnenwirklichkeit. »Alles höhere Streben des Menschen ist ein Streben nach Freiheit ...

Die Kunst ist ein fortdauernder Befreiungsprozeß des menschlichen Geistes und zugleich die Erzieherin der Menschheit zu dem Handeln aus Liebe.«[13] Denn der Freie handelt vollkommen selbstlos aus voller Hingabe an das Objekt. Aus diesem inneren Zusammenhang von Freiheit und Liebe folgert Steiner: »Im tiefsten Grunde erfaßt sind also *wirklich freie* Taten nur die Taten aus *Liebe*.«[13]

Wenn davon ausgegangen wird, daß im Kunstwerk der menschliche Geist den Stoff durchgöttlicht, erhebt sich die Frage, wie der Künstler den Stoff umarbeiten kann. Aus der Antwort leitet Steiner das Wesen der Komik folgendermaßen ab: »Sinnlichkeit, Verstand und Vernunft sind die drei Vermögen, das Weltall zu erfassen.« Die Sinne erfassen die unendliche Mannigfaltigkeit der Sinnendinge, »der *Verstand* ordnet und vergleicht sie und bildet dadurch *Begriffe*. Die *Vernunft* erschaut dann die innere Einheit in dieser Vielheit«.[13]

Von den Sinnen ist eine Umarbeitung des Stofflichen nicht zu erwarten, wohl aber bis zu einem gewissen Grade vom Verstand. Er ist nicht auf die reine Wahrnehmung beschränkt, hat aber noch nicht die Tiefe der Vernunftanschauung. Er hat die Einzelstücke in der Hand, es »fehlt leider nur das geistige Band«. Dem vom Verstand gelieferten Begriff vom Einzelding fehlt recht eigentlich die Realität. Denn »in der Weltenordnung gibt es kein Einzelnes für sich; alles ist im Zusammenhang und Fluß der Dinge notwendig begründet«.[13] Das Einzelding ist das »Unwirklichste, was es in der Welt gibt, in ihm ist keine Wahrheit darinnen, solange nicht das Licht der Vernunft es beleuchtet. Wenn daher der Künstler beim Umformen der Sinnendinge *nur den Verstand* walten läßt, werden *krasse Widersprüche* auftreten; denn den Verstand stört es nicht, wenn nichtzusammenhängende Dinge nebeneinanderstehen. Bleibt Einzelnes vereinzelt, widerspricht es nie einer andern Einzelheit. Ein großer Kopf und ein kleiner Körper sind ohne weiteres nebeneinander vorstellbar. Werden sie aber in einem Bilde zusammengestellt oder gar auf der Bühne leibhaft in einer Person vereinigt vorgeführt, gewahrt man den Widerspruch mit dem, was naturgesetzlich seinsmöglich ist. Damit ist klargestellt, wie der *Widerspruch* entsteht: durch das rein verstandesmäßige Nebeneinanderstellen einzelner Dinge oder das beziehungslose Aneinanderreihen von Begriffen, kurz ein nur verstandesgemäßes Zuordnen von Gegebenheiten ohne vernunftgemäßen ganzheitlichen Zusammenhang, ohne Rücksicht auf das Zustandekommen eines ganzheitlichen Sinngefüges.

Aus dem Widerspruch leitet Rudolf Steiner das *Komische* ab. »Das Gewahrwerden eines solchen Widerspruchs zwischen einem geschaffenen Gegenstande und seiner inneren Möglichkeit bewirkt in uns die Empfindung des *Komischen*.

Das Komische ist also ein *sinnenfällig Wirkliches* in der Form des *verstandesmäßigen Widerspruchs*. Das ›Was‹ ist die Sinnlichkeit, das ›Wie‹ der Verstand mit seinem nicht in der Natur des Ganzen begründeten Inhalte. Wo immer man ein Komisches untersucht: man wird finden, daß das, was der schaffende Mensch aus dem Stoffe gemacht hat, der tieferen, inneren Natur, der Grundgesetzlichkeit des Seins widerspricht. Und wer immer diesen Widerspruch zu durchschauen vermag, der empfindet ihn als Komisches.«[13]

Das Wort »komisch« leitet Aristoteles vom griechischen »kome« (Dorf) oder »komos« (Festzug, schwärmender Zecherkreis) ab. Bekanntlich finden wir »komisch« nicht nur das Belustigende, sondern auch etwas Sonderbares, Verwunderliches, Seltsames, das vom Gewohnten abweicht, ihm widerspricht. Das kommt etwa dem gleich, was Aristoteles das Unerwartete nennt. Letztlich ist es immer der Widerspruch zum »Seinsmöglichen«, zur vernunftgemäßen Ganzheit, was Komik erzeugt. Wie wirkt nun das Komische? Es übt zwar zunächst eine Art Schockzwang aus; doch können wir uns davon lachend befreien, indem wir durchschauen, daß ein Widerspruch im Spiele ist; wir fühlen uns überlegen. »Der Mensch glaubt die Sache besser zu verstehen, als sie hier in der Darstellung vor ihm auftritt.«[13]

Ohne Verständnis für den Widerspruch kein Verstehen des Komischen. Man muß allerdings – gewissermaßen oberflächlich – beim bloßen Anschauen des Verstandesmäßigen stehenbleiben; dringt man tiefer zur Vernunftanschauung vor, hört die Komik auf, die gestörte Ganzheit, die Disharmonie kann traurig stimmen. Rudolf Steiner bringt als Beispiel den Anblick der Verkrüppelungen in der

Natur, der keineswegs komisch stimmt. »Das Komische ist zumeist Menschenschöpfung.« Sie kann beispielsweise im klassischen Lustspiel zur Erkenntnis des Widerspruchs führen. »Was in Gedanken nicht den notwendigen Eindruck macht, das tut die *anschaubare* Darstellung.« Hierher gehören nach Steiner auch Ironie (Verspotten durch Aussprechen des Gegenteils des Gemeinten), die komische Satire (verächtlichmachendes Kritisieren), Parodie (ein ernster Stoff, der Dichtung zum Beispiel, wird ins Komische gezogen) und Travestie (der ernste Inhalt wird durch Darstellen in nichtgemäßer Form lächerlich gemacht).

Es leuchtet ein, daß die Komik sich vorzüglich eignet, die menschliche Torheit vorzuführen; denn die besteht ja darin, »daß man Verkehrtes, Sichwidersprechendes für ein Wirkliches hält«. Das Wahnhafte der Dummheit, in sinnenfälliger Darstellung äußerlich vorgeführt, kann befreiend und heilend wirken.

Auch unwillkürlich kann sich das Komische einstellen, und oft ist gerade der sogenannte unfreiwillige Humor von stärkster Wirkung. Man denke an ein »Kunstwerk«, das ernst gemeint ist und doch nur komisch wirkt, weil es aus Einzelheiten zusammengestoppelt wurde. Wir sollten aber auch nicht vergessen, wie oft wir selbst uns durch unbewußtes Darleben von Widersprüchen ungewollt zu Komikern machen.

Immer hängt auch die Wirkung des Komischen davon ab, wie tief das Verständnis des Beurteilers geht. So wird die Art des Reagierens nachgerade zum Symptom. Goethe läßt seine Ottilie in den Wahlverwandtschaften (2. Teil, 4. Kapitel) in ihr Tagebuch eintragen: »Durch nichts bezeichnen die Menschen mehr ihren Charakter als durch das, was sie lächerlich finden«. Und in der Tat, der Tor wird manches als komisch erleben, was der Weise nicht belächeln kann, wogegen dieser das törichte Ernstnehmen des von seinem höheren Standpunkt Nichtigen höchst komisch nennen muß. »Gerade, was besser angelegte Naturen tun, wird so oft belacht, weil es nicht verstanden, wohl aber der Widerspruch gesehen wird, in dem diese Handlungen mit dem stehen, was im Leben das Gewöhnliche ist.«

Von der Wirkung des Komischen wird ewig unberührt bleiben, wer keinen Sinn hat »für das Auffinden des Widersprechenden *im Leben* und für das Verknüpfen des Sich-Widersprechenden, nur vom

Verstand künstlich Zusammenzubringendem«. Er wird auch keinen rechten Zugang zum *Witz* finden, jenem »Spiel des Verstandes, der in ganz ferne Liegendem Ähnliches aufsucht und durch die folgende Zusammenstellung einen offenbaren Widerspruch darbietet«. Das künstlerisch-spielerische Geschick besteht im phantasievollen Kombinieren von Widersprüchen, die so versteckt sind, daß die Entdeckerfreude umso größer sein wird. Wenn allerdings die Widersprüchlichkeit so übertrieben wird, daß jeglicher Einklang fehlt und nur völlig Fremdes nebeneinandersteht, kann das Komische nicht mehr wirken.

Abschließend behandelt Rudolf Steiner die vom Erleben des Komischen ausgelöste *Seelenstimmung des Humors*. »Das Komische entspricht dem Verstand, aber es widerspricht der Sinnlichkeit sowohl wie der Vernunft.« Wahre Humor-Stimmung kommt nur zustande, wenn der Seelenblick über den Verstandesbereich hinaus sich auf die Vernunft richtet. Der Humorist baut gewissermaßen eine Brücke ins Reich der Vernunft.

Steiner arbeitet diese Grundstimmung auf die Art klar heraus, daß er sie gegenüberstellt einerseits der Gemütsstimmung des Melancholikers, andererseits der Frivolität. »Wer den Widerspruch wahrnimmt, aber den Verstand für Vernunft nimmt, und statt zu lachen über die Disharmonie betrübt ist, der hat keinen Sinn für das Komische. Er wird überall nur Widersprüche sehen und diese für das ›Eins und alles‹ der Welt halten. Dies führt zur Grundstimmung des *Melancholikers*.

Wer hingegen davon überzeugt ist, daß hinter dem Verstande die Vernunft, hinter dem Widerspruch die innere, höhere Einheit waltet, der kann über die Disharmonie ruhig lachen. Ja, er kann sogar zu der Ansicht fortschreiten: wo Widerspruch ist, da ist nur der Verstand im Spiele; vernünftig, tiefer betrachtet kommt man immer zur Harmonie. Ein solcher Mensch lebt in dem Glauben, daß der Widerspruch immer oberflächlich, nie tief ist; er nimmt ihn daher immer leicht; als etwas, was das Leben von der Einförmigkeit und Einerleiheit befreit, welches aber sofort verschwindet, wenn man tiefer dringt. Dieser Mensch lacht über das sich Widersprechende und wird ernst gegenüber dem göttlichen Einklang der Dinge. In ihm finden wir die Grundstimmung des *Humors*.«[13]

Nikolaus von Kues (Cusanus) hat das Wesen Gottes als das Zusammenfallen der Gegensätze, die »Coincidentia oppositorum« gekennzeichnet. Es gibt einen göttlichen Bereich, in dem alles Dissonante in Harmonie zusammenklingt, alles Gegensätzliche, Sich-Widersprechende im Wahren zusammenfällt und zur Einheit wird. Deshalb kann man über Disharmonisches und Gegensätzliches als eine vorübergehende und bald verklingende Sonderbarkeit getrost lachen, sich an ihr geradezu erfreuen, weil nach dem »Vorhalt« Harmonie, nach der Spannung wieder Gelöstheit eintreten werden.

Dem *Melancholiker* ist die Humorstimmung versagt, weil ihm der Sinn für Komik fehlt. Er hat wohl »das Bedürfnis für den tiefen Einklang, aber er hat nicht die geistige Kraft ihn zu erfassen«. – Ganz anders der *Frivole*. Er hat »ein Organ für das Wahrnehmen des Widerspruchs, dabei aber keines für die Einheit und Idealität, er kann wohl lachen, nicht aber wahrhaft ernst und fromm sein ... Der Frivole hat nur Sinn für das Oberflächliche, aber auch nur das Bedürfnis danach. Er kennt die Tiefe nicht und *will* sie nicht kennen. Er lebt an der Oberfläche«.

Innerhalb der echten Humorstimmung finden wir Unterschiede von großer Variationsbreite, je nach dem seelisch-geistigen Rang der betreffenden Persönlichkeit. Nur auf eine sei hingewiesen, bei der sich Humor zur Welt- und Lebensanschauung weitete: auf Christian Morgenstern. In »Aphorismen und Sprüche« lesen wir seine »Gedanken zu einer Philosophie des Humors«: »Ich definiere den Humor als die Betrachtungsweise des Endlichen vom Standpunkte des Unendlichen aus. Oder: Humor ist das Bewußtwerden des Gegensatzes zwischen Ding an sich [man darf hierfür auch »Wesen« setzen (H. E.)] und Erscheinung und die hieraus entspringende souveräne Weltbetrachtung, welche die gesamte Erscheinungswelt vom Größten bis zum Kleinsten mit gleichem Mitgefühl umschließt, ohne ihr jedoch einen anderen als relativen Gehalt und Wert zugestehen zu können.

Der Humor ist sonach die höchste, aber auch die schwerste aller Weltbetrachtungen; denn er lehrt uns das tiefste Leid und Elend nur als Phase aufzufassen, die, aus dem Zusammenhang des Weltlebens gerissen, für sich allein keine absolute Beurteilung gestattet

… Humor ist äußerste Freiheit des Geistes. Wahrer Humor ist immer souverän.«

Die Humor-Philosophie Morgensterns, der ja bekanntlich auch den Pfad zur Anthroposophie gefunden hat, liegt ganz auf der Fluchtlinie der Komik-Lehre Rudolf Steiners.

Das Wort Morgensterns von der äußersten Freiheit des Humors könnte in der Abhandlung über das Komische stehen. Die vom Dichter betonte Phasenhaftigkeit und Relativität des Leides, das als Widerspruch zu einem freudevollen Zustand verstanden werden kann, entspricht der von Steiner aufgezeigten Oberflächlichkeit des Komik erregenden Widerspruchs, der »sofort verschwindet, wenn man tieferdringt«.

Der Kunstcharakter der Komik liegt in der vom Widerspruch befreienden, ihn überwindenden Kraft. Die »beherrschende Seelenkraft« nannte einmal auf die Frage einer Malerin Rudolf Steiner (so berichtet Lory Maier-Smits in »W«, S. 168) den Humor, dem Morgenstern die »Souveränität« zuspricht.

Die Komik-Abhandlung schließt mit hochbedeutsamen Sätzen: »Wir haben die Idee des Komischen als einer Form des ästhetischen Scheines aufgezeigt, und auch die Stellung, welche diese Idee dem Leben gegenüber hat, charakterisiert. Das Komische ist eben nicht bloß eine willkürliche Schöpfung des Menschen, es ist die *Art, wie man allein die in vieler Beziehung widerspruchsvolle Außenseite des Lebens anschauen und darstellen soll.*«

Aus diesen Worten spricht nicht nur die wissenschaftlich begründete ästhetische Überzeugung, sondern auch das Bekenntnis eines tiefschürfenden, mit dem »Sinn für die Dinge auf dem Grunde des Daseins« begabten Denkers zum Humor als dem Lehrmeister in der Kunst der Lebensgestaltung.

So fühlen wir uns aufgefordert, nun wieder zum eigentlichen Lebensweg Rudolf Steiners zurückzukehren. Vorab aber scheint eine kurze Begegnung mit dem Widerspruch unvermeidlich:

Der Widerspruch

Wo sich neue Kräfte regen,
bist du immer nur »dagegen«.
Ruhelos ich stets dich fand,
tüftelnd bohrender Pedant.
Qualerzeuger, Selbstentfremder,
aller Einigkeit Beender,
immer nur der Ruhestörer,
Haßbeschwörer,
Friedenschänder, Pfeilentsender,
Zweifelzüchter, Haarspaltrichter,
schrullenhafter Kritikaster –
dein sind alle Nörgellaster!
Träger aller Zwietracht-Tücken,
reitest auf des Lebens Rücken
rücklings – ewiges Gehetze!
Deine Hunde: Gegensätze.
Widerspruch, du böser Spötter,
ja, du bist ein Feind der Götter!

Freundchen, ich muß wiedersprechen:
Der Philister Hauptgebrechen
ist – du weißt es, gib's nur zu –
unbedingte Seelenruh.

Bin nicht ich der Säfterührer,
Sporengeber, Aufwärtsführer,
Fackelträger, Flausenjäger,
Phrasentöter,
ja mitunter Schwerenöter?
Bahn ich doch im strupp'gen Kleid
auch den Weg zur Heiterkeit.
Schilt nicht meine braven Hunde,
laß sie beißen und – gesunde!

Bei Kunst und Wahrheit zu Besuch
weil ich oft, der Widerspruch.
Kampf dem Irrtum, Kampf dem Tod!
Wahn weicht vor dem Morgenrot.
Kräftewecker und -entfalter,
der Gedankenwelt Gestalter,
Lebenspender, Luft-Reinfeger,
bin und bleib ich Geisterreger.

4. Weimar (1890–1896)

»...Weimar liegt eben mitten
in der Welt außerhalb derselben!«

Man ist versucht, diesen paradox-humorig wirkenden Satz aus
einem Brief Rudolf Steiners an Richard Specht vom 22. April 1891
nicht ganz ernst zu nehmen und ihn einfach der »unbotmäßigen
Feder« des Schreibers anzulasten, wie er selbst es andeutet – aber
man kann auch einen gleichnishaft verschlüsselten Bezug auf seine
Weimarer Lebenslage herauslesen; die war ja seltsam zwiespältig:
mitten im geselligen Verkehr des Geisteslebens der Stadt und doch
außerhalb desselben.

Zu Beginn seiner Weimarer Zeit war der Dreißigjährige in das
Lebensalter eingetreten, in dem »normalerweise« die Seeele »sich,
ihrer Neigung nach intensiv dem äußeren Leben zuwendet, in dem
sie ihren festen Zusammenschluß mit diesem Leben finden möchte«
(»L«, S. 234). Aber wie schwer fiel es, sich mit einer Außenwelt zu
verbinden, die während der ganzen Kindheit und Jugendzeit nur
etwas Schattenhaftes, Bildhaftes dargeboten hatte, »während der
Zusammenhalt mit dem Geistigen durchaus den Charakter des
Wirklichen trug«. Dies empfand der junge Steiner jetzt am lebhafte-
sten, da er die letzte Hand an seine »Philosophie der Freiheit« legte
und die Gedanken niederschrieb, die ihm die geistige Welt bis zum
dreißigsten Lebensjahr gegeben hatte, während die Außenwelt nur
anregend gewirkt hatte. In Weimar nun wurden ihm die Weltan-
schauungen zur Außenwelt, die sich in den Persönlichkeiten dar-
lebten, mit denen er gesellig verkehrte. In diesem geistigen »Außen-
welt-Verkehr« lag nur der Anfang eines sich anbahnenden »tiefge-
henden Umschwungs« der Einstellung zur sinnenfälligen Außenwelt, der erst mit dem Ende der Weimarer Zeit »einschneidendes
Erlebnis« werden sollte.

Nun war der Verkehr, den Steiner pflog, sehr rege; er ging intensiv auf die an ihn gestellten Fragen ein. Dennoch mußte er »mit seinem eigenen Wesen immer in sich zurückbleiben«. Er war oft bei andern »zu Besuch«, empfing aber vonseiten der anderen keinen: »In meiner geistigen Welt konnte ich keine Besuche erleben.« Wie durch eine »dünne Wand« fühlte er sich getrennt von dieser Außenwelt verschiedenster Weltansichten. So gern er »Besuche« abstattete – die ständige Konfrontation mit Gegensätzlichem, das doch wieder trotz seiner Einseitigkeit jeweils Berechtigtes in sich trug, wurde zur Seelenprüfung. Hierbei war sicherlich der Humor eines der wirkungsvollsten Lösungsmittel, und es wird sich sogleich herausstellen, daß die Lebensverhältnisse, unter denen Rudolf Steiner fast sieben Jahre in Weimar lebte, in der Tat eine Fülle von Komik hervorbrachten, die dem Humor ein recht auskömmliches Dasein sicherten.

Die Arbeit am *Goethe-Archiv* brachte es mit sich, daß der junge Steiner mit den bedeutendsten Persönlichkeiten des damaligen deutschen Geisteslebens in menschliche, zum Teil sogar freundschaftliche Beziehung trat. Wir nennen nur: Hermann Grimm, Ernst Haeckel, Richard Strauß, Gustav Mahler, Hermann Helmholtz, den Liszt-Schüler Conrad Ansorge, den dänischen Dichter Rudolf Schmidt, Heinrich von Treitschke, Ludwig Laistner und die feinsinnige Schriftstellerin Gabriele Reuter (1859–1941).

Dieser verdanken wir – in der Autobiographie »Vom Kinde zum Menschen«, 1922 – eine lebendige Schilderung der von geistvollem Humor durchwärmten Stimmung jener Kreise, in denen Steiner verkehrte; vor allem das einprägsam und aufschlußreich gezeichnete Bild der damaligen Wesensart Steiners selbst:

»Eine Fülle von Geist wurde ausgestreut bei endlosen Debatten in dem schönen großen Hause am Horn, wo der Goethe-Archivar Eduard von der Hellen mit seiner jungen Frau wohnte, oder auf der Veranda des kleinen weißen Hauses an der Tiefurter Allee, wo die kluge Grete Olden ihren Empfangstag hatte. Jeder von uns war Herr der Welt und Mittelpunkt des Seins, und die Souveränität des Einzigen wurde mit den groteskesten Gründen und den gewagtesten Schlußfolgerungen bestätigt. Vorzüglich Rudolf Steiner, der die naturwissenschaftlichen Schriften Goethes für die Sophien-Aus-

gabe redigierte, war groß darin, barocke, unerhörte Prämissen auf-
zustellen und sie dann mit einem erstaunlichen Aufwand von Logik, Wissen, kühnen Einfällen und Paradoxien zu verteidigen. Was
konnte er amüsant sein, wenn er so in Eifer geriet, der damalige
Freidenker mit dem schmalen Mönchskopf, der hohen, strahlenden
Stirn, wie ereiferte er sich, wenn Hans Olden sein liebenswürdiges
Faunlächeln aufsetzte und ihm seinen witzigen Zynismus entgegen-
hielt! Ganze schöne Sommernachmittage stritten wir über die
Frage, ob es dem selbstherrlichen Individuum erlaubt sei, ein anderes Individuum aus dem Wege zu räumen, wenn die Antipathie gegen dieses andere Individuum uns z. B. hinderte, unser Lebenswerk
zu tun. Steiner nahm als Beispiel für diese These einen nebenan
wohnenden Dichter, der ihm wegen seines wohlgepflegten Vollbar-
tes und seines öligen Wesens höchst unangenehm war, und wenn es
diesem Herrn gefallen hätte, hinter seiner Gartenhecke zu spazie-
ren, hätte er sich beim Duft des Jelängerjeliebers zu allen möglichen
furchtbaren Todesarten verurteilt hören können. Denn Steiner war
radikal und scheute vor kräftigen Äußerungen seines Tempera-
ments nicht zurück. Einmal erzählte er verwundert, ein Bekannter
habe ihn nicht mehr gegrüßt. ›Nun, was haben Sie da angestellt?‹
fragte ihn Frau Olden, worauf er harmlos in seiner österreichischen
Klangfarbe antwortete: ›Ich habe ihn nur einen Abschaum der
Menschheit genannt – und das ist er doch wirklich!‹ Von der Hellen
und Steiner rieben sich täglich an einem ihnen feindlichen Vorgesetzten … Steiner kämpfte mit Hunger und Not. Abends, oft war
es spät in der Nacht, begleitete er mich den weiten Weg von Oldens
heim, denn wir wohnten beide im Westen der Stadt. Dann wurde er
ernsthaft, und ich verdanke diesem hervorragenden Geiste und seinem unglaublich ausgebreiteten Wissen eine Fülle von Gedanken
und Anregungen auf philosophischem Gebiete. Besonders lehrte er
mich Goethe in einer ganz neuen Weise kennen. Von dem naturwissenschaftlichen Propheten im Dichter hatte ich bisher noch nichts
gewußt. Ein Gedanke Steiners ist mir viel nachgegangen: die Forde-
rung von moralischer und religiöser Phantasie, an der es unserem
heutigen Geschlecht so sehr mangle. Rudolf Steiner hat diese mora-
lische und religiöse Phantasie in seiner späteren Entwicklung reich
betätigt. Er hat Hunderten von Menschen aus hoffnungsloser

Dürre zu einem Leben voll vertieftem geistigem Inhalt verholfen – er hat ihnen durch die Geisteswissenschaft ihre Seele neu geschenkt. Und das ist wahrhaft eine große Tat, die ihm nicht bestritten und verkümmert werden soll.« (Zitiert aus Fred Poeppig, »Rudolf Steiner – Der große Unbekannte – Leben und Werk«.)[14]

Vielleicht war es derselbe Grete-und-Hans-Olden-Kreis, von dem Gabriele Reuter erzählt, in dem Rudolf Steiner am 8. Februar 1892 an einem damals beliebten, aus England eingeführten Gesellschaftsspiel teilnahm und den ihm vorgelegten Fragebogen ausfüllte. Die zum Teil nicht eben tiefgründigen Fragen forderten humorvolle, spöttische oder spaßig übertriebene, energiegeladene Antworten Steiners heraus. Einige Proben:

Deine Lieblingseigen-
schaften   am Manne? – Energie
                            am Weibe? – Schönheit
Welcher Beruf scheint dir der
beste?   – Jeder, bei dem man
                                         vor Energie zugrunde
                                         gehen kann.
Wo möchtest du leben?   – Das ist mir gleichgültig.
Wann möchtest du gelebt haben?   – In Zeiten, wo was zu tun ist
Lieblingscharakter in der Poesie?   – Prometheus
Welche geschichtlichen Charaktere
kannst du nicht leiden?   – Die schwachen
Deine unüberwindliche
Abneigung?   – Pedanterie und Ordnungs-
                                         sinn
Wovor fürchtest du dich?   – Vor Pünktlichkeit
Lieblingsspeise und -trank?   – Frankfurter Würste und
                                         Cognac. Schwarzer Kaffee.

Den vollständigen Text des Fragebogens und eine ausführliche Würdigung des ernsten Gehalts desselben bringt Georg Hartmann (»E«, S. 43 ff.) unter dem Titel »Welche Fehler würdest du am ersten entschuldigen?« (Die Antwort Steiners lautete bezeichnenderweise: »Alle, wenn ich sie begriffen habe.«)

Wir gewinnen von dem Rudolf Steiner der Weimarer Zeit den Eindruck einer bei überragender Intelligenz und Gelehrsamkeit, aber auch philosophischer Tiefe, von jugendlicher Lebhaftigkeit und Phantasie beschwingten, höchst originellen, liebenswürdigen Persönlichkeit mit fast cholerischem Temperament, »radikal«, reizbar, in Kraftworte ausbrechend, voll Freude an paradoxen Vorstellungen und witzigen Übertreibungen. Jedenfalls, alles andere muß dieser in der Mitte seines Lebens stehende Steiner gewesen sein als ein düsterer Melancholiker, ein versponnener Mystiker, frivol-überheblicher Intellektualist oder Einzelgänger. Wohl aber vereinigte er in sich alle Voraussetzungen eines vollkommenen Humoristen.

Als solcher hat er sich denn auch bewährt: als verständnisvolldankbarer Beobachter sowohl wie als hochbegabter Schöpfer, Gestalter, Darsteller und – nicht zu vergessen – Schilderer komisch-humorigen Geschehens.

An dem Leiter des Goethe-Archivs, Direktor Bernhardt Suphan, einem »persönlich hart geprüften Mann« ohne jegliche Lebensfreude, konnte Steiner nur einen »trockenen Humor« beobachten, durch den er versuchte, sich über das »Säuerliche« hinwegzuhelfen, das in seiner Seele waltete. Der Wortbedeutung nach (»humor« = Flüssigkeit, Saft) ist das Beiwort »trocken« fehl am Ort, aber hier gerade der Widersprüchlichkeit wegen witzig, indem es ausdrückt, daß eine sozusagen nicht vollreif-gemüthafte, sondern eine gehemmte, kümmerliche »Humor«-Form vorliegt.

Ähnliches, jedenfalls nichts Warmherzig-Humoriges, liegt in dem, was Steiner erleben sollte, als Heinrich von Treitschke eines Tages im Goethe-Archiv auftauchte. In der Gestalt des berühmten Historikers lernte er während eines gemeinsamen Mittagsmahles einen »ganz in seiner Persönlichkeit steckenden Menschen« kennen. Er war völlig taub. Auf seine Frage nach der Herkunft schrieb Steiner auf einen Zettel: »Österreicher«. Darauf Treitschke: »Die Österreicher sind entweder ganz gute und geniale Menschen oder Schurken« (»L«, S. 223). Selbstverständlich fühlte Steiner aus diesem Bonmot das witzig-polternd Übertreibende heraus: »Man hatte nun die Wahl, sich zu den einen oder den anderen zu zählen«, bemerkte er im Vortrag vom 27. Oktober 1918[15]; im »Lebensgang« aber stellt er nur auf das Widersinnige ab: »Er [Treitschke] sprach solches, indem man wahrnahm, die Einsamkeit, in der seine Seele durch die Taubheit lebte, drängte zum Paradoxen und hatte an diesem eine innere Befriedigung« (»L«, S. 233). Die polternde, ganz von sich selbst eingenommene Treitschke-Seele konnte sich nicht in erheiternder Freiheit über den Widerspruch erheben, sie verbiß sich gleichsam in ihn. – Ist dies etwa das Kennzeichen des »trockenen Humors«? Mag sein, es kann dahingestellt bleiben. Kommt es doch in dieser Schrift ganz überwiegend nicht auf eine je andere, sondern auf die Persönlichkeit Rudolf Steiners an, darauf im besonderen, wie feinstdifferenzierend sein »Sinn für Humor« jeweils reagierte.

Hierfür sei nun – mit geziemender Höflichkeit versteht sich! – eine Gestalt als weiteres Beispiel herbeigebeten: Exzellenz Gustav von Loeper! Im »Lebensgang« wird sie als Vermittler zwischen den Goethekennern und dem Weimarer Hof vorgestellt. Doch war von Loeper auch ein hingebungsvoller Mitarbeiter am Archiv; für Steiner aber war er »die reinste Verkörperung der Liebenswürdigkeit«. Im 14. Kapitel des »Lebensgangs« lesen wir: »Liebenswürdig war seine Goethe-Forschung, liebenswürdig jedes Wort, das er zu jemand sprach … Noch liebenswürdiger erschien mir Loeper in seiner ›Zerstreutheit‹. Ich saß einmal neben ihm bei einer Faust-Aufführung im Theater. … Als ich in der Pause auf etwas zu sprechen kam, wobei man eine Zeitdauer ausrechnen sollte, sagte Loeper: ›Also die Stunde zu 100 Minuten, die Minute zu 100 Sekunden …‹ Ich schaute ihn an und sagte: ›Exzellenz, 60.‹ Er nahm seine Uhr heraus, prüfte, lächelte herzlich, zählte und sprach: ›Ja, ja, 60 Minuten, 60 Sekunden.‹ Ähnliche Proben von ›Zerstreutheit‹ erlebte ich viele bei ihm. Aber selbst über solche Proben der Eigenart von Loepers Seelenverfassung *konnte ich nicht lachen*, denn sie erschienen als notwendige Beigabe des ganzen posenlosen, unsentimentalisch, ich möchte sagen graziösen Ernstes dieser Persönlichkeit, der zugleich anmutig wirkte« (»L«, S. 210).

Ohne es zu wissen oder zu wollen, können wir mitunter komisch wirken, wenn wir in die gefährliche Region des Widerspruchs hineingeraten. Solches nun widerfuhr einem »damals in der Vollblüte seiner Jugend stehenden Künstler, dem Maler Otto Fröhlich«. Er hatte sich in Weimar einige Zeit eng an Steiner angeschlossen, ihn auch gemalt.[16] Im »Lebensgang« ist recht ausführlich von ihm die Rede. Sein Seelenleben »war ganz Licht und Farbe«. Auf einer Hochzeitsfeier nun fühlte sich Fröhlich gedrängt, unaufgefordert und völlig unerwartet – denn »man wußte, solche Vorstellungen, wie man sie in Tischreden bringt, die hat der nicht« – nach dem Pastor und nach Rudolf Steiner auch das Wort zu ergreifen. Die ›Rekonstruktion‹ dieser Tischrede ist ein köstliches Kabinettstückchen unfreiwilliger Komik:

»Er fing an etwa so: ›Über den rot erglimmenden Gipfel des Hügels liebend der Sonnenglanz ergossen. Wolken über Hügel und im Sonnenglanz atmend; glühend rote Wangen dem Sonnenlichte entgegenhaltend, zum Geistes-Farben-Triumph-Bogen sich vereinend, das Geleite gebend dem zur Erde strebenden Lichte. Blumenflächen weit und breit, über sich gelb erglimmende Stimmung, die in die Blumen schlüpft, Leben aus ihnen erweckend ...‹

Er sprach so noch lange fort. Er hatte ja plötzlich all das Hochzeitsgewühle um sich vergessen und ›im Geiste‹ zu malen begonnen. Ich weiß nicht mehr, warum er aufgehört hat, so malend zu sprechen; ich glaube, es hat ihn jemand an seinem Samtrock gezupft, der ihn sehr lieb hatte, der es aber nicht weniger lieb hatte, daß die Gäste zum ruhigen Genusse des Hochzeitsbratens kamen« (»L«, S. 272).

Der schon erwähnte Mitgliedervortrag vom 27.10.1918 im Bande »Geschichtliche Symptomatologie« gewährt nicht nur Einblick in die Entstehungsgeschichte und die Grundgedanken der »Philosophie der Freiheit«, sondern erschließt auch eindrucksvoll die Hintergründe der Weimarer und der anschließenden Berliner Jahre. Die Zeit um die Jahrhundertwende erscheint wie überleuchtet von Heiterkeit und Humor, gewürzt mit Ironie, wenn das »literarische Gigerltum«, das »Snobtum« oder das »Dekadententum« zur Sprache kommen.

Eine der bedeutungsvollsten »Episoden« ist fraglos der Schriftsteller Otto Erich Hartleben, mit dem wir schon im zweiten Kapitel bekanntgemacht haben. Durch ihn lernte Steiner viele der jungen Literaten, Journalisten und Künstler kennen, die aus Anlaß der Veranstaltungen der Goethe-Gesellschaft nach Weimar kamen. So auch Hartleben, der aber die Versammlungen regelmäßig verschlief, »denn er hatte es zu seiner Lebensgewohnheit gemacht, erst um 2 Uhr nachmittags aufzustehen«. Abends entspannen sich lebhafte Gespräche, und »die Stimmung der ›Philosophie der Freiheit‹ lag doch wenigstens über dem Kreise«.

In einer solchen Abendrunde kam es zur schon geschilderten Aussprache über Schopenhauer. Steiner warf sein Wort vom »bornierten Genie« in die »wildwogenden Gesprächsoffenbarungen«; das wirkte auf Hartleben sonderbar: »Er hatte mich in diesem Augenblick in sein Herz geschlossen, seine Freundschaft zu mir war begründet« (»L«, S. 232f.). Welcher Art war die seelenverbindende Kraft des »bornierten Genies«, die sich schon in der Hochschulzeit ausgewirkt hatte? Nun ist kein krasserer Gegensatz denkbar als der zwischen weltumspannender Genialität und engstirniger Borniertheit. Wer es über sich brachte, wie Steiner, so extrem Entgegengesetztes im Wesen einer Philosophen-Persönlichkeit vereint vorzustellen, der war – so mag es in Hartleben aufgeblitzt sein – ein freiheitlich gesinnter Mensch von großzügiger Natur, fähig, Widersprüchliches zur Synthese zu bringen. Mit einem Wort, als begabter Humorist hatte sich der junge Steiner mit seinem treffenden Bonmot ausgewiesen; ihm Freund zu werden, verhieß reichen Gewinn. –

Auch im »Episoden-Vortrag« vom 27. Oktober 1918 [15] berichtet Rudolf Steiner ausführlich und nicht ohne ein wenig schalkhaften Stolz, wie im Kreise des »hoffnungsvollen Hartleben und anderer Leute« die »Urserenissimus-Anekdote« zustande kam, »von der dann alle anderen Serenissimus-Anekdoten Kinder sind«. Aus einer heiter-freisinnigen Stimmung ging diese Anekdote hervor, nicht etwa aus der Absicht, »sich über irgendeine Persönlichkeit lustig zu machen«.

Es war dieselbe Stimmung, die auch »verknüpft sein muß mit dem, was der Impuls der ›Philosophie der Freiheit‹ ist: mit einer gewissen *humorvollen Lebensauffassung* oder – wie ich oftmals sage – mit einer gewissen *unsentimentalen Lebensauffassung*, die insbesondere dann notwendig ist, wenn man sich auf den Standpunkt des intensivsten geistigen Lebens stellt«.

Und nun las Steiner Wort für Wort diese Ur-Anekdote vor, von der wir annehmen dürfen, daß sie zwar nicht seinem Kopf allein entsprungen, aber von ihm stilisiert worden ist.

»Serenissimus besucht das Zuchthaus seines Landes, und er will sich einen Sträfling vorführen lassen, worauf ihm wirklich ein Sträfling vorgeführt wird. Er stellt dann eine Reihe von Fragen an diesen Sträfling. ›Wie lange halten Sie sich hier auf?‹ ›Bin schon zwanzig

Jahre hier.‹ ›Schöne Zeit das, schöne Zeit, zwanzig Jahre, schöne Zeit das! Was hat Sie denn veranlaßt, mein Lieber, hier Ihren Aufenthaltsort zu nehmen?‹ ›Ich habe meine Mutter ermordet.‹ ›Ach so, so! Merkwürdig, höchst merkwürdig, Ihre Frau Mutter haben Sie ermordet? Merkwürdig, höchst merkwürdig! Ja, sagen Sie mir, mein Lieber, wie lange gedenken Sie sich hier noch aufzuhalten?‹ ›Bin lebenslänglich verurteilt.‹ ›Merkwürdig, schöne Zeit das! Schöne Zeit …! Na, ich will Ihre kostbare Zeit nicht weiter mit Fragen in Anspruch nehmen … Mein lieber Direktor, diesem Manne werden die letzten zehn Jahre seiner Strafe in Gnaden erlassen!«

Welche Fülle des Widerspruchsvollen birgt dieses kleine humoristische Kunstwerk! So wohlüberlegt sind die einzelnen Sätze und in ihnen die Worte aneinandergereiht, daß man sich gut eine Theaterszene vorstellen kann. Wir fragen uns, worin eigentlich das Widerspruchsvolle besteht. Zweifellos darin, daß Serenissimus, der Lebensfremde, die Situation des »Lebenslänglichen« vom Beginn der Unterhaltung bis zum Ende total verkennt. Wie auf einem Empfang im großherzoglichen Palais spricht er mit dem Sträfling. Besonders köstlich wirkt die »kostbare Zeit«, die Serenissimus nicht weiter in Anspruch nehmen will. Mit der Zeit scheinen ja Durchlaucht überhaupt nicht ganz klar zu kommen. Viermal ertönt es »Schöne Zeit das, schöne Zeit!« Das Adjektiv nimmt einen widerspruchsvollen Doppelsinn an. Schließlich der gnadenvolle Erlaß der »letzten zehn Jahre der Strafe« – ab wann wären sie zu berechnen? – Alles in allem eine fast unübertreffliche Häufung von Widersprüchen.

Steiner versichert nachdrücklich, nicht aus einer »niederträchtigen Gesinnung« sei die Ur-Anekdote hervorgegangen, sondern »aus einem Humoristisch-Nehmen dessen, was, wenn es not tut, durchaus auch in allen seinen ethischen Werten genommen werden konnte«.

Nun, eine gewisse Gutmütigkeit wird man diesem Landesvater wohl nicht absprechen können. »Mein Lieber!« spricht er wiederholt den – immerhin! – Muttermörder an; keine Entrüstung, kein Moralisieren, kein Pharisäertum klingen an, eher etwas von menschlichem Verstehen: »Merkwürdig, höchst merkwürdig!« fünfmal vernimmt man es; alles in allem kann man dies schon als ethischen Wert gutschreiben, »wenn es not tut«.

Aber wahrhaft merkwürdig, ja höchst merkwürdig und beachtenswert ist dieses: je mehr wir uns Mühe geben, Serenissimus vernunftgemäß wirklich zu begreifen, desto mehr schwindet die komische Wirkung dahin, und das Lachen vergeht uns.

Das hochbedeutsame Phänomen des Lachens nebst dem des Weinens muß uns in der Folge noch beschäftigen; hier genüge es, einen Gedanken aus dem Vortrag Rudolf Steiners »Lachen und Weinen« [17] herauszugreifen. Das Lachen hat gerade das Nicht- Verstehen-Wollen eines Vorganges in der Umwelt zur Voraussetzung. Nicht verstehend untertauchen wollen wir in das Wesen von Serenissimus, sondern wir lenken unsere Kräfte des Verständnisses von ihm ab; es scheint uns der Mühe nicht wert, diese Ungereimtheit und Widersprüchlichkeit zu verstehen; wir erheben uns in unserem Selbstbewußtsein über sie, wir ziehen uns mit unserem Ich zurück, befreien uns davon. Auf das Befreiende des Humors und des Lachens wollte Rudolf Steiner offenbar hinweisen, wenn er betonte, die Ur-Anekdote gehöre »gewißlich« zum »Milieu der ›Philosophie der Freiheit‹«. Mit dem »Milieu« war der Kreis der damaligen Freunde gemeint, die das Buch gelesen hatten und diskutierten, während die übrige Zeitgenossenschaft nicht auf diese Philosophie gestimmt werden konnte, weil es unbequem war, das gewohnte »Denken am Gängelbande der äußeren Sinnlichkeit aufzugeben«.

Mehr als diese Außenwirkung beteiligt uns die Seelenstimmung des Verfassers. Diesbezüglich gibt der Brief vom 4. November 1894 [18] an die befreundete Rosa Mayreder in Wien beredten Aufschluß: »Ich lehre nicht«, schreibt Rudolf Steiner, »ich erzähle, was ich innerlich durchlebt habe ... Zunächst wollte ich die Biographie einer sich zur Freiheit emporringenden Seele zeigen«.

Je mehr wir diese persönliche Seite der Freiheitsphilosophie ins Auge fassen, umso deutlicher nehmen wir einen starken Zug von durchgeistigter Heiterkeit wahr, das Wirken einer mutgebenden, belebenden, warmherzigen Kraft, die die ringende Seele zur Freiheit emporzutragen vermag. An dieser Stelle sei nur angetönt, was näher ausgeführt werden soll, wenn der Begriff der Heiterkeit klargestellt ist, jener Heiterkeit, die schon im Freiheitsbegriff liegt und die Steinersche Philosophie durchleuchtet und von ihr ausstrahlt. –

Nun aber wollen wir von der Höhe philosophischer Heiterkeit wieder herabsteigen auf die Ebene der Komik, um uns erzählen zu lassen, wie eine der Ur-Anekdote ähnliche Steiner-Hartlebensche Gemeinschaftsleistung zustande kam. Es handelt sich um die nächtliche Geburt eines Breviers, eine aus zwei Kompendien gezogene, poetisch-vollsaftige Frucht. Hartleben war der Erzeuger der Idee, sein »aufgeweckter« Freund Steiner leistete unerläßliche Hebammendienste. Da sich dies alles in der hochberühmten Stadt Weimar zutrug, kann kein Zweifel obwalten: es war selbstverständlich ein Goethe-Brevier.

Die zwar ins Weimarer Nachtdunkel gehüllte, aber dennoch unübersehbar-wichtige Mitarbeit Rudolf Steiners wird im »Lebensgang« nur mit einem Satz, vom Herausgeber Hartlebens im Brevier selbst mit keinem Wort erwähnt.

Die Geschichte der Entstehung ist erst kürzlich ans Licht getreten in den Lebenserinnerungen »Gelebte Erwartung« von Ernst Lehrs.[19] Da wird in allen Einzelheiten wiedergegeben, wie Rudolf Steiner während einer Autofahrt durch den Schwarzwald das Zustandekommen des Goethe-Breviers schilderte: Zu mitternächtiger Stunde wurde er durch heftiges Klopfen ans Fenster geweckt. Flehentlich bat mit kläglicher Stimme Otto Erich um Einlaß. Am ganzen Leibe zitternd betrat er eilends das Zimmer: »Laß mich hierbleiben! Ich kann unmöglich wieder heimgehen! Als ich vorhin mein Zimmer betrat, fand ich eine Küchenschabe am Boden!!« Da Steiner wußte, daß der Freund eine geradezu krankhafte Angst vor Insekten hatte, blieb ihm nichts anderes übrig, als sich wieder anzuziehen. Beim rasch zubereiteten Kaffee wurde beschlossen, den eben geäußerten Gedanken Hartlebens sogleich zu realisieren und die wirklich guten und lesbaren Gedichte Goethes zusammenzustellen; niemand lese seine Gedichte, weil Goethe – nach Ansicht Otto Erichs – so viele schlechte geschrieben habe. Beide waren sich einig in ihrem Urteil über das Philisterium im zeitgenössischen Publikum einschließlich der hochwürdigen Goethe-Gesellschaft.

Nun ging es also an die Arbeit: Steiner holte die Gedichtbände seiner beiden Goethe-Ausgaben herbei, dazu alles in der Wohnung auftreibbare Papier und den nötigen Klebstoff. Fand ein Gedicht Gnade vor ihren Augen, wurde die betreffende Seite aus der einen, die notfalls benötigte Rückseite aus der anderen Ausgabe herausgenommen und auf ein Blatt Papier geklebt. Am Mittag des folgenden

Tages war die gewünschte Auswahl beisammen. Für die Anordnung wählten die Freunde – ein Novum für die damalige Zeit! – die chronologische Reihenfolge. Das »Vorwort« ging nicht eben schonend mit den Philistern um. Es begann mit dem Satz: »Die Philister – es gibt deren in Deutschland – verdrehen je nach dem Grade ihrer Bildung sanfter oder heftiger die Augen, sobald die Rede auf Goethesche Lyrik kommt und viele von ihnen können den Erlkönig auswendig.«

Besonders die Philologen wurden gehörig verspottet: Die Daten der einzelnen Gedichte hätten sie zwar mit Eifer ausgeforscht, aber auf den Gedanken, sie nun auch nach den Daten der Entstehung zu ordnen, seien sie nicht gekommen. Und nun heißt es im Bericht von Lehrs: »Vergnügt zitierte uns Rudolf Steiner einen Satz wörtlich: »Aber worauf kommen Philologen alles – nicht!«

»Damit war uns klar, daß die verschiedenen ›Frechdachsigkeiten‹ – wie er es nannte – nicht nur auf das Konto Hartlebens gingen. *Dieser* Satz hatte zweifellos ihn selbst zum Autor.«

Nach dem, was wir an Tatsächlichem aus der Weimarer Zeit erzählen durften – es ist selbstredend nur ein unvollständiges Teilstück geblieben –, wird doch gut zu verstehen sein, welcher Beliebtheit sich der junge Doktor Steiner erfreute in den verschiedenen Kreisen, in denen er damals verkehrte – angefangen von den Archiv-Kollegen über die vielen sonstigen Freunde und Bekannten bis zu den Serrenissimi im Schloß. Er suchte nicht geselligen Verkehr, pflegte ihn aber voller Dankbarkeit.

Ein anschaulicher – bis zum heutigen Tage im Hause »Rudolf Steiner-Halde« in Dornach anschaubarer – Beweis dieser Beliebtheit sei beigebracht:

Zu den nahen Freunden Steiners zählte der Schauspieler Neuffer und dessen Gattin. Der dringenden Einladung zur Weihnachtsbescherung konnte Steiner nur schwer nachkommen, weil er »in Weimar immer mehrere solche Festlichkeiten mitzumachen« hatte! Er ermöglichte es doch und – konnte eine neu hergerichtete Hegel-Büste (von Wichmann aus dem Jahre 1826) als Geschenk entgegennehmen, die er sich schon lange gewünscht hatte. Er hatte sie in einem Bildhaueratelier, wo sie unbeachtet in einer Ecke liegengeblieben war, entdeckt und Neuffer davon erzählt. Dieser nun setzte alles dran, der Büste habhaft zu werden. Sie fand sich schließlich mit abgebrochener Nasenspitze in einem Dienstbotenzimmer unter der Bettstatt. Dies alles wird im »Lebensgang« mit liebevoller Ausführlichkeit geschildert. »Und so kam ich denn zu der Hegel-Büste, die zu dem Wenigen gehört, was mich dann an viele Orte begleitete« (»L«, S. 304f.).

Dennoch, wie erschütternd oft lesen wir gerade in den Weimar-Kapiteln des »Lebensganges« das Wort »Einsamkeit«; mitunter steht es in Anführungszeichen, um das Einsam-Sein als ein Seelisches zu kennzeichnen, das durch Geselligkeit nicht behoben, ja, im Gegenteil sogar intensiviert werden kann.

Auf dem Hintergrund der leidvollen Einsamkeit und im seltsamen Widerspruch zu ihm mag das mitunter herzhaft und tiefverstehend erlebte Komische eine echte Humorstimmung ausgelöst haben. So könnte man, wenn es nicht mißverstanden wird, von einer »komischen« Lebenslage sprechen, in die Steiner in Weimar ab etwa Mitte der Neunziger Jahre schicksalhaft hineingeführt wurde. Mußte nicht das andauernde »In-Einsamkeit-Leben-Müssen« nachgerade qualvoll wirken? Was Freund Dr. Heitmüller, ein Archiv-Mitarbeiter, in der anonym erschienenen Novelle »Die versunkene Vineta« geschrieben hatte, entsprach ganz Steiners Gefühl: »Weimar ist ein großer Friedhof ... Das Leben ist hier machtlos, der Tod lebt ...Goethes Name sei mir heilig. Aber er, der für die ganze Welt ein Segen ist, für Weimar ist er heute ein Fluch ... Aber unterdessen sinkt die verlorene Stadt immer tiefer und tiefer, denn der Sumpf der Vergangenheit ist schwarz und schwer und unergründlich.« Daran knüpft Emil Bock in seinem Buch »Rudolf Steiner – Studien zu seinem Lebensgang und Lebenswerk«[20] die Bermerkung: »Alles riecht hier [in Weimar] nach Herbarium und Kampfer, mit dem die Dinge eingemottet sind... Es war deutlich: Er [Steiner] mußte weg von dort. Etwas Neues kam heran ... alles läßt erkennen, daß es sich um den Eintritt in ein entscheidendes Schicksalsdrama handelt.«

Dem verdienstvollen Prager Literaturhistoriker August Sauer wird eine für den Kenner der Verhältnisse durchaus glaubhafte Äußerung zugeschrieben, die er etwa 1906 in seinem Goethe-Kolleg getan haben soll, nachdem er anerkennend des Goethe-Forschers

Dr. Steiner gedacht hatte: »Aus dem wäre noch was geworden, wenn er nicht mit seiner Theosophie [Anthroposophie] angefangen hätte!« Nun hatten diese Worte zur Zeit, als sie gesprochen worden sein sollen, für die Hörer gar nichts Witziges, es sei denn, es habe einer unter ihnen gesessen, der damals schon davon überzeugt war, es sei gerade dies die Mission Steiners gewesen, die anthroposophische Bewegung zu inaugurieren. Übrigens wäre nach Emil Bock (a. a. O.) Rudolf Steiner »damals [etwa 1895] gern Privatdozent für Philosophie an der Jenaer Universität geworden, doch wurde ihm dieser Plan vor allem durch seinen Vorgesetzten Professor Suphan vereitelt, der zwar auf seine Mitarbeit den größten Wert legte, ihn aber immer erkennen ließ, daß er ihn für eine Null halte«. – Für die außerhalb der anthroposophischen Bewegung stehende Allgemeinheit wurde jedenfalls im Laufe der Zeit deutlich und ist heute zur Selbstverständlichkeit geworden –, daß aus Rudolf Steiner »etwas« geworden ist, und zwar gerade dadurch auch, daß er nicht die akademische Laufbahn einschlug, was der Vorstellung des Prager Hofrats Sauer entsprochen hätte. Die komische Wirkung seines Bonmots aber trat nicht sogleich ein, sie hatte vielmehr – sicher kein häufig eintretender Fall – gewissermaßen Zeitbombencharakter.

Es wurde eingangs schon darauf hingewiesen: Wie umrahmt von zwei Erlebnissen hoher, geistiger Heiterkeit kann die Weimarer Zeit angeschaut werden: Am Eingang steht das gewaltige Erleben, das mit dem Niederschreiben der »Philosophie der Freiheit« als Abschluß eines jahrelangen Werdeganges nun Gestalt gewann. Und am Ende des Weimarer Jahrsiebents steht ein im »Lebensgang« als »einschneidend« gekennzeichnetes Erlebnis.

Es bestand darin, daß bei Rudolf Steiner das wahrnehmende Erfassen der Sinnenwelt hinzutrat zu dem von Jugend an wie selbstverständlich vorhandenen Erleben der geistigen Welt. Das Sich-Einleben ins Sinnenhafte mußte erst in einem außergewöhnlich späten Lebensabschnitt mühevoll errungen werden. Dann aber – heißt es im »Lebensgang« – »erwachte eine vorher nicht vorhandene Aufmerksamkeit für das Sinnlich-Wahrnehmbare in mir« (»L«, S. 316). Die Sinnenwelt wird in ihrer Sonderart als Wirklichkeit, als eine objektive Welt erlebt, die unvermischt mit der geistigen Welt als eine ihr polar entgegengesetzte Welt angesehen werden muß. Diese

Gegensätzlichkeit hat Steiner aber nicht als gedanklich ausgleichsbedürftig erlebt, sondern er entdeckte in ihr den Schlüssel zum Verständnis des Lebens:

»Wo die Gegensätze als ausgeglichen erlebt werden, da herrscht das Lebenslose, das Tote. Wo Leben ist, da *wirkt* der unausgeglichene Gegensatz; und das Leben selbst ist die fortdauernde Überwindung, aber zugleich Neuschöpfung von Gegensätzen« (»L«, S. 318).

Damit ist der Kernpunkt des »einschneidenden Erlebnisses« offengelegt. Die Seele, die sich zur Freiheit emporgerungen hatte, war nun reif geworden, die Polarität zwischen geistiger und sinnlicher Welt – und damit jegliche Polarität und jeden Widerspruch als dem Leben wesenhaft zugehörig zu erleben. Aufgewacht war sie zu lebensbejahender, mutvoller unverdrossen-heiterer Regsamkeit.

Einer derartigen Lebensauffassung bedurfte wohl keiner so dringend gerade in dieser Zeit wie Rudolf Steiner. Er hat unumwunden zugegeben, daß er schwer gelitten hat unter dem totalen Mißverstehen seiner Seelenverfassung und Weltbetrachtungsart. Den Widerspruch zu dem, was man »Zeitgeist« nennt, die Vergeblichkeit angestrengtester Versuche, sich verständlich zu machen, all das empfand er tief schmerzlich.

Trotz dieser schweren Belastung siegte doch immer wieder die gekennzeichnete, im hohen Sinne heitere, positive, das Dasein rückhaltlos bejahende Seelenstimmung, siegten Erkenntnissicherheit über alle Anfechtungen und das Vertrauen in die Macht der Wahrheit.

Von dem, was Geistheiterkeit genannt werden kann, war auch durchstrahlt, was sich Rudolf Steiner als unmittelbare Wirkung des gekennzeichneten Erlebnisses ergab; das Erleben der Sinnenwelt hatte ihn zur Überzeugung geführt:

»So hell, wie in ihrer Art die physischen Dinge und Vorgänge im Lichte der Sonne, so geistig hell muß erscheinen, was als Erkenntnis in der Menschenseele lebt« (»L«, S. 321).

5. Die ersten Berliner Jahre

Die Weimarer Verhältnisse waren ganz danach angetan, Rudolf Steiner zum Verstummen zu bringen. Aber aus dem immer machtvolleren Erleben der Geistwelt entrang sich der Wille, mitnichten zu verstummen, sondern »so viel zu sagen, als zu sagen möglich war« (»L«, S. 339).

Nimmermehr vermochten von außen wirkende Kräfte den Freiheitsphilosophen von den ihm innerlich vorgezeichneten Richtlinien abzubringen. Im Freiheitsimpuls offenbarte sich auch jene zu Taten beflügelnde Heiterkeit, die befähigt, ohne Verbissenheit besonnen das Notwendige zu tun, um den Widerspruch zwischen innerer Bestimmung und äußerer Wirksamkeit zu überwinden.

Als sich die Gelegenheit ergab, die altehrwürdige, im Sterbejahr Goethes 1832 gegründete Wochenschrift »Magazin für Literatur«, das Organ der »Freien literarischen Gesellschaft« zu erwerben, griff Steiner zu. Es war eine Kühnheit, denn er verfügte weder über Geldmittel noch über »Beziehungen«. Deshalb hatte der bisherige Inhaber des Blattes die Mitherausgabe durch Otto Erich Hartleben, eine in Literatenkreisen bekannte Persönlichkeit, zur Verkaufsbedingung gemacht. Die Redaktion war nur von Berlin aus zu bewerkstelligen; so übersiedelte Rudolf Steiner im Sommer 1897 in die Reichshauptstadt.

Der Übergang von der »stillen Oase neben der Welt«, wie er Weimar nannte, in den brodelnden, gärenden Hexenkessel Berlins vor der Jahrhundertwende bedeutete einen Umgrundwechsel von schwer überbietbarer Kraßheit.

Im Mitgliedervortrag vom 27. Oktober 1918 (vgl. Anm. 10) schildert Steiner in der Rückschau auf die letzten Weimarer und die ersten Berliner Jahre seinen leidenschaftlichen, aber vergeblichen Kampf gegen das Philistertum und für die Verwirklichung seiner Absicht, durch das »Magazin« zeitgemäße geistige Impulse, vor allem seine Freiheitsidee, in die Öffentlichkeit zu tragen. Er spricht zunächst von dem im Goethe-Archiv »ein wenig mumienhaft verkörperten Goetheanismus« und dem Weimarer Philistertum, das in die gute alte Theatertradition »hineinmurkste«. »Kreuzwendedich«, dieser Vorname des Präsidenten der Goethegesellschaft, eines gewesenen Finanzministers, habe bei den Nicht-Philistern spaßhaft nie erfüllte Hoffnungen geweckt – und nun Berlin! Das »durchbölschte« Philistertum wird aufs Korn genommen. Wilhelm Bölsches Stil, die moderne Naturwissenschaft den Zeitgenossen in oberflächlicher, dabei »saftiger Art der Darstellung« nahezubringen, sei für das heraufkommende Philistertum »so recht ein Leckerbraten« gewesen. »Nicht wahr, wer Bölsches Aufsätze liest, muß alle Augenblicke etwas von Exkrementen oder dergleichen in die Hand nehmen. Sein Stil ist so: man nehme nur ja recht das und das in die Hand, und es sind nicht immer bloß Quallen, wozu er einen einladet, daß man es in die Hand nehmen soll, sondern es ist wahrhaftig noch manches andere …« Aber das Aufreizende war doch weniger der »Bierphilister« Bölsche als der Materialismus, dieser »abstrakte, unfehlbare Papst«, der das Denken »am Gängelbande der Sinne« in Unfreiheit halten will.

Die scharfe, mitunter beißende Ironie nach der Gegnerseite hin kommt dadurch ins Gleichgewicht, daß Rudolf Steiner es auch nicht an kräftiger Selbstironie fehlen läßt. Bald nach dem Erscheinen seiner ersten Aufsätze regnet es Abbestellungen seitens der konservativen Professorenschaft. »Ja, was macht denn der Steiner eigentlich aus diesem alten ›Magazin‹, was soll das werden?«, und »der Steiner« gesteht: »Ich hatte eben … durchaus das Talent, die Leute vor den Kopf zu stoßen – nicht das Zeitalter, aber die Leute vor den Kopf zu stoßen.« Vom alten Ansehen dieses »Magazins« ist die Rede, »das ich allerdings gründlich untergrub«. Und nun ergeht sich Steiner in einem erheiternden Wortspiel mit »Hineinlancieren und Herauslancieren«. Von einer die Berliner Kritiker scharf kritisierenden Besprechung eines Halbe-Stückes heißt es: »Es war nicht gerade die richtige Art, das ›Magazin‹ zu lancieren. Immer stand bei mir im Hintergrund: wie könnte die Zeit so etwas aufnehmen, wie die Ideen der ›Philosophie der Freiheit‹ es sind?) … Doch das

›Magazin für Literatur‹ wurde nicht in das moderne Philistertum hineinlanciert. Ich aber wurde selbstverständlich ... durch das moderne Philistertum herauslanciert.« In diesem Tone handfester, offenherziger Selbstironie fährt Rudolf Steiner frohgemut fort.

Welche Figur er im Kreise der Berliner Literaten und modernen Künstler gemacht habe, dies zu entscheiden, sei nicht seine Sache. Aber er verweist auf einen »kürzlich« (1918) erschienenen Zeitungsartikel, in dem ein seinerzeitiges Mitglied des von Steiner geleiteten Kreises der »Kommenden«, der wegen seines köstlichen Humors von ihm gerühmte *Walter Harlan*, »mit einer gewissen Pedantrie versuchte zu beweisen«, daß Steiner in diese Gesellschaft nicht hineingepaßt, sondern sich ausgenommen habe wie ein »freischweifender, unbesoldeter Gottesgelehrter« inmitten von Leuten ganz anderer Art.

Übrigens hatte er schon als 24jähriger in Wien ebenfalls den Vergleich mit einem Theologen herausgefordert. *Friedrich Eckstein* – die Begegnung mit diesem außergewöhnlich kenntnisreichen Okkultisten war für Steiner hochbedeutsam – gedenkt in seinen Erinnerungen »Unnennbare Tage« des jungen Steiner:

»Um diese Zeit (1885) tauchte in unserem Kreis ein völlig bartloser blasser Jüngling auf, ganz schlank, mit langem Haar von dunkler Färbung. Eine scharfe Brille gab seinem Blick etwas Stechendes, und mit seinem langen, bis an die Knie reichenden schwarzen Tuchrock, der hochgeschlossenen Weste, der schwarzen Lavallière und dem altmodischen Zylinderhut machte er durchaus den Eindruck eines schlechtgekleideten Theologiekandidaten ...«[21]

In der Tat gehörten dieser Literatengesellschaft eine ganze Anzahl recht seltsamer Käuze an; nicht eben salonfähige Sonderlinge waren es. Emil Bock[20] nennt sie sogar »Bummelanten, Nachtschwärmer, Außenseiter der Gesellschaft«, fügt aber anerkennend hinzu: »Da herrscht wirkliche Farbigkeit. Da geht es lebendig zu.«

Für uns ist bedeutsam, daß die völlig unkonventionelle, extrem unbürgerliche Lebensart dieser »Bummelanten« *immer wieder komische Situationen und Episoden herbeiführen mußte.*

Eine recht charakteristische Episode schildert *Emil Bock* in dem Vortrag »Gestalten im Umkreis Rudolf Steiners in Berlin vor der Jahrhundertwende«[22]:

O. E. Hartleben trifft auf einem seiner üblichen morgendlichen Heimwege aus der Kneipe auf einer Bank im Berliner Tiergarten seinen guten Freund *Peter Hille* schlafend an und rüttelt ihn wach. Nach Anbruch des vollen Tages gehen die beiden in dem Viertel um den Nollendorfer Platz herum von einem Haus zum anderen, um ein billiges Zimmer für Hille zu suchen. Sie finden es schließlich im 5. Stock eines Hauses, und Peter Hille träumt schon davon: hier wird die Redaktion einer Weltzeitschrift eingerichtet. Er will gleich los, um den Sack zu holen, in dem seine gesammelten Werke in Papierschnitzeln enthalten sind, und den er bei Freunden eingestellt hat. Otto Erich zahlt für 2 Monate die Miete im voraus. Beide sind glücklich: Otto Erich hat ein gutes Werk getan, und Peter Hille hat wieder für eine kurze Zeit die Möglichkeit, ein ordentliches Leben zu führen. Am nächsten Morgen kommt Hartleben ungefähr zur selben Stunde den gleichen Weg durch den Tiergarten, nur daß es regnet. Auf der Bank liegt, wie tags zuvor, Peter Hille. Hartleben wird wütend und schimpft. Da fragt Hille: »Sag mal, hast denn du die Adresse behalten?« Und Hartleben muß zugeben: ›Nein, ich auch nicht.‹«

Nun, Peter Hille hat oft und viel vergessen. Und wohl auch auf Bänken im Freien kampiert. Schließlich fiel er von einer Bank herab und starb als 50jähriger an den Folgen der Kopfverletzung, die er sich zugezogen hatte.

Rudolf Steiner hat – so berichtet Marie Steiner in ihren »Erinnerungen« [23] – sehr oft und gern von Peter Hille erzählt. Er war eine geniale Dichterseele und schrieb »unendlich viel«, unter anderem biblische Poesie und dichterisch gestaltete Szenen aus dem Jesus-Leben. Ob er nicht eine größere Dichtung habe, fragte ihn einmal Rudolf Steiner, als er wegen Abdrucks von Gedichten im »Magazin« vorsprach. »Ja, die habe ich«, murmelte er und wies Papierstreifen vor: »Da, sie beginnt vor der Erschaffung der Welt.« Wenn gelegentlich Geld einging, mietete Hille eine Droschke und streute Blumen unter das Volk. Als Weltwanderer war er weit herumgekommen, hatte mit berühmten Persönlichkeiten Gespräche geführt. 15 Sprachen beherrschte er. Nach seinem Tode meldete sich ein vornehmes Restaurant Unter den Linden: Peter Hille hatte dort 50 Mark – es war sein Schillerpreis! – niedergelegt, um den Betrag abzuessen, und er hatte es vergessen.

Von *Otto Erich Hartleben* wurde schon einiges berichtet. Er war ein überaus feinfühliger Ästhet, hatte viel Humor und eine geniale, aber völlig ungeordnete Begabung. Trotz vieler Schwächen liebte ihn Rudolf Steiner. Seine Werke (3 Bände), Dramen, Novellen, Lyrik sind nicht selten von grotesker Dramatik, doch finden sich auch religiöse Themen. Das Groteske steigerte sich nachtodlich (!) zu *makabrer Komik*. Unwiderstehliche Italiensehnsucht hatte Hartleben immer wieder nach dem Süden gezogen. Mit 41 Jahren starb er in seiner Villa am Gardasee. Seinen Freunden hatte er auferlegt, den Kopf seines Leichnams nach Deutschland zu bringen und dort beizusetzen. Dies ließ sich nur illegal in Heimlichkeit durchführen. Trotzdem wagte es einer der Freunde; mit dem in Zeitungspapier eingewickelten abgetrennten Kopf geriet er des Abends in eine Kneipe, wo er mit Bauern zechte. Es ging wild zu. Auf einmal rollte der Schädel auf dem mit Rotwein übergossenen Boden in die Stube hinein. –

Einer dritten repräsentativen Dichterpersönlichkeit aus dem »Magazin«-Kreise, *Ludwig Jacobowskis*, gedenkt Steiner ausführlich im »Lebensgang«. Die tiefe Tragik des Widerspruchs zu sich selbst – er litt schwer unter seinem Judentum, seinem Stottern und seiner Häßlichkeit – überschattete sein kurzes Leben; er starb an Gehirnhautentzündung als Dreißigjähriger. In der Gemeinschaft des von ihm gegründeten Dichterkreises »Die Kommenden« entfaltete er »einen feinen, edlen Humor«.

Mit allen drei Dichterpersönlichkeiten war Rudolf Steiner in inniger Freundesliebe verbunden, er nahm an ihrem Leben mitfühlend Anteil.

Mit Absicht wurden – zwar bei weitem nicht vollständig, aber ausführlich genug – Einzelheiten berichtet, um einigermaßen konkret die Frage beantworten zu können, welchen Sinn es im Leben Rudolf Steiners gehabt habe, daß er – zu seinem großen Schmerz abgeschnitten von dem Verkehr mit den bisherigen Freunden aus der Weimarer Zeit – sich nun unausweichlich in diese »komische« Literatengesellschaft hineingestellt sah.

Er selbst hat klar erkannt und im »Lebensgang« dargelegt, wie die Begegnung mit so mancher dieser Persönlichkeiten für ihn eine Schicksalsfügung war – so allerdings, daß nicht *er* in das Schicksal dieser Menschen verwoben war, wohl aber sie mit ihrem in das Karma Rudolf Steiners. Weise Fügung bot ihm Gelegenheit zur Seelenforschung; der Blick mußte sich hierbei auf die karmischen Zusammenhänge im Nacheinander wiederholter Erdenleben richten. Es war nicht etwa der Blick des kalt-unbeteiligt beobachtenden Psychologen, sondern der des tief mitempfindenden Freundes, der »auf dem Hintergrund der Geistwelt« das Rein-Menschliche schaute, ohne es gesucht zu haben. Diese schicksalhaft an ihn herangekommenen Einblicke in geheimes Karma-Walten waren für ihn »höchst bedeutsame Erlebnisse«. Eine tiefe Aufschlüsse versprechende Lehrstätte und Schulungsmöglichkeit hatte das Schicksal eröffnet; »Lehrstoff« solcher Art war der denkbar förderlichste. Wird doch die Karmaforschung eher zu konkreten Ergebnissen gelangen, wenn sie sich Lebensläufen zuwendet, die aus dem Rahmen des Durchschnittlichen herausfallen; nicht das Alltägliche, sondern das dem Normalen Widersprechende springt ins Auge, weil es sich von der Uniformität des Allgemeinen als etwas Besonderes abhebt. Mit Recht spricht Bock von einem *Bilderbuch des Karma«*, das vor der Seele Rudolf Steiners aufgeschlagen war. Was boten doch diese Bilder in ihrer überraschenden Vielfarbigkeit und kontrastreichen Vielfalt! Fürwahr, »kein ausgeklügelt Buch«, der Mensch »in seinem Widerspruch« war da abgebildet. So eindrucksvoll waren diese Lebensbilder gerade durch das Seltsam-Widersprüchliche, das »Ausgefallene«. Das ist aber der Stil in den Biographien dieser Menschen, mit denen Rudolf Steiner 1897–1899 verkehrte. Sie kämpfen scheinbar gegen die spießbürgerliche Kultur, in Wirklichkeit aber kämpfen sie gegen sich selbst. Und aus früheren Leben tragen sie wahrscheinlich irgendwelche mittelalterlichen Einseitigkeiten in sich, die jetzt einen entgegengesetzten Pendelschlag brauchen. Von einem extremen, vielleicht mönchisch-asketischen Element geht der Pendelschlag in etwas ganz Ausgelassenes, Ungezügeltes über« (Bock, a. a. O., S. 139). Wir wissen ja: wo der Widerspruch ins Blickfeld tritt, kommt auch das Komische in Sicht.

Nun hat Steiner – offenbar aus Taktgefühl – die karmischen Zusammenhänge im Leben der ihm besonders nahestehenden Freunde nicht enthüllt. Recht ausführlich aber hat er sich im »Lebensgang« über den Schriftsteller *Paul Scheerbarth* (1863–1915) ausgesprochen. Diesen nennt er »eine der eigenartigsten Persönlichkeiten des Hartlebenschen Berliner Kreises« (»L«, S. 348). Man kann aus der sehr prägnanten Schilderung den Eindruck gewinnen, Scheerbarth sei etwas wie ein Repräsentant des ganzen Kreises gewesen dadurch, daß er die auch bei den anderen anzutreffenden Widersprüchlichkeiten in sich vereinigte. Scheerbarth haßte die Philister. Seine äußere Erscheinung aber war die eines »Bürokraten, etwas ins Geistige gehoben … alltäglich, philiströs. Er hatte die Gesten der Philister, deren Sprechweise …, als ob der Haß davon käme, daß er aus Philisterkreisen zuviel in die eigene Erscheinung aufgenommen hätte und das spürte.« Im Blick auf die »Gedichte« – es waren nur »willkürliche Wort- und Satzzusammenstellungen« – heißt es, alles entstamme einer »bodenlosen, aber einen Boden überhaupt gar nicht suchenden Seelenphantastik«. Scheerbarths »innerer Kultus des Phantastischen« habe »die Formen des gesucht Grotesken«, ohne jedoch diese Formen künstlerisch abgerundet zu entwickeln. »Kein nach Klarheit suchender Seelenzug nach dem Geistigen lag zugrunde.« Scheerbarth habe den Grundsatz vertreten: »Man darf, um Geist auszudrücken, nicht besonnen sein.« Dem inneren Wesen nach sei er aber im Gegensatz zu seiner Phantastik ein »heller Kopf« mit goldenem Herzen gewesen, »ein ganz feiner, nur eben im Grotesk-Phantastischen steckengebliebener, geistig unvollendeter Geistmensch«.

Das Mit-sich-selbst-im-Widerspruch-Stehen kann nicht besser ausgedrückt werden. Geistig unvollendete Geistesmenschen – jeder auf seine Art mit sich selbst und der Umwelt im Widerspruch –, waren sie es nicht alle? Ihre durchwegs auffallend kurzen Lebensläufe waren in der damals unfertigen, aber den Zug ins Genialisch-Ungewöhnliche verratenden Form Rätsel, die sich nur sub specie reincarnationis lösen ließen.

Offenbar liegt im Auftreten dieses Rätselhaften und seiner Enträtselung der Sinn der Berliner »Literaten-Jahre«. Das Rätselhafte trug aber auch unübersehbar einen Zug verschieden getönter Komik; er trat um so wirkungsvoller hervor, als er mit tiefer Schicksalstragik einherging. –

Wir wollen hier nochmals unserer Begegnung mit der Geistgestalt des »Widerspruchs« gedenken.

Nun aber folgen wir Rudolf Steiner auf die von ihm so genannte »Tribüne der sozialistischen Arbeiterschaft«, von der aus »die Weltentwicklung der neueren Zeit kennen zu lernen« ihm beschieden war. Daß auch dies Kennenlernen bis zu einem gewissen Grade in Komik getaucht war, können wir einem aufschlußreichen Büchlein entnehmen: den »*Erinnerungen an Rudolf Steiner und seine Wirksamkeit an der Arbeiter-Bildungsschule in Berlin 1899–1904*«, zweier Persönlichkeiten, die dem Vorstand des Schulvereins angehörten: *Johanna Mücke*, der von ihm sehr geschätzten späteren Mitarbeiterin, und *Alwin Alfred Rudolph*.[24]

Während die Bohème um Hartleben den Intellektualismus ablehnte, sehnte sich das an der Jahrhundertwende entstehende Proletariertum geradezu nach Erkenntnis und wissenschaftlicher Bildung; diese Sehnsucht wurde allerdings tragischerweise »nur mit dem gröbsten Materialismus befriedigt« (»L«, S. 376).

1899 trat der Vorstand der von Wilhelm Liebknecht, dem Vater des als Gründer der Kommunistischen Partei in Deutschland bekanntgewordenen Dr. Karl Liebknecht, ins Leben gerufenen Arbeiter-Bildungsschule an Steiner heran mit dem Ersuchen, den Geschichtsunterricht und die »Redeübungen« zu übernehmen. Man hatte lange vergeblich nach einem Vortragenden Umschau gehalten und selbst mit Parteigenossen enttäuschende Erfahrungen gemacht. Schließlich fühlte man bei Dr. Steiner vor; er hatte grundsätzlich nicht abgelehnt. Näheres mußte besprochen werden. Seltsamerweise wurden zwei wenig über 20 Jahre alte Vorstandsmitglieder – eines davon war eben Rudolph – beauftragt, das wichtige und des Honorars wegen heikle Anliegen vorzutragen. Auf eigene Kosten fuhren die beiden nun weit hinaus bis an den Stadtrand. In eines der damals noch wenigen Häuser in der Kaiserallee war Steiner aus der eigenen Mietwohnung zu der ihm noch von Weimar her befreundeten Frau Eunike mit Tochter gezogen. Warum die dort erbaute Kirche »Zum guten Hirten« heiße, wurde einmal gefragt – »Weil die Gegend hier so belämmert ist«, lautete die schlagfertige Antwort. Nun standen die beiden jungen Burschen nach »freundlichster« Begrüßung vor dem Gesuchten. Er »stand mitten im Zimmer, hoch aufgerichtet in hoheitsvoller Schlankheit, gradlinig und hager, schwarz gekleidet, schwarzes, kleines Bärtchen auf der Oberlippe, das nicht geschnitten und schmal gewachsen war wie er selbst, einen Kneifer vor den Augen, die langen schwarzen Haare glatt nach hinten gelegt, vorm Kragen auf der Brust eine lange breite Schleife« (Rudolph a. a. O.). Während der »reizvollen Kaffeestunde – es gab ›Jacobowskischen Dichterkuchen‹ – wird heiter geplaudert. Dann erst wird das Anliegen besprochen. Rudolf Steiner läßt sich eingehend über die Verhältnisse an der Schule berichten, dann kommt es auch schon zu einem unvermittelten Abschied, die beiden sollten bald wiederkommen, er (Steiner) denke, er übernehme da eine schöne Aufgabe. Kein Wort vom Honorar? Nach einem mißglückten zweiten Besuch – Rudolf Steiner weilte gerade in Wien – kommt es acht Tage später zum endgültigen Abschluß. Wieder ist Rudolph ganz begeistert von der Art des Empfanges:

»Man war wie in sicherer Obhut gehalten, ohne daß einem die Eigenheit genommen war. Steiner kam jedem Eintretenden bis zur Tür mit schnellen Schritten entgegen und streckte die Hände aus … Diese schlanke sehnige Gestalt ohne den geringsten Ansatz von körperlichen Formen sah eher einem gut trainierten Sprinter ähnlich, ohne auch nur irgend eine von seinen Allüren zu haben. Es gab aber auch nicht den geringsten Anflug von dem, was einen Gelehrten erkennen ließ … Sein hageres asketisches Gesicht trug gern, besonders bei einer Begrüßung, ein leises wohlmeinendes Lächeln … Die gegenwärtigen munteren Augen zeigten immer ein freundliches Entgegenkommen. Man kam zu ihm nie ungelegen … Die Frau, die Tochter – es war mir noch nicht klar, wer sie waren, wie sie zueinander standen – waren wie er aufgeschlossen und liebenswürdig freundlich …« Die Kaffeemaschine kommt auf den Tisch, Rudolph fragt, ob Holzhohle verwendet werde. »»Nein, nein‹, lachte da Rudolf Steiner, ›Holzkohle ist Dunst, Spiritus ist Geist!‹ Dadurch angeregt, erzählte ich ihm, daß die in goldenen Lettern an der Staatsbibliothek leuchtende Inschrift ›Nutrimentum Spiritus‹ von den Berlinern übersetzt werde mit ›Spiritus is ooch'n Nahrungsmittel‹. Da lachte er hell auf: ›Das ist der richtige Berliner!‹« Mit einigen Bemerkungen kennzeichnete Rudolph dann noch den Wiener. »Mit schnellem Griff holte die Frau eine Stoffpuppe, die abseits auf einem kleinen Tisch stand. In das Licht der von der Decke hängenden Lampe gerückt, erkannte ich, daß es eine meisterliche Nachbildung des Dr. Rudolf Steiner war. Die Frau strich den Saum des schwarzen Mantels hoch, eine Flasche wurde sichtbar. ›Das ist ein Geschenk‹, erklärte sie, ›ein Geschenk von Dr. Jacobowski, eine Flasche französischer Cognac, und bedeutet; der ganze Körper ist Geist.‹ Ich hatte Darwin gelesen, es war die Zeit des Naturalismus. Ich hatte Marx und seinen Interpreten Kautsky, Ludwig Büchner, von Friedrich Albert Lange die ›Geschichte des Materialismus‹ studiert, so gut ich es vermochte. Der ganze Körper ist Geist! Das war etwas anderes. Das war Rudolf Steiner. – Ich war betroffen und verlor mich in Gedanken ...«

Als Steiner mit Selbstverständlichkeit nach dem Beginn der Vorlesungen fragte und das gewünschte Datum zur Kenntnis nahm, ohne es zu notieren; als er, ehe noch Abmachungen getroffen worden waren, auf die gewünschten zehn Donnerstag-Abend-Kurs-Doppelstunden ebenso ohne weiteres einging wie auf die Themen (Geschichte der Französischen Revolution, Deutschland nach der Französischen Revolution, Geschichte der deutschen Revolution): und vollends, als Steiner die »ganz behutsam« hinzugefügten Honorarvorschläge überhaupt nicht beachtete, kam Rudolph nicht aus dem Staunen heraus. Ganz benommen stand er auf der Straße. »Einige Minuten sah ich dem Schauspiel der sinkenden Sonne zu und dachte daran, wie so viele Dichter sich mit diesem Naturwunder abgemüht hatten. Dabei war mir der Kopf übervoll von der Zusage der drei Vortragskurse, der Versicherung des pünktlichen Beginns ohne jede weitere Benachrichtigung, und noch mehr und ganz davon, daß der Körper Geist sei. Ja, da war auch der ganze Körper beherrscht und ausgerichtet von Geist, von einer alles überstrahlenden Geistigkeit.«

Die Skepsis des Vorstandes wurde durch die Tatsachen widerlegt: Der kleine Saal reichte kaum aus, die herbeiströmenden Hörer zu fassen. Zwei Minuten vor acht stand der schon mit Bangen Erwartete in der Tür. Genau so lange währten Begrüßung und das Ausfüllen der Aufnahmescheine für Frau Eunike und deren Tochter, die mit Rudolf Steiner erschienen waren. Genau zur festgesetzten Stunde begann der völlig freie Vortrag. »Wir hatten ihn als Dozenten angekündigt, aber er dozierte nicht, er war ein Rufer, ein Erwecker ... Seine Redeweise steigerte sich langsam bis zum Schluß, brauchte kaum Gesten, nie Betonungen, nie erhob er nachdrücklich seine Stimme. Manchmal löste sich eine Strähne seines glatt über den Kopf gezogenen schwarzen Haares und fiel ihm über das Gesicht, und mit einem energischen Schnicken, das wie ein Befehl war, schickte er sie wieder an ihren Platz. Das war gleichsam wie eine Uhr. Der Redestrom ebbte langsam ab, die eindringliche Wärme seiner Worte ging wie abgestellt zurück, und ohne besondere Formel schloß er ab, sprang fast vom Podium und setzte sich im Saal zu den zwei Frauen. Er brauchte nie auf die Uhr zu sehen. Wenn er kam, wußte er, wann er zu beginnen hatte, und konnte genau abwägen, wann die für seinen Vortrag gesetzte Zeit erreicht war. An diesem ersten Abend hatte Rudolf Steiner seine Hörer ganz für sich eingenommen. Hier war Größe, ein Ganzes, dem wir uns anschlossen.«

Nach Schluß des Vortrags sagte einer der Teilnehmer (»ein besonders tätiger Genosse, ein sehr geweckter Mensch«) zu Johanna Mücke: »Na, materialistische Geschichtsauffassung war das ja nicht, aber interessant war es.«

Rudolph erinnert sich des gleichbleibend heiteren Wesens, das Steiner an allen weiteren Abenden offenbarte. »Freundlich lächelnd trat er ein und begrüßte uns sogleich, ohne erst auf unser Willkommen zu warten. Wir waren immer beglückt, wie dieser Mann in seiner denkbar einfachen Lebensäußerung nie bedrückt oder bekümmert war, nie eine Spur einer unliebsamen Begegnung oder eines Ärgers zeigte.« Nach den Vorträgen kam es zu lebhaften Aussprachen, die mitunter in einem Café fortgesetzt wurden. Steiner habe sich hierbei »weise zurückgehalten«.

Rudolph trat im Laufe der Zeit in eine nähere Beziehung zu Steiner, er wurde »so etwas wie ein vertrauter Sekretär«. »Meist kam es bei meinen Besuchen nicht dazu – etwa bezüglich Koordinierung gleichzeitig laufender Vortragsreihen –, ins einzeln gehende Abmachungen zu treffen. Steiner wußte immer wieder Anekdoten zu erzählen aus dem Leben der Berliner Künstler und Literaten, aus dem Theaterleben, witziger und anregender als die von den Zeitungsleuten ausgehenden Ulkereien.« Rudolph nahm schließlich an der literarischen Tätigkeit Steiners, besonders in der Redaktion des »Magazins« als Korrekturenleser teil. Nie habe dieser an seinen Arbeiten nach der Niederschrift etwas geändert; was er aus der Hand gab, war vollständig und vollkommen, nach allen Seiten vorher bedacht, jeder Artikel war fertig, ehe er geschrieben war.

Der Besuch der Steinerschen Vortragsreihen war ungewöhnlich gut, er wuchs vom zweiten Jahr ab von 50 auf 200 Hörer; schließlich sprach Steiner wöchentlich an fünf Abenden.

Bis zum Ende seines Wirkens hat er an der Arbeiter-Bildungsschule über 400 Kursstunden und Redeübungen abgehalten. Auch von den verschiedensten anderen Seiten wurde er zu Vorträgen aufgefordert, so daß auch die Sonntage besetzt waren. Da »speiste« man dann abends gelegentlich der Kuriosität halber mit den Damen – Frau Eunike war inzwischen Frau Steiner geworden – im »Strammen Hund«, Ende Friedrichstraße, wo es nur ein Gericht, nein doch zwei Gerichte gab: Erbsensuppe mit oder ohne Schweinsfüßchen. Man mußte rechtzeitig zur Stelle sein; nach 10 Uhr abends hatten Frauen keinen Zutritt.

Johanna Mücke schilderte, wie es dazu kam, daß Rudolf Steiner, der Kündigung des Vorstands zuvorkommend, ruhig erklärte, er werde nun (anfangs 1905) seine Tätigkeit an der Schule nicht mehr weiterführen. Die zunehmende Beliebtheit des Außenseiters mußte beim sozialdemokratisch-linientreuen Vorstand – dort hieß es: »wir wollen keine Freiheit, wir wollen vernünftigen Zwang!« – Argwohn erregen. Die Inanspruchnahme Steiners durch die 1902 einsetzende *Tätigkeit in der Theosophischen Gesellschaft* kam hinzu.

Nicht er, der Überbeschäftigte, hatte diesen Anschluß gesucht, er wurde gebeten, das Generalsekretariat für Deutschland zu übernehmen, und er hatte unter dem Vorbehalt zugesagt, seinen eigenen Standpunkt in okkultistischen Fragen weiter einnehmen zu können. Sein Respekt vor den Größen – den »Koryphäen« – der »Theosophical Society« (1875 von H. P. Blavatsky und H. S. Olcott gegründet, später von A. Besant geführt) hielt sich von vornherein in Grenzen.

Im Vortrag vom 27. Oktober 1918 kommt er auf die Jahresversammlung der europäischen Sektion der Theosophischen Gesellschaft zu sprechen, die im Juli 1902 in London stattfand. Steiner hielt eine kurze Rede. »Mrs. Besant fand ja, wie sie sich ausdrückte – sie fügte immer zu all den Dingen, die gesprochen wurden, solche obrigkeitlichen Schwänze hinzu –, sie fand ja, daß der ›german speaker‹

elegant gesprochen hätte. Aber die Sympathien waren durchaus nicht auf meiner Seite, sondern das, was ich sagte, war eben so, daß es ertrank in der Flut von Redensarten und Worten, während das, was die Leute wollten, doch mehr bei dem Buddhisten-Gigerl [Gigerl nennt der Österreicher den Modegecken. H. E.] Jinaradjadasa war. Auch das Folgende nahm ich damals symptomatologisch. Nachdem ich doch von etwas welthistorisch Wichtigem, von der anderen ›Entente Cordiale‹ gesprochen hatte, setzte ich mich wieder nieder, und von seinem etwas erhöhten Platze wankte, trippelte herab – ich muß sagen: trippelte, um die Sache ganz genau zu bezeichnen – sein Spazierstöckchen auf den Boden stampfend, das Buddhisten-Gigerl Jinaradjadasa, das die ›Sympathien‹ hatte, während vielleicht bei mir dazumal einiger ›Wortschwall‹ hängenblieb.« –

Der junge Rudolph sah die Dinge etwas anders. Völlig verändert bis in die Kleidung hinein sei Steiner von London zurückgekehrt. Es hat etwas Rührend-Unbeholfenes, wie Rudolph, seine Erinnerungen abschließend, mit einem tiefdankbaren bewundernden Rückblick auf das Wirken Rudolf Steiners wehmutsvoll von ihm Abschied nimmt. –

Nehmen sich die Humor-Spuren dieser Berliner Jahre spärlich aus? Es mag wohl sein. Dennoch sind sie im Ganzen des Lebensganges Rudolf Steiners bedeutsam. Hat er doch selbst diese Jahre (1897–1902) seine »Höllenfahrt« genannt. Seine »intensivste geistige Prüfung« hatte er durchzumachen. Ein »innerer Kampf gegen die dämonischen Mächte« des geistesfeindlichen Materialismus und des schrankenlosen Individualismus mußte – nicht etwa nur theoretisch in Gedanken, nein – er mußte in voller Realität erlebend bestanden werden. Es muß dem Leser überlassen bleiben, das hier nur Angedeutete sich durch Studium des »Lebensganges« (besonders der Kapitel 26 und 27) zu ergänzen und zum vollen Verständnis zu bringen.

Wird der Ernst der Lebenslage voll begriffen, die das Schicksal Rudolf Steiner damals verhängte als unumgängliche notwendige Prüfung, muß es Staunen erregen, wie dem äußeren Anschein nach »glatt« und gleichsam undramatisch eine seelisch so außerordentlich empfindliche Persönlichkeit der drohenden Gefahren Herr zu werden vermochte.

In dieser Hinsicht ist besonders aufschlußreich der Erlebensbericht eines Mannes von der ehrlich-idealistischen, unsentimentalen, intellektuell nicht verbogenen, dafür um so schärfer beobachtenden Art eines Alwin Alfred Rudolph. Obwohl die Ereignisse jahrzehntelang zurückliegen, ist die an genauest beschriebenen Einzelheiten reiche Schilderung so lebendig und der Stil so jugendlich, daß man vermuten könnte, der Verfasser habe Tagebuchaufzeichnungen verwendet. Aus der zweifellos wahrheitsgetreuen Darstellung ersteht vom Rudolf Steiner jener Zeit mitnichten etwa das Bild einer von inneren Kämpfen erschütterten, sich mühsam aufrechthaltenden Gestalt, sondern ganz im Gegenteil: wie er schlank und hochaufgerichtet mitten im hellen Zimmer dasteht, ähnelt er – so Rudolph – einem trainierten Sportsmann. So etwas macht schon Eindruck auf einen jungen Menschen. Und nach dem ersten Vortrag in der Arbeiter-Bildungsschule, da ist er fast herabgesprungen vom Podium! – Offenbarte sich nicht in dieser körperlichen Beschwingtheit ungeschmälerte seelische Spannkraft? Dazu die ungezwungene, freilassende und doch umsorgende Umgangsart, die Freude am Lachen und an der Anekdote, die Art der Begrüßung schon – mit ausgestreckten Armen –, *überall schimmerte Heiterkeit durch*. Und es war sicherlich kein erzwungenes Lachen oder gesellschaftliche Konvention. Es war – man kann es wohl so deuten – ein Abglanz des eben errungenen inneren Sieges über Finsternismächte, eines Sieges der Freiheit über Zwangsgewalten.

In einem Vortrag aus dem Jahre 1910, auf den wir noch näher eingehen werden, fragt Steiner nach dem letzten Grunde des Lachens auf dem Menschenantlitz. »Es ist«, so lautet die Antwort, »die geistige Offenbarung dafür, daß der Mensch heranstrebt zur Befreiung, daß er sich nicht umschlingen läßt von den Dingen, die seiner nicht würdig sind, sondern sich mit Lächeln im Antlitz erhebt über das, dessen Sklave er nie werden darf.«[25]

Selbstredend können wir bei Rudolf Steiner ein hohes Maß an Selbstsicherheit voraussetzen; sie wird ihn auch in dieser schweren Krise nicht verlassen haben. Das Gewicht dieser Geistsubstanz überwog. Aber auch aus Humor und Heiterkeit floß ein Strom heilender, helfender Kräfte zu, Kräfte, die den Sieg im Innern anbahnten. Um die Jahrhundertwende war er errungen. Das Ende des fünftausendjährigen Äons bedeutete auch den Anbruch des Lichten Zeitalters. Nun ist es angebracht, die Darstellung nicht mehr im biographischen Rahmen fortzusetzen, sondern nur noch im Blick auf das gewaltige Werk, das auf den verschiedenen Gebieten erstand. Heiterkeit und Humor werden sich allerdings auf »Gebiete« nie beschränken lassen. Lachhaft wäre es, etwas derartiges auch nur vorzustellen; womit wir auch schon beim nächsten Kapitel »Lachen und Weinen« angelangt sind.

6. Lachen und Weinen

»…So haben wir im Lachen und Weinen zwei Pole,
an denen sich uns die Geheimnisse der Welt
zum Ausdruck bringen.«[26]

Rudolf Steiner

Daß wir es beim Lachen und Weinen mit polar entgegengesetzten
Begleiterscheinungen des Lebens zu tun haben, bedarf keines Be-
weises; wir erfahren es alltäglich an uns selbst sowohl wie an unseren Mitmenschen. Welcher Art ist aber das Geheimnisvolle, das
sich im Lachen und Weinen offenbart?

Ein kleiner Umweg sei eingeschlagen: Der berühmte schwedi-
sche Forscher *Sven Hedin* hing so an seinem Kamel, daß er in lie-
bender Ergriffenheit schildert, wie es verendete: »Es legte sich hin,
um nicht wieder aufzustehen. Große Tränen fielen aus seinen Augen und froren zu Eis auf seinen Wangen. Das Tier weinte bei seinem Abschied von der Erde. Ein letzter Atemzug, das Herz stand
still und der Blick erlosch für immer.« Nüchterner bemerkt hierzu
der Zoologe *Richard Gerlach* (»Ich liebe die Tiere«): »Die Kamele
weinen tatsächlich … Doch wäre es gewagt, von diesen Tränen auf
das Gemüt zu schließen. Sie spülen für gewöhnlich nur den Flug-
sand vom Augapfel.«

Damit sind wir auch schon beim Kernpunkt. Haben Tier-Tränen
nur eine physiologische Funktion – zum Beispiel das Reinigen der
Augäpfel – oder können sie ganz ebenso wie die Tränen des Menschen Ausdruck einer Seelenregung oder -stimmung sein? Anders
gefragt: Ist es dem Menschen vorbehalten, von Trauer überwältigt
zu weinen oder seine Heiterkeit im Lachen zu äußern? Nur wenn
des Menschen Wesen von dem des Tieres klar unterschieden wird,
kann diese Frage beantwortet werden. So ist es zu verstehen, daß
Rudolf Steiner »eines der intimsten Kapitel über das Menschenwesen das vom Lachen und Weinen« genannt hat.[27]

Das Tier steht insofern *über* Stein und Pflanze, als es nicht nur einen mineralisch-stofflichen Leib (physischen Leib) hat, der von Lebenskräften (Äther- oder Lebensleib) durchzogen ist, die auch der Pflanze gegeben sind, sondern überdies Lust- und Unlustgefühle empfinden kann, weil es ein entsprechendes Organ, den Astralleib, besitzt. Und der Mensch wiederum überragt das Tier; aber nicht etwa dadurch, daß ihm dessen Wesensglieder in besserer Ausführung eignen – dann wäre er nur ein »höheres Tier« –, sondern wesenhaft, indem er ein viertes Glied, das Ich, als höchstpersönliches Eigentum in *sich* trägt. Hierin liegt der entscheidende Unterschied.

Die anthroposophische Geisteswissenschaft verneint nicht das tierische Ich, sondern spricht von des Tieres Gruppen-Seele oder vom Gruppen-Ich als etwas Realem, »was beim Tier von Art zu Art geht, was sich von Gattung zu Gattung fortlebt«[28], aber nicht im Einzeltier lebt, sondern »das Tier von außen her«, das heißt vom Übersinnlichen her lenkt als ein Kollektivbewußtsein (zum Beispiel das aller Kamele) von möglicherweise hohem Rang.

Das Menschen-Ich aber ist individuell, es geht »in das Innerste der menschlichen Wesenheit«, in die einzelne Individualität hinein und lenkt sie von innen heraus. – Diese *Verinnerlichung* wird im 2. Kapitel der Genesis anschaulich geschildert: »Gott hauchte dem Menschen die *Nephesch* – die tierische Seele – ein, und der Mensch ward eine lebendige Seele in sich selber«.[29] Die Nephesch war wohl schon vor dem Einhauchen vorhanden, aber nur äußerlich als Gruppenseele. Gott verlegt sie nun ins Innere des Menschen. *Jeder Einzelne wird Ich-Träger, die Geburtsstunde des Erdenmenschen ist gekommen.* Nun vermag er sein Inneres zu entfalten, Freude und Schmerz in der Seele so zu erleben, daß sie innerlich an ihm arbeiten; schöpferische Weltenkräfte sind in ihn eingezogen, deren Wirkungen können als Früchte von einem ins andere Erdenleben hinübergetragen werden.

Wir dürfen überdies nicht außer acht lassen, daß der Menschenvorfahr, noch ehe er Ich-Träger geworden war, einen physischen und ätherischen Leib hatte, die veranlagt waren zu einem Arbeiten des Ich in seinem Innern. Dem Tier fehlt schon diese ursprüngliche Veranlagung. Es kann weder weinen noch lachen – *nur der Mensch kann es. Aristoteles* war es, der ihn gerade dieses Vorrechts wegen

»das lachende Tier« nannte. Eine derart hohe Bewertung des Lachens findet sich bei keinem Philosophen – erst bei Steiner ist sie wieder anzutreffen.

Wie kommen nun Lachen und Weinen als typisch menschliche Phänomene zustande? Die Erscheinungen der Außenwelt erregen im Ich Gefühle verschiedener Art: Lust- und Unlustgefühle, Gefallen oder Mißfallen, Gefühle der Liebe, der Abneigung, der Furcht, des Entsetzens, der Anteilnahme, des Erklärungsbedürfnisses des Wahrgenommenen usw. Was das Ich so erlebt, spiegelt sich in den Vorgängen der übrigen Wesensglieder, es wirkt aufrüttelnd auf den astralischen Leib, auf die Strömungen und Bewegungen des Ätherleibes, und es wirkt bis hinein in den physischen Leib; denn alle Glieder bilden eine sich gegenseitig durchdringende Einheit. Das Erbleichen und Erröten zum Beispiel zeigt deutlich den Zusammenhang seelischer Vorgänge mit der Blutbewegung im Körper.

Das Ich ist immer bestrebt, sich mit der Außenwelt in Einklang zu bringen. Dies kann entweder so geschehen, daß es sich von dem Wesen, von welchem Wirkungen ausgehen, zurückzieht, sich von ihm freimacht oder in dasselbe untertaucht.

Rudolf Steiner schildert genau, was hellseherisch wahrgenommen wird: Im erstgenannten Falle (des Sich-Freimachens) zieht das Ich auf einen Augenblick den astralischen aus dem physischen und ätherischen Leib zurück von dem auf ihn zukommenden Eindruck, um ihn (den Astralleib) vor der Berührung mit dem anderen (dem beeindruckenden) Wesen zu bewahren. Das Zurückziehen wirkt auf den astralischen Leib *befreiend und entspannend*, so daß er schlaff wird, sich *ausdehnt* und sich wie eine elastische Substanz *erweitert*. Der Astralleib befreit sich von der Bindung an das Betreffende Wesen; dadurch erheben wir uns über die ganze Situation, und der *Ausdruck der Erweiterung des Astralleibes* im physischen Leibe ist das Lachen oder Lächeln.

Rudolf Steiner spricht auch einmal [30] – nicht ohne einen humorig-drastischen Vergleich – von einer Verbreiterung des Astralleibes aus Anlaß eines komischen, Lachen erregenden Eindrucks: »In dasjenige, was uns komisch vorkommt, ergießen wir unser Ich und unseren astralischen Leib hinein. Also denken Sie, wenn Sie über irgend etwas lachen, so besteht die Tatsache, die sich da abspielt, darinnen, daß Sie Ihr Ich und Ihren astralischen Leib gewissermaßen darüber *verbreiten*. Sie strecken den astralischen Leib und das Ich heraus und verbreiten es darüber. Es ist ein geistiger

Vorgang, der ja nicht so eine Abweisung ist, wie wenn dieser astralische Leib in einem anderen Gefühl etwas vom physischen Leib mitzieht, wo auch dasjenige, was wir als astralischen Leib haben, sich ergießt in die Umgebung, aber etwas vom physischen Leib mitzieht: es ist unartig, denn das, was mitgezogen wird, ist die Zunge! Und das tun dann unartige Kinder, die die Zunge herausstrecken. Wenn wir lachen, lassen wir die Zunge zwar drinnen; aber es ist schon eine ähnliche Verfassung des Astralleibes, der herausgezogen wird, und sogar so stark herausgezogen wird, daß er das einnebelt, was auf ihn einen komischen Eindruck macht. Dem Lachen liegt eine Verbreiterung des astralischen Leibes sogar bis zum Ätherleib zugrunde. Der unsichtbare Mensch verbreitet sich, dehnt sich wie elastisch aus. Das ist also der Vorgang beim Lachen.«

Das *Weinen* hingegen ist der physische Ausdruck des vom Ich hervorgerufenen *Zusammenpressens des Astralleibes*. Das Ich kann mit einem andern Wesen zum Beispiel durch Liebe so verbunden sein, daß es sich durch dessen Verlust einsam, ärmer, schwächer fühlt. Es wird von Trauer erfüllt, »weil es seine Selbstheit weniger stark fühlen kann als früher; denn es fühlt seine Eigenheit um so stärker, je reicher es ist an Erlebnissen mit der umgebenden Welt«.[31] Wir geben ja nicht nur, wenn wir lieben – wir empfangen auch, wir werden auch seelisch bereichert. – Nun muß das Ich einen Verlust hinnehmen; vergeblich sucht es nach einem Verhältnis zur Außenwelt. So zieht es sich in sich selbst zusammen. Das gleiche geschieht mit dem Astralleib, um die durch den Verlust der Erlebnisse der Liebe entstandenen Lücken zu schließen. Der Astralleib macht sich durch das Zusammennehmen in sich selber reicher; dadurch sollen die verlorenen Kräfte wiedergewonnen werden. Ebenso wie das sich zusammenziehende Ich den astralischen, so preßt dieser den physischen Leib mit zusammen und entpreßt ihm die *Träne*. Die Träne wird so zu einer Art Ersatz für das ärmer gewordene Ich, sie vermag sogar »ein gewisses unterbewußtes Wohlgefühl« zu erzeugen. Die Träne wird zum Trost; er bleibt Menschen versagt, die »nicht weinen können«. Zusammenfassend führt Rudolf Steiner aus: »Denn auf das Ich kommt es an, auf das Individuellste, das ein Band sucht, das sich in Harmonie, in Einklang bringen will mit der Umgebung. Das Ich muß es sein, was im Lachen oder Lächeln sich zu befreien sucht von den Gegenständen; das Ich muß es sein, das bei einem gesuchten Verhältnis, das es nicht finden kann, in dem Verlust zusammenpreßt das Innere der menschlichen Wesenheit. Das Ich nur kann sich ausdrücken im Lachen oder Weinen. Wir sehen daraus, daß wir es mit der tiefinnersten Geistigkeit des Menschen zu tun haben, wenn wir die Offenbarungen des Menschen im Lachen oder Weinen vor uns haben.«[32]

Wenn wir nach außermenschlichen Geistwesen Umschau halten, tritt zunächst ins Blickfeld zwischen dem Menschen- und Tierreich sich ausbreitend, dem physischen Auge unsichtbar, das seltsamvielgestaltige, riesige Reich der *Elementarwesen*. Weil sie der »aufgeklärte« Mensch unserer Entwicklungsstufe trotz seiner großen Gescheitheit nicht wahrnehmen kann, leugnet er ihr Dasein, obwohl er sich durch die Ergebnisse der modernen physikalischen Forschung belehren lassen könnte, daß es zwar unsichtbare und unwägbare, aber doch außerordentlich wirksame »Quanten«, Elementarteilchen usw. gibt.

Während nun das Menschen-Ich eine »eingehauchte« Gruppenseele ist, sind die einzelnen Tiere von der Gruppenseele abgeschnürte, für eine gewisse kurze Zeit in die physische Welt vorgestreckte Glieder derselben. Das Menschen-Ich überlebt als Geistwesen den Erdentod. Das einzelne Tier aber »ver-endet«, es geht mit dem Tod in der Umwelt völlig auf. Und das, wovon es während seines Lebens durchseelt und durchgeistigt wurde, muß zur Gruppenseele zurückströmen. Neue Einzeltiere sind neuerliche Abschnürungen, nicht etwa wiedergeborene Wesen.

Nun gibt es gewisse höhere Tierarten, von denen Einzelexemplare sich – einer Tendenz zu abnormaler Verselbständigung folgend – übertrieben stark von ihrer Gruppenseele abschnürten, so daß sie sterbend nicht mehr imstande waren, alles, was sie heruntergeholt hatten auf den irdischen Plan, wieder zur Gruppenseele zurückzuschicken.[33] Diese Übertreibungsprodukte nun, »diese losgerissenen, übriggebliebenen Dinge, die losgerissen sind von der Gruppenseele, führen dann ein vereinzeltes Dasein als Elementarwesen«. Und nach Maßgabe dieser übersteigerten Abschnürungen bildeten sich die verschiedenen Arten von Elementarwesen. Wir wollen sie nicht näher beschreiben; uns beteiligt ja hier nur die Frage, ob diese Wesen im exakten Sinne »echt« lachen können. Die eben aufgezeigte Zwischenstellung der Elementarwesen läßt uns ein wenig zögern, die Frage zu verneinen, und doch ist es unvermeidlich im Blick auf das erstrebte, aber doch nicht errungene eigene Ich.

Die Gnomen oder Kobolde stehen in enger Beziehung zum Menschen, zum Mineralreich. Mit Natursinn oder Hellsichtigkeit begabte Menschen wissen aus einst weitverbreiteter unmittelbarer Erfahrung, daß die Gnomen »im höchsten Grade das haben, was man Witz nennt«. Mit Recht werden sie daher symbolartig als kleine Gestalten mit charakteristischem Kopf dargestellt. Sie haben nämlich wie alle Elementarwesen einen allerdings mit dem sinnlichen Auge nicht wahrnehmbaren physischen Leib. Bei den Gnomen ist er seiner Organisation oder Struktur nach dem menschlichen Gehirn ähnlich. Ihre von einem Ich *nicht* gelenkte Intelligenz hat etwas Automatenhaftes. Immerhin, was sie tun ist nicht unähnlich dem, was der menschliche Verstand tut. Doch fehlt es ihnen an einem Verantwortungsbewußtsein.

In einem andern Zusammenhang[34] verglich Steiner die Gnomen mit Gedanken, die nur auf das Erkennen des Physischen gerichtet sind. Sie haben wie alle Gedanken, ein inneres Eigenleben. »Es ist etwas sehr sehr Eigentümliches, sie leben innerlich, wenn sie aus uns heraus sind«. So lacht ein »blitzdummer Gedanke«, wenn der einmal heraus ist. Je dümmer er ist, umsomehr lacht er. Auch die anderen Gedanken zeigen durch ihr »sehr lebhaftes Mienenspiel« inneres Leben. Das offenbart sich dem imaginativen Blick: es wird wahrgenommen, daß Gnomen und physische Gedankenformen sich ähneln: Jene gehören zu dem Festen, Unorganischen, diese beziehen sich auf die physische Welt.

Zu dieser sachbezogenen Ähnlichkeit kommt eine innere Verwandschaft: Beide greifen in »ihre« Welt nicht ein, sie sind ohne Einfluß auf diese Welt, sie begleiten sie gewissermaßen nur. Die aufs Physische gerichteten Gedanken sind nur Bilder dessen, was sie abspiegeln, sie sind nicht wesenhaft, im Grunde – überflüssig. Ebenso fühlen sich die Gnomen in ihrer Welt »wie eine Art fünftes Rad am Wagen«. Der Geistesforscher konnte beobachten, daß dieses Gefühl von »außerordentlicher Wehmut« begleitet ist. Und doch zeigen die Gnomen keinerlei Verständnis für menschlich berechtigtes Schmerz- und Leiderleben, soweit es sich um Ereignisse des physischen Planes handelt. Die Gnomen können nicht mittrauern; »daß man an dem physischen Dasein hängen kann, das begreifen sie nicht, da lachen sie«. Recht verstanden kann der Verkehr mit den Gnomen zu einem gesunden Wertgefühl verhelfen; denn wer Irdisches schätzt, wird von ihnen gründlich ausgelacht. Das Motiv der überlegen »lachenden« Kobolde erklingt in vielen alten Märchen und Volksliedern.

Was als Weisheitsgut in Märchen- oder Sagenformen verborgen gleichsam schlummerte, dem war beschieden, in zeitgemäßer Gestalt wiederzuerwachen. Max Gümbel-Seiling berichtet: »In einer Klamm machte Rudolf Steiner seine Begleiter auf die unter einer bronzenen Ehrentafel sich belustigenden Gnomen aufmerksam, welche den Vorübergehenden mit lebhafter Gebärde lange Nasen machten. ›Ihnen, Herr Doktor, schneiden sie die Nasen?‹, rief eine Begleiterin und erhielt die Erklärung: ›Allen Menschen, ob sie es sehen oder nicht, schneiden die Gnomen Grimassen, weil es für sie nichts Lächerlicheres und Dümmeres gibt als die Menschen.‹«[35]

Damit wollen wir es bewenden lassen und nicht darüber spekulieren, welcher Grad von Sinnenhaftigkeit dem »Gnomenlachen« wohl zukomme und dergleichen mehr – es käme doch nur dem lebensfremden Theoretisieren eines Farbenblinden über Farbeindrücke gleich.

Man sollte vielleicht besser nicht vom eigentlichen Lachen der Gnomen sprechen, sondern nur von einem »Kichern« oder überhaupt nur vom »Grimassenschneiden« und den »langen Nasen« ...

Die Frage nach dem Götter-Lachen ist so schwierig nicht, wenn wir genauer formulieren: Können die Götter – wir meinen die über dem Menschen stehenden erhabenen hierarchischen Wesenheiten – so lachen, wie der Erdenmensch lacht? Wir müssen es verneinen. Ist dem Tier das Lachen und Weinen wegen des Mangels an einem selbsteigenen Ich versagt, kann es den Göttern wiederum mangels eines stofflich-physischen Leibes, des unentbehrlichen Ausdrucksmittels, nicht gegeben sein. Das berühmte »Homerische Gelächter« kann, wenn man es nicht leichthin als Anthropomorphismus abtun will, als sprachliches Bild der dem Seherblick sich offenbarenden himmlischen Heiterkeit verstanden werden, vor der die dem Erdenmenschen zugemessene nur ein schwacher Abglanz ist.

Zu diesem Problem bemerkt Rudolf Steiner[36]: »Denken Sie einmal, daß in den Zeiten, in denen man in gewisser Beziehung noch hellseherische Traditionen hatte und zu gleicher Zeit das Vermögen, aus einer Phantasie, aus einer richtigen Imagination heraus die Götter zu verbildlichen, daß man damals die Götter darstellte als heitere Wesenheiten, deren hauptsächlichste Eigenschaft die Heiterkeit, das Lachen in gewisser Beziehung war. Und nicht umsonst hat man denjenigen Gebieten des Weltendaseins, in denen vorzugsweise etwas wie eine übertriebene Egoität herrscht, Heulen und Zähneklappern zugeschrieben ...« Das Lachen bedeutet »ein Hinausführen des Ich über die Umgebung, also den Sieg des Oberen über das Untere, während das Weinen ein Sich-Ducken bedeutet, ein Sich-Zurückziehen vor dem Äußeren, ein Kleinerwerden und ein Sich-verlassen-Fühlen der Egoität, ein Sich-auf-sich-selbst-Zurückziehen. So ergreifend die Trauer im Menschenleben ist, weil wir wissen, daß diese Trauer besiegt wird und besiegt werden muß, so viel anders, nicht ergreifend, sondern hoffnungslos, erscheinen Trauer und Weinen in derjenigen Welt, in der sie nicht mehr besiegt werden können. Da erscheinen sie als der Ausdruck der Verdammnis, des In-die-Finsternis-gestoßen-Werdens.« –

Im Vortrag vom 23. Mai 1916[37] bespricht Rudolf Steiner eine der in der altjüdischen Sammlung »Haggada« enthaltenen weisheitsvollen Legenden: Dem König Salomon erscheint der *Todesengel*, um auftragsgemäß dessen beide Schreiber abzuholen. Am ersten Tag, vor Ausführung des Auftrags, wirkt die Geistgestalt des Engels auf den hellsichtigen König traurig, am nächsten Tag, nach der Ausführung, lachend. Das Heiter- bzw. das Traurig-Sein hat unter den der geistigen Welt eigentümlichen Verhältnissen eine andere Bedeutung als in der Sinnenwelt, obwohl gleiche okkult-physiologische Tatbestände der oben geschilderten Art vorliegen: Trauer wirkt sich aus als Zusammenziehen, Lachen als Ausdehnung. Vor der Tat hatte es der Engel nötig, seine Kräfte zusammenzuhalten, »sich in sich zu verdichten, um durch die Verdichtung in sich ein Stemmen seiner Kräfte hervorzurufen«. Am nächsten Tag, nach getaner Arbeit, trat die Entspannung ein, das nahm sich so aus, als ob er lachte. Die Legende umschreibt, mit Worten der menschlichen Sprache: »Traurig- und Heitersein«, Tatsachen des geistigen Lebens. Das ist Märchenstil.

Von einem eigentlichen Lachen und Weinen der Götter kann also nicht die Rede sein. Die einzige Ausnahme, der *Christus-Jesus*, ist genau genommen nur eine scheinbare. Daß ER des Lachens und Weinens fähig war, ist eine Folge der Einzigartigkeit des Mensch-Werdens einer göttlichen Wesenheit. Ein Gott teilte für gemessene Zeit im Leben und Sterben der Menschen Los, und so teilte ER auch mit den Erdenmenschen, was eine Begleiterscheinung ihres Lebens ist, in der ihr Inneres, ihre Seelenstimmung zum Ausdruck kommt: das Lachen und Weinen.

Das Johannes-Evangelium (11, 35) berichtet: »Als Jesus sie [Maria, die Schwester des Lazarus] und die mit ihr gekommenen Juden weinen sah, ergriff ihn eine große Erschütterung, und tief bewegt sagte er: Wo habt ihr ihn hingelegt? Sie antworteten : Komm', Herr, und sieh! – Und *Jesus gingen die Augen über*. Da sprachen die Juden: Siehe, wie hat er ihn so lieb gehabt.« – Ebenso beweinte der Christus-Jesus das prophetisch geschaute kommende Schicksal Jerusalems: »Und als er nahe hinzukam, sah er die Stadt an und *weinete über sie*« (Lukas 19, 41).

Die Worte des Herrn: »Lasset die Kindlein zu mir kommen und wehret ihnen nicht!« (Lukas 18, 16) – können wir sie anders vorstellen als überstrahlt von der Sonne eines gütigen Lächelns? »Und er herzte sie und legte die Hände auf sie und segnete sie« (Markus 10, 16).

Kehren wir nun zu unserem Ausgangspunkt zurück. In Polarisation sprechen sich Weltgeheimnisse aus im Lachen und Weinen. Dies gilt bis hinein in die physiologischen Vorgänge des Atmens, der Verdauung und des Mienenspiels.

Von der durch Lachen und Weinen geistgemäß alterierten Atmung war schon ausführlich die Rede: pressende, bedrängende Ein-, befreiende Ausatmung. Das echte, rechte Lachen stärkt nicht nur das Ich, sondern es wirkt *auch gesundend* bis hinein in das Organische des *Stoffwechsel-Vorganges*. Den Griechen war der Zusammenhang des zwerchfellerschütternden Gelächters mit der Verdauung wohlbekannt. »Wenn wir ein ausgesprochen trauriges Erlebnis haben, so wirken wir verhärtend in ganz buchstäblichem Sinne auf unseren Stoffwechsel zurück. Wenn das auch leise Vorgänge sind, es ist so. Tatsächlich, wenn Sie so recht innerlich traurig werden, so wirken Sie eigentlich Ihrer Verdauung entgegen. Es ist dasselbe, als wenn Ihnen die Nahrung wie ein Stein im Magen liegen bleibt. Das ist nur ein derbmaterieller Vorgang, der aber durchaus damit qualitativ zu vergleichen ist. Denn wenn die Verdauung richtig vor sich geht, dann geht der Speisebrei durch den Magen in die Gedärme, wird in den Darmzotten aufgenommen und geht über in das Blut, und für den oberen Menschen durchbricht er überall die Mittelwand, durchbricht das Zwerchfell; er geht über das Zwerchfell hinauf. Wir können sagen: Ein gesunder Lebensvorgang hängt wirklich davon ab, daß wir das Verdaute über das Zwerchfell hinauf bringen, daß wir es verteilen in den oberen Menschen. – Das ist dann leiblich-körperlich aufgefaßt ein Vorgang, der qualitativ ganz ähnlich ist demjenigen, wenn wir lachen, wenn wir künstlich das Zwerchfell in jene Schwingungen bringen, in die man es durch das Lachen bringt. Das Lachen ist tatsächlich ein Vorgang, der uns organisch gesund macht, es wirkt wie eine richtige gesunde ungestörte Verdauung.«[38]

Und im umgekehrten Sinne: geradezu gesundheitsstörend kann der durch kein aufheiterndes Wort unterbrochene schwere Ernst – eines Vortrages etwa – so wirken, daß sich bei den bedauernswerten Zuhörern, besonders den wehrlosen Schulkindern, zu viel Magensäure ansammelt, wenn sie sich nicht in den Schlaf retten können. Selbstverständlich aber beweist es nur die Unehrlichkeit eines Redners oder Schriftstellers, der es versucht, mit der Eitelkeit der Zuhörer oder Leser rechnend, sie zum Lachen zu bringen oder, auf ihre Sentimentalität bauend, das Wohlbehagen der Rührung zu erzeugen. Das sind schnöde Mißbräuche des wahren Wesens von Lachen und Weinen, die es verzerren, indem sie beides der Selbstsucht ausliefern.

Das menschliche Antlitz schließlich ist die Schaubühne, auf welcher unsere beiden Phänomene als unübertreffliche Ausdruckskünstler sichtbar machen, was im Seeleninnern vor sich geht. Das allbekannte »Mienenspiel« wird alltäglich, ja bisweilen stündlich aufgeführt:

»Lachen und Weinen zu jeglicher Stunde
Ruht bei der Lieb auf so mancherlei Grunde ...«

Friedrich Rückert hat es gedichtet, Franz Schubert gesungen. Zahllos sind die Variationen über dieses das ganze Menschenleben durchziehende Thema. Wir können es nicht ausspinnen. Nur die seltsame Doppeldeutigkeit der Vorgänge wollen wir uns bewußt machen.

Verstand und Sinnenauge nehmen nur das Physiologische wahr, gewisse Gesichtsmuskeln ändern durch Ausdehnung oder Kontraktion die normale Lage; Lachen in verschiedener Form (Lächeln, Schmunzeln, Grinsen) oder das Weinen (Schluchzen, Flennen (vom Lateinischen flere), Greinen usw. tritt in Erscheinung. Dem seelisch-geistigen »Blick« erst tut sich kund, was seines Wesens ist: das Geistig-Seelische.

Dem Weinen eignet rein physiologisch eine gewisse Produktivität. Die zusammengepreßten Tränendrüsen sondern die in ihnen angesammelte Flüssigkeit ab, sie sind »in gewisser Beziehung wie ein Abfluß des Blutes«[39].

Beim Tier – wir sagten es schon – arbeitet das Gruppen-Ich von außen; deshalb können alle Spannungsverhältnisse des tierischen Astralleibes sich nicht nach außen so abformen wie beim menschlichen Lachen und Weinen. Steiner betont wiederholt, daß immer dann die Erhabenheit des Menschen über das Tier bewiesen wird, wenn uns ein Mensch anlächelt oder einer uns begegnet, der da weint. Beim Tier bleibt das »Weinen« ein physiologischer Vorgang. Berichte über menschenähnliches Weinen hochentwickelter Tiere wie Hunde oder Affen: es sind Ausnahmefälle, die sich aus dem jahrhundertelangen Zusammenleben von Mensch und Tier erklären lassen, das zur Folge haben kann, daß einzelne Tiere ihren Herrn gleichsam als Gruppenseelen-Ersatz empfinden.

Selbstverständlich kann auch beim Menschen der Tränenfluß durch bloßen Reiz auf die Tränendrüsen oder den Augapfel verursacht werden. Das »Tränen-Lachen« dürfte auf eine übermäßige oder langanhaltende Muskelerschlaffung zurückzuführen sein.

Eine weitere Polarität steht hinter dem Weinen und Lachen: Das Freude- und das Schmerz-Erleben. Die wahre Ursache des Schmerzes ist der Schulwissenschaft nicht bekannt. Die vorherrschende Ansicht, der physische Leib sei der Träger des sogenannten körperlichen Schmerzes, ist vom geisteswissenschaftlichen Standpunkt unhaltbar. Es gibt nur seelische Schmerzen; sie werden vom Astralleib empfunden. Der Stoffesleib an sich ohne astralischen Leib ist völlig empfindungslos. Man kann daher auch nicht von körperlichem Schmerz sprechen, nur von einem körperlich verursachten. Die Pflanze empfindet nicht Schmerz, wohl aber – als Eigner eines Astralleibes – das Tier, und zwar in voller Schwere, ja schwerer als der ichbegabte Mensch, der des Schmerzes bis zu einem gewissen Grade Herr werden kann.

Rudolf Steiner kam einmal während einer Unterrichtsstunde an der Stuttgarter Waldorfschule auf den Schmerz und das Lachen und Weinen zu sprechen. Ernst Lehrs berichtet, wie damals Rudolf Steiner erschien und vor der Klasse begann, mit der einen Hand in die Innenfläche der anderen einen Bleistift mit der Spitze einzudrükken. »Was geschieht denn da?« – »Es piekt – man weint« war die Schülerantwort. »Warum muß man weinen? Seht ihr, wenn ich so den Bleistift hier eindrücke, wird das Geistig-Seelische aus der Hand etwas fortgedrückt, denn da tritt an dessen Stelle das rein Körperliche des Stiftes – da ist jetzt etwas zuviel Körperliches, (Stoffliches), zu wenig Geistig-Seelisches, und darum tut es einem weh. Das Gleichgewicht ist gestört, da muß man entsprechend mehr Geistiges auf die andere Schale tun. Im Kopf sind wir am meisten geistig, und da wieder in den Augen. Und da, seht ihr – da bringen wir noch mehr Seelisch-Geistiges hin, indem wir es dort ganz stark zusammenziehen. Da pressen wir dann die Tränen raus, und in dem warmen Tränenstrom, da kann man so recht sich selbst erleben.

Und das Lachen? Da muß man dann entsprechend mehr von der anderen Schale fortnehmen, und das tut man, indem wir lachen, denn da macht man sich im Kopfe weniger bewußt, indem man Geistig-Seelisches von dort weg in Brust und Gliedmaßen hinuntergehen läßt, wo man sonst schlafend ist – und lacht, lacht!!!«

Und Rudolf Steiner – so schließt der Bericht – machte es den Schülern herzhaft lachend vor und endete: »Ja, so ist das mit dem Lachen und Weinen!«[40]

Auch das Lachen kann auf äußerlichem Wege in Gang gesetzt werden. Der zugrundeliegende geistige Vorgang ist ein Sich-Befreien, ein Sich-Distanzieren-Können von einem Wesen oder Gegenstand irgendwelcher Art.

Wer zum Beispiel gekitzelt wird, muß dies als etwas Unverständliches empfinden, er lehnt es ab, sucht davon frei zu werden und den astralischen Leib von der unpassenden Berührung loszubekommen. Einem Kitzeln an der Fußsohle kann man mit Verständnis nicht beikommen, man kann das Ich von einer solchen Attacke nur durch Lachen retten.[41]

Auf einer gehobeneren Stufe, aber von derselben Art ist das Lachen über den *Witz*; da werden logisch unbegreifliche Dinge zusammengebracht. – Gerade in diesem logischen Widerspruch besteht ja das Witzige. »Mit einem gewissen Spiel des geistigen Lebens« gelingt es, den Widerspruch durchschauend, sich über ihn zu erheben. »Die Tatsache des Sichfreimachens, des Sicherhebens über irgendeine Erscheinung werden Sie überall finden, wo Lachen zutage tritt.«[42]

Wenn wir mit dem Lachen die Vorstellung des Sich-frei-Machens, mit Weinen die des Sich-Festigens verbinden, gelangen wir zu immer höheren Graden der Einschätzung der beiden Phänomene: sie erweisen sich als *Erziehungsmittel*, als in menschliche Tiefen dringende Themen *künstlerischer Gestaltung*. Die selbsterzieherische Bedeutung der beiden Phänomene liegt in folgendem: »Indem das Ich sich zum Lachen erhebt, wird es die Kräfte aufrufen seiner Selbstbefreiung, seines Erhabenseins und Insichgeschlossenseins in der Welt. In der Träne kann es sich dazu erziehen, sich zu verbinden mit dem, wozu es gehört; ... bereichert es sich doch in anderer Weise mit seiner eigenen Ichheit, indem es sich zusammenpreßt.«[43]

Steiner bewundert die tief mit Weltgeheimnissen verwobene Phantasie des jungen Goethe, der seinen Faust sagen läßt: »Die Träne quillt, die Erde hat mich wieder!« Fast in den Selbstmord wird der verzweifelnde Faust getrieben. Der Erinnerung weckende Klang der Osterglocken erschüttert und rettet ihn. Die Träne wird zum Symbol des »Sichwiederfindens eines Menschen in irdische Verhältnisse«[44]; sie ist das Symptom der Wiederbefestigung des von der Auflösung bedrohten Ich. »Die Erde hat mich wieder«, das heißt, »das, was zur Erde gehört, hat sich verstärkt, indem die Tränen in die Augen schießen. Da sehen wir das innere Wachsen der Intensität des Ich in der Träne zum Ausdruck kommen.«[45]

Im Trauerspiel wird etwas vor uns hingestellt, »was tatsächlich den astralischen Leib zusammenpreßt«, im Lustspiel aber das, was ihn weitet, »indem sich der Mensch erhebt über das Törichte, über das in sich selber Zusammenfallende«.[46]

Im Wechsel von Lachen und Lustspiel, von Träne und Tragödie bewegt und entwickelt sich so das Ich voll; finden kann es sich im Leben allerdings nur in der ausgeglichenen Ruhelage.

Die Ästhetik steht bei der Darstellung von Tragischem oder Komischem unter einer gewissen Gesetzmäßigkeit. Für die Tragik gilt: Traurig stimmt das künstlerisch Dargestellte nur dann, wenn wir ahnen können, daß diese Stimmung schließlich doch besiegt werden kann. Dem bloßen Elend gegenüber fühlt sich die gesunde Seele zur

Distanzierung, zur Erhebung gedrängt. »Daher verlangen wir vom Drama, daß ein Ausblick auf den Sieg der ins Elend gefallenen Persönlichkeit«[47] geboten werde.

Rudolf Steiner war – wir werden darauf noch zu sprechen kommen – ein Feind jeglicher Sentimentalität, die immer etwas Unwahres und Geistwidriges in sich birgt. Das hoffnungslos Traurige wirkt in seiner Übertriebenheit eher abstoßend und unkünstlerisch.

Umgekehrt liegt es bei der Komik: »Über die Torheit, die uns in der Realität entgegentritt, können wir nicht lachen.« Einen Unmenschen nennt Steiner den, der dies kann. »Dagegen ist es ungeheuer gesund, über die Torheit, die dargestellt wird, zu lachen. Und es war ein gesundes Volksheilmittel, als man in Burlesken und komödienhaften Darstellungen den Leuten vorführte, wie die Torheit des menschlichen Handelns sich ad absurdum führt.«[48]

Als letzter sei nun noch folgender Polarität auf dem Felde unserer beiden Pänomene gedacht: In Einsamkeit wird die Träne echter Trauer geweint – das Lachen aber liebt Geselligkeit. Das ist die Regel. Doch unverzeihlich wäre es, den Humoristen, der einsam wandelnd still vor sich hinlächelt oder sogar in Lachen ausbricht, vorschnell zum Narren zu erklären.

Anders die zur Schau getragene Träne – sie wirkt theatralisch, peinlich unecht.

Und gar die Übertreibung! Das Tröstliche des Weinens wird durch Übersteigerung etwas anderes: ein Anlaß zu einer Art innerer Wollust. Es gibt Menschen, die »sich das innere Wohlbehagen durch die Träne bei jeder Gelegenheit verschaffen können«[49]. »Weinen kann ein Ausdruck des furchtbaren Egoismus sein … Und immer ist ein gewisses Gefühl der Befriedigung – ob man es sich nun gesteht oder nicht – mit dem Hervorbringen der Träne verbunden. Die Wollust in der Maske der Träne, wenn es sich der Mensch auch nicht zum Bewußtsein bringt.«[50] Der negative Effekt alles Übertreibens tritt auf. Das Tiefberechtigte des Weinens – das Ich will sich dadurch gegen das Schwach-Werden in sich selbst stärken! – wird etwas Unberechtigtes, Unnötiges, wenn das Gefühl, im eigenen Ich zu sein, zum Egoismus entartet. »Denn unnötiges Weinen verrät, daß, anstatt mit der Umwelt zu leben und zu fühlen, die Wollust, im eigenen Ich zu sein, eine zu große ist.«[51]

Auch das Lachen ist in Gefahr, übertrieben und dadurch unberechtigt zu werden. Es ist bekanntlich der Ausdruck des Sich-erhaben-Fühlens des Ich über die Umwelt. In diesem Gefühl liegt etwas Kerngesundes, denn das Streben, frei zu werden, kräftigt das Ich, das im Element der Freiheit lebt. Doch unberechtigt wird dies Gefühl, wenn es sich von dem Bezug zur Umwelt löst; dann wird das Lachen zum Selbstzweck. »Das tritt überall dort zutage, wo irgendein unentwickelter Mensch über einen andern lacht, weil er ihn nicht verstehen kann« oder in seiner Philistrosität nicht verstehen will, weil er zu Unrecht annimmt, es lohne sich nicht. Gewisse Menschen »lachen und meckern über alles; sie wollen gar nicht verstehen; sie plustern sich auf in ihrem Astralleib und kommen dadurch immerfort zum Lachen«.[52] Dies verrät Erkenntnisschwäche und leichtfertige Oberflächlichkeit. Damit das Ich sich in rechter Art entwickeln könne, bedarf es schon einer gewissen Schwere; es kann sich nicht andauernd von allem freimachen wollen, es muß nach der Erhebung wieder zurückfinden zum Lebensernst, der mit der Umwelt verbindet.

In der »Geheimwissenschaft im Umriß«[53] heißt es: »Wer über nichts lachen kann, beherrscht sein Leben ebensowenig wie derjenige, welcher, ohne sich zu beherrschen, fortwährend zum Lachen gereizt wird.«

Im zweiten Karma-Band spricht Rudolf Steiner geradezu von »zwei Menschentypen«: dem einen Typus sind jene Menschen zuzurechnen, die zwar alles ernst nehmen, dennoch über die vielen lächerlichen Dinge des Lebens lächeln können, dem anderen Typus jene, die »selbst die ernsteste Sache in eine Art ... von Lachen kleiden«. Verschiedene Grundzüge der Seele sind es, die so zum Ausdruck kommen. In den vorangegangenen Erdenleben liegt jeweils der Grund der Verschiedenheit: »Man wird ernst in seiner Lebensauffassung dadurch, daß die früheren Erdenleben nachwirken, richtig nachwirken. Man wird ein ewig mit dem Munde tänzelnder Schwätzer, der selbst bei den ernstesten Sachen, wenn er sie erzählt, lacht, wenn die früheren Erdenleben nicht nachwirken. Wenn der Mensch durch eine Reihe von Erdenleben oder wenigstens durch ein Erdenleben gegangen ist, in dem er wie ein halb Schlafender gelebt hat, da wird er dann im nächsten Erdenleben ein solcher, der an die Dinge des Lebens nicht mit dem nötigen Ernst herangehen kann, so daß man aus der Art, wie sich ein Mensch verhält, sehen kann, ob er seine vorigen Erdenleben wohl angewandt hat oder ob er sie mehr oder weniger dumpf verschlafen hat.«[54]

Wir müssen eben festhalten, daß Lachen und Weinen verständlich und begründet nur sind als Reaktionen auf ein gestörtes Verhältnis zur Außenwelt. Doch unberechtigt ist das töricht-hämische Gelache und der sentimental-verlogene Tränenfluß, weil sie, Selbstzweck geworden, nur Egoismus verraten. In dieser Form sind sie auch nie zu einer Synthese zu bringen, zu jenem menschlich ergreifenden lächelnden Weinen oder weinenden Lächeln, in der sich beide in der Waage halten. Homers Andromache konnte lachend weinen. »Nicht ihretwillen lacht, nicht ihretwillen weint sie. Es ist das richtige Verhältnis da zur Außenwelt, wenn sie zu sorgen hat auf der einen Seite um den Gemahl, auf der andern Seite um ihr Kind.«[55]

In Wahrheit ist es »der Gott im Menschen, welcher der Seele seine Mahnungen erteilt im Lachen und Weinen«. Das Lachen mahnt, »sich über alles Niedrige zu erheben«, das Weinen ermahnt uns zur Stärkung in sich selbst« gegen alles Schwach-Werden und Sich-verlassen-Fühlen.«[56]

Schließen wir mit einem Ausblick Rudolf Steiners auf das Wesen des von ihm so genannten Zarathustra-Lächelns: »Nun verstehen wir, wie die Befreiung, die sich über alles Niedere und Böse erhebt, ausgedrückt werden durfte durch das ›Zarathustra-Lächeln‹, und wie man sagen konnte: bei diesem Lächeln jauchzten alle Geschöpfe der Erde, und es flohen die Geister des Bösen! Denn dieses Lächeln ist das weltgeschichtliche Symbolum der geistigen Erhebung der freien Ich-Wesenheit über das, worinnen sie nicht verstrickt werden soll.«[57]

7. Vom Lachen Rudolf Steiners

Von diesem Lächeln muß gesprochen
werden; kein einziges Bild von ihm
gibt es wieder.

Andrej Belyj [58]

Das an den Anfang des vorigen Kapitels gestellte Wort vom Offen-
bar-Werden der Weltgeheimnisse durch das Lachen und Weinen
und der am Ende sich öffnende Blick auf das legendäre Zarathustra-
Lächeln – Wort und Blick in eins gedacht –, sie können die Sicht auf
das Persönlichkeitsbild von Rudolf Steiner erhellen.

Möge der große Zarathustra gestatten, daß wir noch ein wenig bei
ihm verweilen und ihn so vorstellen, wie Nietzsche es tat: als *den
leichtfüßigen Tänzer*, den fröhlichen Weisen, der nicht ernst und
gewichtig einherschreitet, sondern Weisheit und Leicht-Sinn zu
vereinen vermag. Er denkt frei, seine Gedanken sind rhythmisch
bewegt und schwerelos. Hinter den tragischen Zügen tritt das neue,
ewige Antlitz hervor, »ein Antlitz, das sich mit sanftem, traurigem
Lächeln uns zuwendet ..., dessen leuchtende Züge durchscheinend
sind vor Freude, Zärtlichkeit, Stille«. Sempre quasi crescendo haben wir aus den »Arabesken« des russischen Dichters Adrej Belyj
zitiert.

Er sei kurz vorgestellt, damit seinem Wesen gemäß verstanden
werden könne, was er zu unserem Thema beizutragen hat.

Belyj, zu deutsch der »Weiße«, ist der Deckname für einen der
beiden bedeutendsten Vertreter des russischen Symbolismus: Boris
Bugajew (1880–1934). Als dem Dichter-Philosophen im Juni 1912
zum erstenmal im Kölner Zweigraum der Anthroposophischen Gesellschaft Rudolf Steiner als Vortragender begegnete, erschien ihm
hinter dem Pult die Verkörperung eins langgehegten Bildes: der
Leichtfüßige! »Das Bild seines eigenen Seelenantlitzes trat vor ihn

hin ... Eigentlich war das, was ich erblickte, – ich selbst, wie ich mich wollte (die Ideale, die wir uns vorstellen, sind wir selbst in einem künftigen Sein) ...« Jahrelang hatte die Seele auf diesen Augenblick gewartet, nun war er da.

In seinem 1928 niedergeschriebenen Erinnerungsroman »*Verwandeln des Lebens*« bekennt Belyj in fast überschwenglicher Liebe – »Sohnesliebe« – seine unermeßliche Dankesschuld gegenüber Steiner und bezeugt: »Mit ungetrübter Freude gedenke ich Steiners; kein einziger Schatten, kein einziges Fleckchen des Zweifels. Nicht viele meiner Altersgenossen haben das Glück, an den ›Menschen als solchen‹ so glauben zu können, wie ich glaube – weil ich den ›Menschen‹ mit eigenen Augen gesehen habe. Die höchste Form aller Wirkungsformen Steiners war – der Mensch Steiner.«

»*Der Mensch Rudolf Steiner*« – so ist das 2. Kapitel überschrieben, in dem Belyj ein außerordentlich einprägsames Bild der Persönlichkeit gemalt hat; insbesondere *das Bild des »leichtfüßig«-beschwingten, heiter humorigen Steiner* ist bis in Einzelheiten künstlerisch-liebevoll ausgeführt. So dürfen wir dieses Kapitel dankbar als reiche Fundgrube nutzen und etwaige innere Vorbehalte unausgesprochen lassen, zumal der Dichter selbst zur Genüge aussetzt: nur Rohstoffe habe er zusammengetragen zu einem Skizzenbuch seiner Eindrücke vom »Doktor« (er bittet »um die Erlaubnis, ihn so nennen zu dürfen, wie wir ihn damals genannt haben«), es sei »nur eine willkürliche Aufzählung von Wirkungsweisen«. Nicht aus Bequemlichkeit kam es zu dieser Darstellungsart, sondern erst nach einem »dreifachen Schiffbruch absichtsvoller Versuche«, aus Pflichtgefühl, ein Steiner-Erinnerungsbuch zu schreiben. Demütig und als strenger Richter seiner selbst gesteht er: »Um den Ausdruck des konkreten Lebens in Steiner zu erfassen, muß man seine eigenen Grenzen erweitern; ich aber stoße in meinen Beziehungen zu ihm gegen eine Grenze, und ich beschreibe sowohl ihn als auch im gleichen Maße die ärgerliche Empfindung der eigenen Beschränktheit.«

Belyj dürfte der einzige sein, der an Rudolf Steiner psycho-physiologische Vorgänge wie das Lächeln, Lachen und Weinen, das Mienen-, Gesichtsmuskel- und Gebärdenspiel, den Blick der Augen, den Gang und manches mehr, so genau und in der reichen Vielfalt so gewissenhaft und dabei poetisch-bildhaft wahrgenommen hat, daß er sie demgemäß mitteilen konnte. Er entdeckt die »Gestalt« Steiners, weil sie als sein Urbild seit eh und je in ihm gelebt hat. Das Empedokles-Wort »Gleiches kann nur von Gleichem erkannt werden« bewährt sich: das ersehnte, bislang vergeblich in der Realität gesuchte höhere Ich des Dichters hatte leibhaft Gestalt angenommen.

»*Vielsaitigkeit*«, dies Wort wählt er zur Charakterisierung. Es ist unvergleichlich aussagekräftiger als »Vielseitigkeit«, denn es beschwört Ganzheit und bringt das Musikalische ins Spiel. »Viele Seiten« sind voneinander abgekehrt, »viele Saiten« aber tönen harmonisch im Chor zusammen, auch wenn, ja gerade weil sie verschieden gestimmt sind, und das Erklingen der vielsaitigen Leier weckt die Vorstellung vom Menschen als einer musikalischen Schöpfung der Hierarchien, herauskomponiert aus der Klangätherwelt.

Immer wieder greift Belyj zu musikalischen Bildern, um Steiners Wesen und die Art seines Wirkens lebendig zu machen. Für ihn hatte Steiner sogar in gewissen Kopfbewegungen und im »Pathos seiner gleichsam rein musikalischen Hingabe an ein Thema etwas von einem Komponisten«.

Nun zur Vielsaitigkeit des Lachens: Belyj nennt es kindlich, daneben unterdrückt oder offen-schalkhaft, übermütig oder flüchtig, leicht, bezaubernd, verschmitzt. Auch vom »Halblächeln« im Mienenspiel ist die Rede, das hinter Ernst aufleuchtet; dann wieder ist das Lächeln ein Teil des »wortlosen Gesprächs«, oder es ist »therapeutisch«. Das Lachen oder Lächeln sei bisweilen begleitet gewesen von einem Zwinkern der Augen und einer Bewegung der zahllosen Gesichtsfältchen, es zeigte eine Neigung zum Paradoxen, vielleicht sogar zur Verspieltheit.

Wir erinnern uns gern: recht spät, erst im Alter von 23 bis 28 Jahren in seiner Wiener Hauslehrer-Zeit hatte Rudolf Steiner »mit großer Befriedigung« das Spielen gelernt, um es den Kindern beibringen zu können. Christian Morgenstern hat bekanntlich beobachtet, in jedem echten Manne stecke ein Kind, das spielen will. –

Belyj fiel auf: »Mitten in der Erörterung ernster und verantwortungsvoller Angelegenheiten« – ja auch im Fluß der Rede konnte er sich »an einem Wortspiel delektieren«, es ins Groteske übertreibend auskosten. Aufblitzende »Funken des Lachens konnte man mitten im Ernst eines Gesprächs erhaschen«.

Die Vielfältigkeit der Äußerungen des Lachens hing zusammen mit der Steiners Wesen eigentümlichen außergewöhnlichen *Wandlungsfähigkeit*. »Er war alles, alles«, weil er sich dem Andersartigen anzuverwandeln wußte. So war auch sein Lachen von großer Variationsbreite und blitzschnell variabel.

Hierfür ein Beispiel: Im Verlauf einer zermürbenden Mitgliederversammlung der Anthroposophischen Gesellschaft, in der es darum ging, Konflikte beizulegen, um die Weiterarbeit am Goetheanum-Bau möglich zu machen, hatte Rudolf Steiner mit schärfsten Worten eingegriffen – »sein Donnern war schrecklich; aber noch schrecklicher war die eisige Stille, die ihn umgab«. Ohne eine Lösung gefunden zu haben, ging man in bedrückter Stimmung auseinander. Am gleichen Abend waren Belyj und Frau bei Steiners zum Abendessen eingeladen. Zögernd und beklommen fanden sie sich ein. Da sahen sie zu ihrem großen Erstaunen, wie Steiner sich im Eßzimmer die Stiefel auszog. »Er schaute zu Fräulein Waller hoch, die wohl etwas Komisches gesagt hatte, und lachte aus vollem Herzen, wie ein Kind; ich werde nie seine Augen vergessen: in diesem Augenblick waren es die Augen eines Kindes; auf dem Tisch stand ein Strauß roter Rosen, und ich erinnere mich, wie er uns im Flur stehen sah und hinter diesem Strauß mit der Hand winkte, um uns ins Eßzimmer hereinzuholen; und auch in dieser Gebärde mit der Hand lag kindliche Ausgelassenheit; den ganzen Abend war Steiner gut aufgelegt und scherzte; er lachte viel; oft scherzte er, als wollte er auch uns dazu ermuntern.« Zusammenfassend heißt es dann: »Er hatte die Gabe des Lächelns (ein Charmeur war er nie), die Fähigkeit zur unvermittelten, herzlichen Äußerung, ein Riese an Kraft der Herzlichkeit. Sein Lächeln hätte erdrückend wirken können, wenn er es nicht gedämpft hätte, wo es angebracht war. Sein Sonnenlächeln kannten viele, wir sprachen davon. Von diesem Lächeln muß gesprochen werden; kein einziges Bild von ihm gibt es wieder.« Und doch, es bleibt ein »schwer zu beschreibendes Lächeln«. Belyj sucht nach einem Vergleich: »Womit könnte ich sein Lachen – das offene oder das unterdrückte – vergleichen? Ein solches Lachen habe ich bei keinem anderen je erlebt: es war zwar nicht das polternde Gelächter Vladimir Solovjovs, aber die gleiche Vorliebe für Schalk, der sich mit Ernst verflocht und manchmal den höchsten Ernst verbarg: der lachende Solovjov hatte einen schrecklichen Mund, der Mund Steiners war von hinreißendem Charme, er erweckte die Impression einer aufblühenden Rose.«

Der polare Hintergrund der Heiterkeit war Traurigkeit, die streng und groß wirkte. Der Schalk Steiners war »die Erscheinung einer höheren Ordnung«. Über ihn kann man, nach Belyj, nur sprechen, »wenn der Hintergrund dieses Schalks klar und deutlich feststeht; ein für allemal: Steiner ist grenzenloser Ernst, grenzenlose Strenge, grenzenloser Schmerz, grenzenlose Liebe«.

Nur von einem Fall weiß Belyj zu berichten, in dem den »Doktor« die Rührung übermannte: »Bewegt erzählte mir der verstorbene T. G. Trapesnikov von der Gewalt der inneren Teilnahme des Doktors an ihm: nach einem Entschluß, den Trapesnikov gefaßt hatte, war die Ergriffenheit des Doktors vor dem moralischen Prozeß, den Trapesnikov durchgemacht hatte, so stark, daß ihm die Tränen kamen.« »Er war nicht im mindesten sentimental; er wirkte eher spröde, namentlich gegenüber den Versuchungen der Sentimentalität. Und aus eben diesem Grunde war Trapesnikov von Steiners ›Gabe der Tränen‹ so tief erschüttert.«

So gern Steiner unter seinen Anhängern die alten Damen hatte: seine Späße über die »Tanten« seien mitunter »grausam« gewesen, berichtet Belyj. Der später auch auf »Onkel« ausgedehnte Ausdruck »Tanten« war eine Erfindung Steiners für »Anthroposophen, die durch ihre dogmatische Haltung die Anthroposophie zum Zerrbild machten«. Die Tantenwitze seien zahllos gewesen; unter deren »Peitschenhieben« bezichtigten sich die »Tanten« gegenseitig des »Tantentums«.

Aus verschiedenen Quellen gespeist schien Belyj das seltsame Phänomen der Lachlust Rudolf Steiners. Er nennt sie »verfremdend« und verdeutlicht es so: »Bis zum Unheimlichen waren die Äußerungen seiner Lachlust durch ihre Unmittelbarkeit verfremdet« vor dem Hintergrund der trauernden Strenge, die ihn erfüllte, – »bis zum Erschrecken verfremdet«.

Eine ganze Reihe von Beispielen solcher »zuweilen unterdrückter Ausbrüche von Lachlust« – eines köstlicher als das andere – wird vorgeführt. Wir greifen nur Proben heraus.

»Der leere Ärmel«: »Eine Dame, die die Prätention hatte, ihren Mann am Gängelband zu führen, ging neben ihrem Gatten den Dornacher Hügel herunter und hielt ihn am leeren Ärmel seines über die Schultern geworfenen Mantels fest; sie begegneten dem Doktor; sie grüßten, er grüßte zurück, aber dann blieb er stehen, ließ sie vorbeigehen und sah sie erstaunt und aufmerksam an; als der Gatte der selbstbewußten Dame nach dem Doktor sich umdrehte, weil ihn sein aufmerksamer Blick stutzig gemacht hatte, sah er folgendes Bild: der Doktor steht unbeweglich und schaut ihnen nach; er hält sich die Hand vor den Mund und lacht, ganz allein, vergnügt hinter ihnen her ... Aber dieses komische Bild des am leeren Ärmel mitgezogenen Mantels (nicht des Menschen: der Mensch ging von selbst, und es sah nur so aus, als ob er geführt würde) erwies sich für das Schicksal dieses Paares als symbolisch. Steiner lachte, weil er an einer äußeren Situation die komische Prätention gesehen hatte.«

Ein weiteres Beispiel: »Wenn der Doktor so recht lachlustig war, konnte er sogar ... sich über jemand lustig machen: er zeigte mir einst das Bild einer Chimäre von Notre Dame und sagte verschmitzt: ›Schauen Sie, Fräulein Sowieso behauptet, sie habe Ähnlichkeit mit dieser Chimäre. Tatsächlich, diese Chimäre wirkte wie eine Karikatur von Fräulein Sowieso. Und damit nicht genug: Steiner stupste mich mit dem Finger an und fügte mit einem so angestrengt unschuldigen Gesicht, daß man nicht umhin konnte, diese Unschuld zu bezweifeln, hinzu: ›Sie verstehen: ich sage es nicht. Fräulein Sowieso hat das gesagt.‹«

Nun »Die vier Flügel«: »HabenSie schon gehört, was der Doktor über die X gesagt hat?« wurde Belyj eines Tages gefragt. »Nein.« – »Er kam zu mir (Rychter) ins Atelier, setzte sich in einen Sessel, stemmte die Hände auf die Knie und sagte: ›Wissen Sie, Rychter, Frau X hat zwei Paar Flügel.‹ Dieses unvermittelte Paradox ›Zwei Paar Flügel‹ bezog sich wahrscheinlich auf die erstaunliche Gespaltenheit der Interessen der X: sie strebte wie auf Flügeln zur Mystik und gleichzeitig mit einem andern Paar Flügel – zum Flirt. ›Zwei Paar Flügel‹, das war eine versteckte Mißbilligung; und zudem ein Aphorismus des Doktors, der offenbar Frau X bei ihren gleichzeitigen Ausflügen in entgegengesetzte Sphären interessiert beobachtete.«

Abschließend noch dieses: »Eines Tages präsentierte ich Steiner eine Zeichnung, die zwei ›Throne‹ darstellen sollte; bei meinem Unvermögen, ein menschliches Gesicht zu zeichnen, boten sich den Blicken Steiners zwei derbe Fratzen mit Pfannkuchenbacken, sorgfältig koloriert; über das Gesicht Steiners blitzte das Lachen, aber er beherrschte sich und sagte bloß: ›Oho!‹ Er ging auf die Fratzen nicht ein, sondern erörterte den Sinn meines Schemas, aber auf seinem Gesicht sprühten noch lange die Funken des Lachens.«

Worin lag nun das Unheimliche, sogar Erschreckende dieser Lachlust? Offenbar im Subjektiven: Die polare Spannung, der Gegensatz von Ernst und Heiterkeit wirkte in seiner Kraßheit auf die überempfindsame Seele des Russen unheimlich, sie konnte den Stimmungsumschwung nicht ohne Erschrecken mitmachen, der Schock war zu stark, um sich sogleich über ihn erheben zu können.

Aber im Schlußsatz tritt der objektive Gesichtspunkt doch hervor: das wortlos Gewissen-Weckende, der Heiterkeits-Funke, das *Erzieherische*, auf das Belyj ja auch hindeutet, wenn er einmal von dem »therapeutischen« Lächeln Steiners spricht. Dann ist es aber angemessener, nicht von Verfremdung, sondern von *Enthüllung* zu sprechen.

Die befremdlich wirkende Schalkhaftigkeit hatte symbolische Bedeutung; dies wurde mitunter erst nachträglich erkennbar. – Die *Woloschin*[59] »rümpfte einmal die Nase und sagte zu mir (Belyj): ›Ach, diese Späße des Doktors! Ich finde sie etwas plump!‹« Belyj stimmt sogar zu, bemerkt aber, hinter diesen etwas plumpen Scherzen habe sich oft eine ganz feine Parodie verborgen. Belyj hat am eigenen Leibe erfahren, daß man hinter dieses Geheimnis erst spät, mitunter erst nach zwölf Jahren kommen konnte: Als er einmal echt verzweifelt ausrief, er sei so unvollkommen, empfand er die »Antwort« Rudolf Steiners: »Aber Sie haben doch ein gutes Buch geschrieben!« als »unpassend und befremdlich«, beinahe herausfordernd und kränkend. Erst nach Jahren offenbarte die Antwort und der Ton derselben (!) ihren Sinn. »Es war eine symbolische Antwort, und das Schalkhafte des Tonfalles war eine verfremdende Schalkhaftigkeit.« Belyj erinnert sich nun seiner eigenen Worte

vom »Weisen als Spaßvogel«; zwölf Jahre vor dem Gespräch mit
Steiner hatte er sie gesprochen. Und nun – 1928 – wagt er den kühnen
Satz: »Der Doktor war ein solcher Spaßvogel«. Er verstößt nicht
gegen den schuldigen Respekt, denn aufschlußreiche Sätze folgen:

»Er war imstande, vor seinen Schülern, wenn er es für angebracht
hielt, die Geisteswissenschaft wie die ›Fröhliche Wissenschaft‹ zu
betreiben; in solchen Augenblicken wirkte er leichtfüßig; nebenbei
bemerkt: er hatte wirklich einen sehr leichten Gang; wenn man ihn
morgens den Dornacher Hügel hinaufsteigen sah, konnte man meinen: da kommt ein schlanker Jüngling gelaufen; wie seltsam, daß
dieser Jüngling einen Gehrock mit flatternden Schößen trägt; dann
erst sah man, daß es der Doktor war; zügig und leicht stieg er den
Hügel hinauf und eilte von einer Baracke zur anderen; mühelos
kletterte er auf die Gerüste, bis unter die Kuppel, und dort noch
höher, auf Kisten, um neben den Arbeitenden aufzutauchen und
ihnen seine Gedanken über eine Form zu erläutern; wenn er Marija
Jakovlevna [Marie Steiner] begleitete, schwebte er, langsam, Arm in
Arm mit ihr, neben ihr her; aber wenn er allein zurückkehrte, eilte
er mit kurzen, leichten Schritten den Hügel hinab, er schien zu fliegen, überholte die langsam gehenden Arbeiter, bog stürmisch um
die Ecke; eilte mit wehenden Rockschößen durch den Vorgarten
der Villa Hansi; das ist ein Bild, das ich unzählige Male gesehen
habe, weil unser Häuschen direkt gegenüber dem Häuschen von
Steiner lag.«

Selbstverständlich, in dieser leichtfüßigen Grazie des Ganges,
dem (nach Ansicht der Eurythmistinnen) »eurythmischen« Schrei-
ten Steiners lag das im eigentlichen Wortsinne Erhebende der Humor-Stimmung; nach Vogelart die Schwingen spreitend, Spaßvogel – er überblickt aus seiner Perspektive das irdische Geschehen.
Doch dürfen die wohlbedachten Worte: »... wenn er es für angebracht hielt ...« nicht übersehen werden!

Nun verstehen wir noch besser, daß Belyj von etwas Verfremden-
dem im Steiner-Lachen sprach. Es mag tatsächlich etwas zu seinem
wahren, dem strengen und großen Wesen nicht so recht Passendes,
scheinbar Artfremdes gewesen sein. Aber gerade dieser »komische«
Widerspruch wirkte scharf konturierend, wach-machend, erziehe-
risch, erkenntnisfördernd. Im Physiologischen – des Mienenspiels in

diesem Falle – spiegelt sich am deutlichsten das Geistige; es ist die wortlose Sprache der Bewußtseinsseele. –

Abschließend nur noch zur Klarstellung: Belyj wird zustimmen, wenn wir sein Moment der Verfremdung für den *Humor* Rudolf Steiners *nicht* gelten lassen. Dieser gehört durchaus zum Wesen der Persönlichkeit, zu dem, was Belyj »Substanz« nennt, während er den »Schalk« dem Bereich der Erscheinungen zuordnet: »Lachlust und Schalk sind die gelegentlich aufflackernden Akzidentien dieser Substanz, gelegentlich, nicht sehr oft und vor allem nicht für alle!« Der Humor hingegen ist keine Zutat (Akzidens), sondern ein nicht-wegdenkbares Element der Geistgestalt.

Eine Schicksalsfügung war es sicherlich, daß gerade einem russischen Dichter und Philosophen, einem Symbolisten vom Range Belyjs, mit dem feinen Gehör für das Unausgesprochene und mit dem untrüglichen Gespür für das Seelisch-Ertastbare, die Gelegenheit geboten wurde, vier Jahre hindurch im engen Verkehr mit dem Eingeweihten des 20. Jahrhunderts genau zu beobachten, um der Nachwelt Kunde geben zu können.

Fast überbescheiden betont Belyj das Skizzenhaft-Unvollständige seiner »Kunde«: »Das Gesamtbild wird erst entstehen, wenn man Hunderte von Erinnerungen hinzufügt, die mich ergänzen und verbessern werden.«

Aber selbstverständlich – er soll nicht der einzige bleiben, der zu Worte kommt, wenn vom Lachen Steiners die Rede ist. Nun sind die weniger ausführlichen Berichte der zeitgenössischen Mitarbeiter Rudolf Steiners erfreulicherweise nicht nur zahlreich, sondern auch inhaltlich recht verschieden. Das beruht nicht nur auf der Subjektivität des Erlebens und der Beobachtung; es hat auch im Objektiven liegende Gründe. So kommt es sehr stark darauf an, welcher Art die Zusammenarbeit war. Hinzu kommt die im persönlichen Verkehr überaus fein differenzierende Art Rudolf Steiners. Sie war eine Folge seiner geheimnisvoll-starken Wandlungsfähigkeit, von der wir schon sprachen. Jeder, der ihm entgegentrat, hatte es nicht nur mit »seinem« Steiner zu tun, sondern mit einem jeweils anderen Rudolf Steiner. Doch den »leichtfüßigen«, lachlustigen lernten – wie Belyj bezeugt – keineswegs alle, sondern im Gegenteil nur wenige kennen.

Wenige Monate vor Belyj trat eine andere zu ihm in fast polarem Gegensatz stehende hervorragende Persönlichkeit in den Wirkungskreis um Rudolf Steiner: *Friedrich Rittelmeyer* (1872–1938), der Mitbegründer und erste Leiter der Christengemeinschaft. Tiefer sittlicher Ernst spricht aus jeder Zeile seines an vielen Stellen ergreifenden Berichts »Meine Lebensbegegnung mit Rudolf Steiner«.[60] Wenn nicht bisweilen Lichter einer leisen Selbstironie aufleuchteten, könnte man von einem durchgehend strengen Ernst der Darstellung sprechen; sie wirft gegen das Ende immer dunklere Schatten, bis wir erschüttert die Schilderung der von Rittelmeyer selbst zelebrierten Bestattungsfeier am Karfreitag des Jahres 1925 vernehmen.

Während Belyj bei seiner ersten Begegnung mit Steiner in ihm sein eigenes Idealbild erlebt – wir werteten es als erkenntnisfördernd –, gesteht Rittelmeyer freimütig: »Er war mir in vielem fremd, ein Mensch ganz anderer Art. Gerade dadurch aber fühlte ich mich ihm gegenüber frei und in meinem Urteil sicher.«[61] Die anfängliche Fremdheit erklärt die bei Rittelmeyer lange vorherrschenden Zweifel und das nur langsam aufkeimende, dann aber unerschütterliche Vertrauen zu Steiner. Aber wir wollen auch dafür Verständnis haben, daß Steiners Heiterkeit, sein Lachen, seine »Leichtfüßigkeit« von dem ernsten Gottesmann nur wenig oder gar nicht bemerkt wurde, wohl einfach deshalb, weil ihm nur der ebenso tiefernste Steiner entgegentrat und sichtbar wurde. – Aber wenn man genau hinschaut, stößt man immerhin auf zwei wenn auch nicht »lachhafte«, so doch humorige Stellen.

So bemerkt Rittelmeyer, er habe auch bei echter Menschlichkeit des Gesprächs »immer« Steiners »Überlegenheit« empfunden; dennoch sei bei ihm die Ehrfurcht nicht so dominierend gewesen, daß er nicht ungeniert dazwischengefragt hätte: »Schauen Sie sich dabei jetzt eigentlich die ganze Zeit meine Aura an?« Und nun beobachtet Rittelmeyer: »Damals flog über sein Gesicht ein fast unmerkbares Lächeln.« »Darauf muß ich mich schon immer besonders einstellen«, sagte Steiner gemütlich. »Aber es ist bei Ihnen nicht so schwer.«[62]

In einem kurzen Schaltsatz wird Rudolf Steiners Freude am Humor festgestellt, allerdings nicht, ohne daß gleichsam entschuldigend vorausgeschickt wird: »Irgendwo muß doch einmal erzählt werden, mag es auch manchem nebensächlich erscheinen, wie Rudolf Steiner als Mensch im Alltag war.« Und nun der Schaltsatz: »Die Gespräche, die wir damals führten, reichten vom harmlosen Witze-Erzählen – wobei Rudolf Steiner eine jugendlich unbefangene Freude an allem Humoristischen hatte – bis zu den ernstesten Gesprächen über die Menschheitszukunft hinauf.«[63] Rittelmeyer war ein exakter Beobachter, dem Einzelheiten nicht entgingen. So nahm er genau wahr, wie er beim langsamen Ersteigen der Treppe zu Steiner hinauf von diesem »höchst aufmerksam« betrachtet wurde. Während des anschließenden Gesprächs dann wieder eine scharfe Beobachtung: »Nichts bewegte sich an ihm. Nur das obere der beiden übereinandergeschlagenen Beine redete von seiner geistigen Lebendigkeit.«[64] So konnte er auch als »stark und tief« wahrnehmen »die außergewöhnliche Geisteskraft und Beweglichkeit (!), mit der Steiner sein Gesicht immer neu modellierte. Bald sah er ganz jung aus, bald männlich mächtig, bald frauenhaft zart; bald wie ein trockener Lehrer, bald wie ein begeisterter Dionysos. Diesen Wechsel beobachtete ich mit wachsendem Interesse. So etwas war mir noch nicht begegnet. Gegenüber anderen Rednern, die ich gehört, war hier vielleicht die zehnfache Wandlungsmacht, mindestens. Und ein nie gesehener Umfang von inneren Möglichkeiten.«[65]

Es gab Dinge an Steiner, die Belyj fast in Begeisterung versetzten, auf Rittelmeyer aber keinen besonderen Eindruck machten: »... der Pelz, in dem er kam, der Zwicker, mit dem er die Anwesenden musterte, die auffallende schwarze Halsbinde.«[66] Für Belyj war die »Halsbinde« ein prachtvoller seidener Schal.

Ilona Schubert schildert in ihrem Erinnerungsbüchlein »Selbsterlebtes im Zusammensein mit Rudolf Steiner und Marie Steiner«[67] eine fröhliche Szene im Zusammenhang mit Steiners umstrittener Krawatte. Als junge Eurythmie-Schülerin wurde sie zu ihrer größten Freude bei einem Mittagessen von Rudolf Steiner zum gemeinsamen Besuch der »Meistersinger« in der Stuttgarter Oper eingeladen. Plötzlich aber – beim schwarzen Kaffee – sagte Steiner: »Ja so, ich kann ja gar nicht ins Theater gehen!« Und darauf von Frau Doktor nach dem Grund befragt, mit einem verschmitzten Seitenblick auf Ilona, die den Tränen nahe war: »Ich habe keine schöne

Krawatte, und mit der alten kann ich mich mit Ilona nicht sehen lassen!« – »Wie haben wir alle gelacht! Es war nur ein Spaß – aber die neue Krawatte wurde beschafft.«

Am Abend ging eine größere Gesellschaft ins Theater. »Ilona durfte neben dem Doktor Platz nehmen, denn er hatte gesagt, ›Ich muß aber neben Ilona sitzen, ich muß ihr einiges erklären‹, und an der Stelle, wo Stolzing die Straße herunterkommen sollte, sagte Dr. Steiner nicht eben leise: ›Jetzt kommt er, jetzt kommt er!‹ Es machte ihm offensichtlich Spaß. Er wurde aber von den Umsitzenden mit ›Pst‹-Rufen bedacht, worauf er mir zuflüsterte: ›Wir müssen leiser sein.‹ *Ich* hatte ja kein Wort gesagt. Bei der Beckmesser- und der Prügelszene hat er so gelacht, wie ich es selten sah. Er hatte ersichtlich große Freude.«

In der Pause wurde noch ein erheiternder Anachronismus besprochen: »… daß am Haus von Hans Sachs ein Holunderbaum stehen müsse, obwohl Sachs vom Flieder singt; aber zu Johanni blüht ja kein Flieder mehr – in manchen Gegenden nennt man den Holunderbaum Flieder.«[68]

Mehrmals noch war Ilona mit Steiner im Theater. Wieder bei einem Mittagessen – diesmal in Mannheim – wurde beschlossen, gemeinsam ins Theater zu gehen. Die »Fledermaus« sollte gegeben werden. Dr. Steiner war begeistert. »Er fing sogar an, einige Takte daraus zu summen, und sagte: ›Haben Sie die Fledermaus auch so gern?‹ Darauf erwiderte ich, daß ich sie nicht kenne, denn damals fühlte ich mich viel zu ›erhaben‹, um in eine Operette zu gehen! Aber Dr. Steiner meinte: ›Das muß man unbedingt kennen, das ist eine klassische Musik.‹ So war wieder eine große Gesellschaft am Abend im Theater versammelt, und wir waren alle sehr vergnügt. Am ausgelassensten war beinahe Dr. Steiner selbst. Da kam der Wiener, der seinen Walzer-Strauß kannte und liebte, durch. Und wie er ihn kannte! In den Pausen bereitete er uns schon immer auf die Scherze des nächsten Aktes vor, und ich bemerkte, daß er während des Spiels ab und zu unsere Reaktionen beobachtete. Als wir dann in Dornach die Humoreske ›Die Fledermaus‹ von Christian Morgenstern übten, wollte er, daß man vor Beginn des Gedichtes ein paar Takte aus der Operette spielen solle. Frau Dr. Steiner meinte, das gehe wohl doch nicht gut. Aber Herr Doktor fragte:

›Warum denn nicht?‹ und sang mit lauter Stimme verschiedene Takte vor. Wir fanden das natürlich herrlich, und so wurde das dann auch tatsächlich immer.«[69]

8. Eurythmie

Die Eurythmie – »eines seiner liebsten Geisteskinder« (Marie Steiner) – steht mit Heiterkeit und Humor in engem Bunde. Ist nicht die Leichtfüßigkeit, das Beseelt-Beweglich-Leichte, das von Gefühl Durchwärmte, Geistgetragen-Anmutige Kennzeichen beider, der Eurythmie sowohl wie des echten Humors?

Vor allem aber: *Bewegung ist beiden verschwistert.* Eurythmie ist eine Bewegungskunst. Die übersinnlichen Bewegungen, welche der den Sprachorganen zugeordnete Teil des Ätherleibes beim Sprechen naturgemäß ausführt, werden umgewandelt in Bewegungen des physischen Leibes. Ebenso beruht Humor samt allem, was mit Heiterkeit zusammenhängt, auf Bewegung.

Wir haben ausführlich dargelegt, daß Lachen und Weinen mit entgegengesetzt gerichteten inneren Bewegungsvorgängen einhergehen: Anstoßgebend ist, hellseherisch wahrnehmbar, in jedem Falle das Ich: von ihm geht, indem es sich aus dem Astralleib zurückzieht, das Lachen, indem es sich in ihn hineinpreßt, das Weinen aus. Der Astralleib weitet oder verengt sich, gibt diese Bewegung an den Ätherleib und dieser an den physischen Leib weiter. Dort kommt es zu einer Verbreiterung oder Zusammenziehung der Gesichtsmuskulatur, die das Lachen bzw. das Weinen kennzeichnen. Geistige Vorgänge lösen physiologische Vorgänge aus. Diese Bewegungsabläufe sind überdies mit dem Atmungs- und Stoffwechselgeschehen gekoppelt: Lachen und Weinen verändern den Atemrhythmus. Lachen verlängert das Ein- und verkürzt das Ausatmen, beim Weinen ist es umgekehrt. Die Bewegung des Speisebreis in den Verdauungsorganen wird mit derjenigen des Zwerchfells durch das Lachen beschleunigt, durch Traurigkeit verlangsamt. – Und wir dürfen annehmen, daß jede heitere Stimmung – schon wenn Heiterkeit leise erst sich regt, Komisches uns nur berührt oder leichteste Schatten von Traurigkeit heraufziehen – Bewegungscharakter hat im Übergang vom Geistig-Seelischen zum Seelisch-Leiblichen.

So ruhen Eurythmie und Humor auf dem gemeinsamen Grunde der Bewegung und erweisen sich dadurch als spezifisch menschliche Wesensäußerungen; denn »die menschliche Gestalt ist nur als festgehaltene Bewegung verständlich, und die Bewegung des Menschen offenbart erst den Sinn seiner Gestalt«.[70]

Nun wollen wir noch ein wenig bei dem lebensvollen Bericht von *Ilona Schubert* verweilen. Möge sich ein Hauch der ihn durchwehenden jugendlich beschwingten Heiterkeit mitteilen. Bei aller mitunter fast ausgelassenen Fröhlichkeit beherrschte strengste Disziplin die werkversunkene Arbeit; sie ließ keine Spur von Oberflächlichkeit aufkommen. »Täglich fast gab es neue Anregungen, neue Aufgaben. Es war ein ungeheuer intensives Schaffen und Gestalten. Tiefster Ernst wechselte ab mit köstlichem Humor. Es gab oft viel zu lachen.«[71]

Anlaß hierzu gab Ilona Schubert (damals noch Bögel) selbst: »Beim Erstauftritt in der Morgenstern-Humoreske ›Bim-Bam-Bum‹ konnte ich, als letzte auf der Bühne verbleibend, den Ausgang aus den schweren Samtvorhängen nicht finden. Wie ich verzweifelt herumtastend den Vorhängen entlangrannte, ohne die Öffnung finden zu können: das muß sehr lustig ausgesehen haben, denn das Publikum klatschte immer mehr, und ich wurde immer verzweifelter. Endlich öffnete sich das Gefängnis. Hernach tröstete Rudolf Steiner: ›Das haben Sie großartig gemacht, es war ein prachtvoller Abgang.‹«[72]

Das Darstellen der luziferischen und ahrimanischen Wesenheiten war der verschieden gestalteten Bewegungsformen wegen schwierig und gelang lange Zeit nicht so recht. »Dr. Steiner machte nur eine kurze lakonische Bemerkung: ›Ihre Luzifere sind ja Nudeln und Ihre Ahrimänner Taschenmesser. Sie müssen Blitze und Schlangen sein!‹«[72] – Dieses entsprach der Vorstellung, die Rudolf Steiner von einem Eurythmisten hatte:

»Ein Eurythmist, der sich während des Probens hinsetzt und müde ist, das ist etwas Fürchterliches, weil das gerade so ist, als wenn der Mensch plötzlich erstarren würde, als wenn er Starrkrampf kriegte … wenn irgendeine kleine Pause kommt, da setzen sich solche Eurythmisten hin. Ich glaube, ich werde ganz blaß dann, weil mir das Blut erstarrt von diesem ganz unmöglichen Anblick einer müden Eurythmistin ... Ich sage also nicht: Sie sollen sich nicht hinsetzen, wenn Sie müde sind; aber ich sage: Sie sollen sich dann als Karikatur eines Eurythmisten fühlen!«[73]

Nun sind wir aber der Entwicklung vorausgeeilt. Die wiedergegebenen Szenen spielten in der Zeit um 1919; damals stand die Eurythmie bereits im siebenten »Lebensjahre«. *Ihr Geburtstag ist der 16. September 1912.* So bezeugt es die »Ureurythmistin« Lory *Maier-Smits.* Ihr verdanken wir mehrere auf unmittelbarem Erleben beruhende, höchst aufschlußreiche Berichte.[74]

Mitte Dezember 1911 hatte die Mutter der damals siebzehnjährigen Lory von Rudolf Steiner Hinweise für die von dieser erstrebte gymnastische oder tanzkünstlerische Ausbildung erbeten. Frau Clara Smits sprach auch von einer Idee, die in ihr aufgeleuchtet war, als sie am 3. Februar 1910 in Berlin Steiner über »Lachen und Weinen« vortragen hörte[75], nämlich von der Möglichkeit, eine auf ätherischen Bewegungsimpulsen beruhende Tanzkunst zu schaffen. Dies hatte bei Steiner starkes Interesse geweckt, weil er selbst eine solche Kunst als *lebensnotwendig für das Ganze der anthroposophischen Erkenntnis* hielt. Und er erklärte sich spontan bereit, die notwendigen Anweisungen zu geben.

Nach tastenden Vorarbeiten kam es, am 16. September 1912 beginnend, in Bottmingen, einem Vorort Basels, zum »ersten Kurs« mit Lory. Nach der 10. Unterrichtsstunde schlug die mitanwesende Frau Marie von Sivers auf die Frage Rudolf Steiners wie selbstverständlich den Namen »*Eurythmie*« für die neue Kunst vor, und Steiner stimmte freudig zu.

Die neue Kunst erwies sich als sehr fruchtbar und entfaltete sich rasch. Mögen auch viele Bewegungselemente auf die altgriechische Mysterienkultur zurückgehen, im Wesen gelang doch eine in ihrer Zeitgemäßheit eigenständige Schöpfung, und sie war von Anbeginn durchstrahlt von Heiterkeit.

Wir greifen aus dem Bericht von Frau Lory Maier-Smits einzelne Vorgänge heraus, die diesen Einschlag aufweisen.[76]

Eines Tages ergab sich während des ersten Kurses ein kleiner – wie Frau Lory glaubt, nicht unbeabsichtigt herbeigeführter – Zwischenfall, als Rudolf Steiner mit seinem Bleistift den Anapäst sehr energisch und akzentuiert auf die Tischplatte klopfte: i, i, *I*. »Bei der Länge aber, bei dem I, sprang die Hülse von dem Bleistift und flog unter den Tisch. Es war sehr eng in dem kleinen Zimmer, besonders auch unter dem Tisch, und es war nicht so ganz einfach, die Hülse wiederzufinden und sie Dr. Steiner zu geben. Sie aber flog zum zweiten und dritten Mal herunter bei seinem energischen i, i, *I*. Als ich das dritte Mal wieder auftauchte, dachte ich lebhaft an den berühmten Grenzstein, von dem Dr. Steiner so gern erzählte. In seiner Heimat sei es immer sehr feierlich zugegangen, wenn ein neuer Grenzstein gesetzt oder ein alter versetzt wurde. Das ganze Dorf, Pfarrer, Lehrer, Apotheker, Bürgermeister, kurz die ganze Obrigkeit, aber auch alle Kinder seien versammelt gewesen, und in dem Augenblick, wo der Stein feierlich an seine Stelle gesetzt wurde, gab der Herr Lehrer einem der Buben eine ganz kräftige Watschen, denn der sollte für alle andern, für sich, seine Kinder und Kindeskinder wissen und bezeugen können: Hier, an dieser Stelle, und nirgends anders muß er stehen. Und so weiß ich auch für viele Kinder und Kindeskinder: Es muß ein Anapäst sein und nichts anderes!«[76]

Um die Heiterkeit einer Körperbewegung zu markieren, zeichnete er eine bestimmte Linie. »Ich kann nicht sagen«, bekennt Lory, »wie sehr ich diese Stellung geliebt habe, hatte man doch Rudolf Steiner so oft mit dieser Bewegung die Menschen begrüßen sehen, die glücklich waren, wieder einmal seine Vorträge hören zu können ...« Auf meine Frage, wie oft hintereinander man die Übungen machen sollte, meinte Dr. Steiner: siebenmal, das wäre die gesündeste und auch selbstverständlichste Zahl. Ich sollte nur einmal gesunde Burschen, die sich hauen, beobachten, die würden auch erst nach siebenmal aufhören!«[76]

Lory Smits berichtet weiter, Rudolf Steiner habe sie in der 6. Unterrichtsstunde am 21. September 1912 gefragt: »Wissen Sie, daß nur ein ichbegabtes Wesen lachen und weinen kann? Daß nur der Mensch, niemals aber ein Tier lachen und weinen kann? Und so wollen wir die beiden Möglichkeiten, wie das Ich im Lachen oder Weinen der Welt gegenübersteht, auch durch zwei Arten in der Gestaltung der Bewegungen zum Ausdruck bringen. Nämlich durch

Spreizen und Ballen … Empfinden lernen sollte man in jedem Spreizen eine Erhebung des Innern über das Äußere, so daß dieses Innere lachend herabschaut auf alle Unbilden der Außenwelt.«[77] Fühlt sich aber das Innere (das Ich) zu schwach, um sich zu behaupten, wird es versuchen, durch Zusammenballung seiner Kräfte in einem Punkt derselben bewußt zu werden, so wie im physischen Leib aus der zusammengepreßten (sich ballenden) Tränendrüse im Weinen zuletzt die Tränen herausgepreßt werden.

Im Lauteurythmiekurs 1924 hat Rudolf Steiner eine *Heiterkeitsgebärde* gegeben. Sie besteht darin, daß der Eurythmisierende auf den Fußspitzen stehend die Arme in die Höhe reckt und hierbei die Finger möglichst spreizt und überdies noch bewegt; dies wirkt wie Lachen, und »diese *Heiterkeits-Lachgebärde* ist außerordentlich anmutig«. Schalkhafte Ironie kommt zum Ausdruck, wenn die Zehenspitzenstellung mit der S-Gebärde (Schlangenlinie) verbunden wird.[78]

Am 26. April 1913 nach dem »wie meist in Gegenwart Rudolf Steiners sehr heiteren Mittagessen« konnte Lory Maier-Smits sieben Monate nach dem Bottminger Kurs das Ergebnis der Arbeit vorführen, die sie mit drei jüngeren Schwestern, einem Buben und zwei später hinzugekommenen fast Gleichaltrigen (Annemarie Donath-Dubach und Erna Wolfram-Deventer) geleistet hatte. Bei den mit bravouröser Geschicklichkeit vorgemachten Stabübungen wurde es »sehr vergnügt und geräuschvoll«. Lory erinnert sich: »Wie vergnügt war er und wie elegant seine Bewegungen!« Und sie wurde gelobt: »›Die Lory geht ganz richtig. Sie geht nämlich wie ein Seiltänzer oder wie ein Wilder im Urwald.‹ … Dr. Steiner war von Nummer zu Nummer immer heiterer und wir durch seine freudigliebevolle Zustimmung immer beschwingter geworden.« Aus dieser beschwingten Heiterkeit erwuchs auch das erste Eurythmie-Gedicht: »Der Wolkendurchleuchter – Er durchleuchte – Er durchsonne – Er durchglühe – Er durchwärme auch mich.« »*Der Wolkendurchleuchter*« stand auch auf dem Programm der ersten Eurythmie-Vorführung in München am 28. August 1913. Am Schluß sagte Rudolf Steiner: »Ich glaube, Goethe hat sich über dieses Geburtstagsgeschenk gefreut.«[79]

In der Zeit vom 24. Juni bis 12. Juli 1924 wurde am Goetheanum ein *Lauteurythmie-Kurs* abgehalten. Er trug den Charakter der un-mittelbaren Improvisation. Dies rief immer wieder den Humor her-bei. Aus unmittelbarer Anschauung uralten Mysteriengeschehens waren die Mitteilungen Rudolf Steiners geschöpft. Nun konnte, was Ehrfurchtschauer hervorrief, eine überernste, ununterbrochen feierlich-getragene, vielleicht sogar düstere Stimmung auslösen. Davor aber warnte der Geistesforscher entschieden.

Das wird besonders an der Stelle deutlich, wo vom Symbolgehalt des S-Lautes die Rede ist: Erstaunlich unsentimental seien die ech-ten Schüler der alten Mysterien gewesen. »Sie waren nämlich nicht Menschen, die immer, wie eine unserer Freundinnen – sie war keine Deutsche – einmal über gewisse Anthroposophen sagte: ›Sie machen ein Gesicht so lang bis ans Bauch.‹ Diese Stimmung ist nicht eigent-lich die Stimmung der echten Mysterienschüler. Die hatten Humor und kleideten schon dasjenige, was sie nun trotzdem gut heilig zu halten wußten, auch zuweilen in humoristische Formen. Und so möchte ich sagen: Wenn ein echter Mysterienschüler von einem Nichtmitgliede der Mysterien einmal gefragt wurde, was über das S zu halten ist – man hat natürlich solche Fragen gestellt, denn Neugier war eine Eigenschaft, welche die Menschen schon auch in alten Zei-ten hatten –, dann hat der Mysterienschüler wohl etwas humoristisch geantwortet: ›Ja, weißt du, wenn man das S-Geheimnis kennt, da kann man die verborgenen Eigenschaften der Männerherzen sehen und das Frauenherz erforschen; man kann beruhigen alles dasjenige, was sich in den Herzen verbirgt, und kommt in die verborgenen Tiefen hinein.‹ Das war eine sehr exoterische Erklärung, aber sie wies dennoch schon hin auf dasjenige, was in dem S-Laute liegt: ein Beru-higen des Bewegten, wobei man sicher ist, daß durch das angewen-dete Mittel die Beruhigung eintritt.«[80]

Auch der I-Laut wird recht unsentimental anschaulich charakte-risiert: »als reinste Selbstbehauptung«. In der gebildeten Umgangs-sprache fügen wir hinzu einen Hauch (das Ch) zum I, wodurch wir andeuten: »Wir sind ein In-Atem-Bestehendes. Aber so weit sind gewisse Dialektmenschen nicht. Die fußen auf der reinen Selbstbe-hauptung. Daher sagt man zum Beispiel in meiner Heimat nicht ich, sonder i. Da würde es niemandem einfallen, zu sagen: Ich haue dich durch – ja, weil man das so sehr häufig mit dem Ichbegriff verbindet, so fällt mir das ein; in meiner Heimat ist das so, daß das zu den alltäglichen Dingen gehört –, da sagt man nicht: ich haue dich durch, sondern: i hau di durch! Die reine Selbstbehauptung.«[80]

Und nun etwas »anfänglich« Erstaunliches, »schlußendlich« Erheiterndes: Das deutsche ABC als ein einziges, allerdings recht kompliziertes Wort ausgesprochen, es ist – nach Steiner – die Form des ätherischen Menschen, zugleich auch die des Universums. Dies Wortgebilde »A bis Z« beginnt mit dem Erstaunen, der Verwunderung: A! Und es folgen höchst mannigfaltigen Charakters die anderen Laute; jeder trägt ein Stück Leben in sich; am Ende aber steht das Z. Von ihm heißt es, es könne ähnlich wie das C empfunden werden »als dasjenige, was heiter stimmt dadurch, daß es nicht schwer-, sondern leichtgenommen werden kann, aber absichtlich eigentlich heiter stimmen will. Das kann natürlich auch ein lebloses Ding sein.«[80] Mit dem erwartungsvollen, Staunen ausdrückenden A hebt es an, mit dem heiter stimmenden Z – oder C, wenn wir das abgekürzte ABC vorstellen – schließt es! Dürfen wir nicht, ein bekanntes Sprichwort abwandelnd, sagen: »*Ende heiter, alles heiter!*«? Ist nicht der deutsche Sprachgeist ein die Schöpfung heiter bejahender Optimist?

Nun, Rudolf Steiner hat zwar diese Frage ausdrücklich nicht bejaht; er hat vielmehr den deutschen Sprachgenius einen Bildhauer genannt, und wir verstehen dann auch, warum gerade aus der deutschen Sprache am leichtesten die Eurythmie erwachsen konnte; aber die bildhauerische schließt die Humorbegabung nicht aus!

Letztere müssen wir wohl auch dem *Magyarischen* zugestehen. Der Klang dieser Sprache war ja Rudolf Steiner aus seiner Jugendzeit wohlbekannt. Einen Jäger nennt er ihren Genius: »Man kann nicht Magyarisch hören, ohne daß man das Gefühl hat, daß etwas fehlt nach jedem dritten Worte. Nach jedem dritten Worte sollte eigentlich ein Hirsch totgeschossen werden, weil der Sprachgenius der ungarischen Sprache ein Jäger ist. Alle Worte, die nicht aus der Betätigung der Jagd entnommen sind in dem Magyarischen, sind eigentlich Lehnworte … Es lebt … eben noch etwas Urkräftiges in … der magyarischen Sprache. Und der Genius der magyarischen Sprache ist schon ein Jäger, meinetwillen können Sie auch sagen eine Jägerin, die Diana, wenn Sie wollen – nur kommt eben dabei in

Betracht, daß Götter nicht in einer so ausgedehnten Weise ge-
schlechtsbegabt sind.«[81]

Wir mußten uns darauf beschränken, Stellen herauszugreifen, die
vor Humor und Heiterkeit sprühen. Diese unvermeidbare Einseitigkeit macht es unmöglich, den Eindruck zu vermitteln, den der
Leser gewinnt, wenn er einen Vortrag, besser noch, wenn er alle
zwölf Vorträge des Lauteurythmie-Kurses als Ganzheit auf sich
wirken läßt und überdies innerlich das gelesene ins gesprochene
Wort zu »übersetzen« vermag; es ist der Eindruck einer schwer be-
schreibbaren Leichtigkeit und Anmut, einer durchsonnten, im weiteren Sinne humorigen Art, in der Rudolf Steiner das Lautliche und
Plastische der deutschen Sprache so lebendig zu machen wußte, daß
man meint, die Verwandlung des aus der Ursprache geborenen Lau-
tes in die Gebärde innerlich mitvollziehen zu können.

Die Humoresken

Steiner maß der Humoreske im Rahmen der Eurythmie eine besondere Bedeutung zu. Oftmals betonte er, die eurythmische Form
könne wohl »dem Seriösen auf der einen, dem Pittoresken auf der
anderen Seite« äußerlich sichtbar gerecht werden; aber »da, wo wir
selbst im Humoristischen, im Grotesken, im Possierlichen das
Dichterische wiederzugeben versuchen durch Eurythmie, geben
wir nicht etwa in Gebärdensprache oder durch Pantomimen den
wortwörtlichen Inhalt wieder, sondern ... dasjenige, was der Dichter, der Künstler aus dem Inhalt gemacht hat«.[82] Nur darauf kam es
an zu zeigen, wie die künstlerische Lautform in eurythmisch
stumme Bewegungsformen umgesetzt wird. Ilona Schubert berichtet, Frau Dr. Steiner habe auch bei Humoresken keine »Firlefanze-
reien« sehen wollen und habe gelehrt: »Arbeiten Sie aus dem Laut
heraus, sonst machen Sie nur noch mimisch, und das ist der reinste
Dilettantismus.«[83]

Rudolf Steiner nannte die Eurythmie einen Sternentanz, weil sie
als sichtbare Sprache durch den Zusammenhang mit Vokalen und
Konsonanten aus dem Planeten- und Tierkreis-Himmel herausge-
boren ist. Die erhaben-ernste Feierlichkeit der eurythmischen Gebärden ist eine Folge dieser kosmischen Prägung. *Das edle Pathos
bedurfte aber als Gegensatz der Komik.* Näheres erfahren wir von

Tatiana Kisseleff (»Eurythmie-Erinnerungen aus den Jahren 1912 bis 1927«): Frau Dr. Steiner sei es gewesen, die schon von Beginn der Arbeit neben Gedichten verschiedenen Charakters die Humoreske einführte. Eine polnische Eurythmie-Schülerin zeigte für das Humoristische so große Begabung, daß ihr die Kisseleff geradezu das Verdienst zuschreibt, die »Ära der humoristischen Eurythmie eröffnet zu haben, welche seitdem eine so große Rolle in Dornach gespielt hat«.[84]

Ein weiteres Verdienst der aus Polen stammenden Ruthenin – es war *Ella Dziubanjuk* – besteht darin, daß sie aus dem Kreise der von Rudolf Steiner so genannten »Wächterfreunde«, einer Gruppe junger Studenten, die auch das Gelände des Baues – nach dem Goetheanum-Brand 1923 – bewachten, die *Männer-Eurythmie* inaugurierte.

Fred Poeppig berichtet hierüber in seinem Erinnerungsbuch »Schicksalswege zu Rudolf Steiner« (S. 90 f.): »Wir ›Buben‹, wie uns Dr. Steiner bei dieser Gelegenheit nannte, übten uns mit Begeisterung in der neuen Kunst. Mehrere Male in der Woche vereinigten wir uns unter den humorvollen Augen unserer Lehrerin Ella Dziubanjuk und übten mit viel Temperament und Schwung. Unter ihrer Führung wagten wir uns Dr. Steiner vorzustellen, der unseren Bemühungen großes Interesse entgegenbrachte. Es war an einem Abend, als Rudolf Steiner an der Seite von Marie Steiner im Saal der Schreinerei unsere Demonstrationen sich anschaute. Unsere Ängste wichen, sobald die ersten Gedichte und Gruppenübungen vorgeführt waren. Ich höre noch seine warme Stimme einige Male ›Schön!‹ ausrufen, als ich mein erstes Solo ›Es sprach der Geist‹ von C. F. Meyer vorführte. Dann rief er in den Saal: ›Ich sehe schon, wie alle Damen blaß vor Neid werden!‹, womit er auf einige der Eurythmistinnen anspielte, die neugierig auf die neuen Konkurrenten hereinspähten.«[85]

Tatiana Kisseleffs »Eurythmie-Erinnerungen« entnehmen wir bedeutsame Sätze: »Dr. Steiner wies darauf hin, daß das *humoristische Element das Gefühlsleben gesund mache* und die Menschen *von der Sentimentalität befreit.* Er sagte auch, daß die *Humoresken recht viel Geist benötigten*; schon die Tragödie verlange viel Geistigkeit, noch mehr jedoch das Humoristische.« (Hervorhebungen vom Verfasser.)[86]

Ähnliches berichtet die Eurythmistin *Nora von Baditz-Stein*: »Mit ganz besonderer Sorgfalt arbeitete Dr. Steiner an der Ausgestaltung der humoristischen Gedichte; er äußerte lächelnd und sagte ernst betonend, die humoristische Eurythmie ›*entphilistere*‹« (»E«, S. 277).

Lory Maier-Smits erzählte er sehr lebhaft: »Ja, die Eurythmie ist wirklich ein ganzes Stück weitergekommen in den letzten Wochen. Es ist uns nun gelungen, endlich auch einmal ein humoristisches Stück auf die Bühne zu bringen: ›Die gebratene Flunder‹ von Peter Schlemihl aus dem ›Simplicissimus‹.[87] Es treten da auf die gebratene Flunder selbst, die brennende Petroleumlampe, das gelbseidene Familiensofa und der Schaukelstuhl. Zuletzt fällt die Petroleumlampe um, und es entsteht ein furchtbares Durcheinander. – Aber sehen Sie, das bedeutet wirklich einen ganz großen Fortschritt in der Eurythmie, und wir werden viel in dieser Richtung weiterarbeiten. Ich möchte gerne immer einen humoristischen letzten Teil für die Programme haben« (»W«, S. 165).

Einige Jahre später erfuhr Frau Lory selbst, wie wichtig Steiner Humor und Satire in der eurythmischen Aufführungspraxis waren:

»Ich machte eines der schönsten Gedichte von Nietzsche: ›Liebeserklärung‹. Sie ist an den Vogel Albatros gerichtet, und … endet: ›O Vogel Albatros, zur Höhe treibt's mit ew'gem Triebe mich / Ich dachte dein: da floß mir Trän' um Träne / Ja, ich liebe dich.‹ Rudolf Steiner sah es bei der Probe und war zufrieden; ich sollte es in der nächsten Aufführung im Bau machen (das Goetheanum war bereits eröffnet). ›Nur‹ sagte er, ›haben Sie etwas nicht beachtet.‹ Er zeigte auf den kleingedruckten Untertitel: ›Bei der aber der Dichter in die Grube fiel‹. ›Ich habe Ihnen nun einen Nach-Takt gezeichnet. Sie lassen alles, wie Sie es gemacht haben, aber dann, wenn Sie die letzte Stellung etwas angehalten haben, machen Sie ganz plötzlich diesen stummen Nach-Takt.‹ Nun ergab sich folgendes: Die letzte Stellung am Ende des Gedichtes war so, daß sie Herz, Seele und alles Wollen hoch herauftrug zu ›Stern und Ewigkeit‹. Jetzt kam der Nach-Takt: eine eckige, gradlinige Form mit sehr plötzlichen Richtungswechseln, und um die Haltung zu illustrieren, war daneben eine kleine Figur gezeichnet; der Oberkörper sollte fast im rechten Winkel nach vorne gebeugt und die Arme bis in Kopfhöhe zurückgenommen werden. In dieser Stellung war die ganze Form des Nach-Taktes zu tanzen. – Ich übte nun wohl fleißig, aber in der General-probe passierte es doch, daß ich mich bei dem letzten Weg, der nach rückwärts von der Bühne herausführen sollte – mitten im Raum hinsetzte. Das gefiel Dr. Steiner so gut, daß ich nun noch das Hin-setzen üben sollte und eben sitzen bleiben mußte, bis der Vorhang zuging. Dann reisten wir mit dem Programm, und ich saß in Stutt-gart, in Dresden, in Leipzig, in Halle und zuletzt in Berlin mitten auf der Bühne. In Berlin kam spontaner Beifall; einzig die Berliner hatten den Humor auf Anhieb verstanden« (»W«, S. 165 f.).

Ein ähnliches, unfreiwillig humoriges Hinsetzspiel, als Duett so-gar, ergab sich bei Aufführungen der ›Séance‹ aus Goethes ›Parabo-lisch‹. Hier ist's, wo unter eignem Namen / Die Buchstaben sonst zusammen kamen. / Mit Scharlachkleidern angetan / Saßen die Selbstlauter obenan usw. Dann: Die Mitlauter kamen mit steifen Schritten / Mußten erst um Erlaubnis bitten / Präsident A war ihnen geneigt / Da wurde ihnen der Platz gezeigt … »Bei dieser Stelle geschah es. Ilse von Baravalle und ich waren die Mitlauter S und L und mußten mit ganz steifen Beinen – die eine von links nach rechts, die andere von rechts nach links – quer über die Bühne eine Schlangenlinie legen. Die Proben gingen gut, aber just bei der Auf-führung verhakten sich unsere Beine – und rechts und links … wurde ihnen der Platz gezeigt. Tosender Beifall! Wir sprangen natürlich beide wieder auf und machten weiter. Hinter der Bühne – unsere ›Séance‹ war eine der letzten Nummern – wurde der Zwischenfall eifrigst besprochen und belacht; Rudolf Steiner kam dazu und lachte ebenfalls laut und herzlich. ›Wir können es nie wieder ma-chen‹, sagte er dann, ›denn unser Publikum wird mit Recht verlan-gen, daß Sie's wieder so machen. Und das können Sie nicht! Wie Sie gefallen sind – es war nur ein Schlag und der einzig richtige Augen-blick! Wie Sie wieder aufgesprungen sind, weitermachten und alles gleichzeitig! Diese Symmetrie! Es war einfach prachtvoll. Aber wir können es nie wieder machen.‹ Damals wurde die ›Séance‹ tatsäch-lich vom Programm abgesetzt« (»W«, S. 166).

Es war – der geneigte Leser möge verstehen! – unerläßlich, so ausführlich zu zitieren; denn nur bei Kenntnis aller Einzelheiten wird die unübertreffliche Komik der Szene verständlich. Auch nur dann können wir ermessen, aus welch reicher Regieerfahrung und mit welcher Untrüglichkeit des Blicks für die Unwiederholbarkeit des unfreiwillig komischen Vorgangs Steiner das Stück vom Programm absetzte. Er war eben, wie auch Belyj es bezeugt, nicht etwa im übertragenen, sondern im wörtlichen Sinne Schauspieler (»Er wäre ein großartiger Berufsschauspieler geworden, wenn er in seiner Jugend zur Bühne gegangen wäre«) und ein respektabler Regisseur, dabei »lustig, gütig, zum Scherz aufgelegt, aber auch fordernd und pedantisch, wenn es nötig war«. Und aufs kunstgerechte Schminken der Eurythmistinnen verstand er sich aufs beste; man lese es bei Ilona Schubert nach!

Es ist wenig bekannt, daß Rudolf Steiner auch als Humoresken-Dichter hervorgetreten ist. Von den sechs nun dankenswerterweise[88] mit den zugehörigen eurythmischen Formen faksimiliert veröffentlichten Humoresken sei wenigstens »Das Kamel« hier vorgeführt, um eine Vorstellung von der eurythmisierten Seligkeit des Kamelseins zu haben. In der Handschrift Rudolf Steiners lesen und betrachten wir nach jeder Strophe je eine hingezeichnete »Form«:

>»Ich bin ein Kamel / Ohne Schuld und Fehl.
>Ich hab einen hohen Rücken / Und kann mich nicht bükken.
>Kameelsein ist so seelig / Drum will ich mählig
>Meinen Höcker tragen / Und niemals i-a sagen.
>Das laß ich dem Grauen, / Der soll nach mir schauen,
>Wenn ich ein stolz' Kameel / Kau' ohne Schuld und Fehl.
>Ich steig' nicht zum Himmel, / Ich bleib ein Wüstenschimmel.
>Der Graue ist so faul, / Ich hab ein feines Maul.«

Die Titel der fünf restlichen Humoresken lauten: »Der Erfrorene«, »Selbstbetrachtung einer alten Tante«, »Tiefsinn im Schiefsinn«, »Es war einmal ...« und »A Dunnarwedar kummt« (Ein Donnerwetter kommt). Die letztgenannte Humoreske ist ein Lied ohne Worte, aber mit einer sorgfältig gezeichneten eurythmischen Form. – Auf keinem der (in GA 277 und 277a) wiedergegebenen Programme erscheint eine dieser Humoresken.

Besonderer Beliebtheit und Pflege erfreuten sich die *Humoresken Christian Morgensterns.* Der chronologischen Übersicht in GA 277a ist zu entnehmen, daß in der Zeit von 1911 bis 1925 106 Morgenstern-Humoresken eurythmisiert zur Aufführung gelangten; sechs darunter auch vertont. Während des Stuttgarter Kongresses im Herbst 1921 wurden in sechs Tagen nicht weniger als 38 Morgenstern-Satiren vorgeführt.

In den einleitenden *Ansprachen* – insgesamt 274 – ließ es Rudolf Steiner nicht an köstlichen Geistesblitzen fehlen. An der Spitze des Dornacher Programms vom 15. Januar 1916, das ausschließlich »Morgenstern« enthielt, stand das »Böhmische Dorf«: »Palmström reist mit einem Herrn v. Korf / In ein sogenanntes böhmisches Dorf. / Unverständlich bleibt ihm alles dort / Von dem ersten bis zum letzten Wort ...« (Den Rest dieses Palmström-Erlebnisses »voll von Honig« lese man, wenn's beliebt, nach!) Für Rudolf Steiner war vorab die Frage erregend, was es eigentlich sei: »Nicht etwa ein Dorf in Böhmen, sondern – ja, was ist ein böhmisches Dorf? Etwas, was man so stark nicht kennt, daß, wenn man es sieht, man ganz perplex davorsteht. Das ist eigentlich ein böhmisches Dorf. So etwas wie die Geisteswissenschaft für einen Philosophieprofessor oder, na, wie der Johannesbau für einen modernen Kunsthistoriker. Das ist etwa ein böhmisches Dorf.«[89]

Nochmals lassen wir die berühmte Kisseleff zu Worte kommen[90]: »Als wir einmal an den von Dr. Steiner gegebenen Texten ›Die zwölf Stimmungen‹ und für die Satire ›Die Augen leuchten ihm helle‹ arbeiteten, sagte er uns, wir sollten nicht denken, daß die Götter immer nur ernst und feierlich sich verhielten, sie könnten auch lachen, und sie tun es sogar sehr oft, und – fügte er lächelnd hinzu – man könne im Himmel ein rollendes Gelächter hören jedes mal, wenn die Menschen sich auf der Erde töricht benehmen ...« – Selbstverständlich ist dies Götter-»Lachen« von anderer Art als das der Erdenmenschen; die obige Bemerkung Rudolf Steiners ist daher nur scherzhaft, im übertragenen Sinne zu verstehen (siehe 6. Kapitel).

Als Abschluß der Veranstaltungen zur Eröffnungsfeier des ersten Goetheanums wurde auf besonderen Wunsch Rudolf Steiners als »*Satirischer Auftakt*« dessen satirisches Gedicht »*Das Lied von der Initiation*« (abgedruckt in den »Wahrspruchworten«, GA 40) eurythmisch aufgeführt. Dies begründete Steiner in der vorausgeschickten Ansprache so: »Wir müssen, meine sehr verehrten Anwesenden, ebenso, wie wir uns zuwenden einer wirklichen geisteswissenschaftlichen Kultur, Kunst und so weiter, ebenso stark abweisen alles dasjenige, was aus nicht-ehrlichen, nicht-wahren, nicht-aufrichtigen Empfindungen heraus sich zu dem sogenannten Geistigen wendet, was Mystelei und dergleichen ist. Und um Ihnen zu zeigen, was wir gegenüber dem falschen Mysteln, dem koketten Mysteln, dem unaufrichtigen, unehrlichen Mysteln für Empfindungen haben können, möchten wir Ihnen noch kurz etwas Eurythmisches vorführen.«[91]

In einem Brief vom 18. März 1925 berichtete Frau Marie Steiner von erfolgreichen Eurythmie-Aufführungen unter ihrer Leitung in Heidenheim, Karlsruhe und Mannheim. Am 23. März antwortete Rudolf Steiner darauf – es war sein letzter Brief –: »Ich kann Dir wirklich nicht ausdrücken, wie ich Deine hingebungsvolle Tätigkeit bewundere und wie dankbar ich Dir für alles bin, was Du so segensreich vollbringst.«

Am 29. März fand in Dornach unweit des Krankenlagers, auf dem Rudolf Steiner zu Füßen der von ihm gemeißelten Christus-Statue ruhte, eine Eurythmie-Aufführung statt. Sie schloß mit der Darbietung einer Morgenstern-Humoreske.

Niemand ahnte, daß sich am nächsten Tage, dem 30. März 1925, das Erdenleben des großen Eingeweihten, des Schöpfers der Anthroposophie und Eurythmie, vollenden werde. Wir aber dürfen den tröstlichen Gedanken hegen, das innerliche Miterleben des Aufblühens der neuen Kunst habe freudeweckend wie ein Strahl sänftigender Heiterkeit das Dunkel der Leidenszeit der letzten Wochen und Tage aufgehellt.

9. Heiterkeit und Humor

Heiterkeit ist der Himmel,
unter dem alles gedeiht.
Jean Paul

Nun ist es an der Zeit zu klären, wie Humor und Heiterkeit sich zueinander verhalten: decken sich die beiden Begriffe? Verneinendenfalls, in welchem Verhältnis stehen sie?

Der Humor-Begriff Steiners, der für uns nicht nur vom Thema her, sondern auch deshalb maßgebend ist, weil er, wie wir meinen, das wahre Wesen des Humors aufdeckt, wurde im 3. Kapitel ausführlich erörtert, die Heiterkeit aber nur angetönt, ohne tiefer zu dringen. Das sei nun nachgeholt; dann wird sich auch die Antwort auf die beiden Fragen finden lassen.

Als eine Seelenstimmung beschreibt Rudolf Steiner den Humor; sie wird durch das Erleben des Komischen ausgelöst. Nun wird niemand bezweifeln, daß auch die Heiterkeit eine Seelenstimmung ist. Man denke nur an die sprachübliche »allgemeine Heiterkeit«. Insoweit decken sich also die beiden Begriffe.

Wenn wir aber weiterforschen, ergeben sich beachtliche Unterschiede im Blick auf die Bedeutung, die da und dort das Komische und der ihm zugrundeliegende Widerspruch haben: Unentbehrlich sind sie nur für den Humor. Die Heiterkeit kann wohl durch Komisches ausgelöst werden, aber sie bedarf desselben ebensowenig wie des Widerspruchs. Nicht nur auf dem Boden des sich komisch Widersprechenden, sondern auch – ja womöglich besser – auf dem Grunde des harmonisch in sich Geschlossenen gedeiht Heiterkeit. Auch kann sie ohne jeden äußeren Anlaß auftreten; die Heiterkeit braucht nicht wie der Humor von Fall zu Fall durch ein Widerspruchserlebnis geweckt, gewissermaßen neu geboren zu werden. Dem Humor haftet etwas von »Trotzdem-Lachen« an, weil er dem

Widerspruch gleichsam abgetrotzt werden muß, nachdem man ihn durchschaut, sein Störendes überwunden und sich von seiner Rätselhaftigkeit befreit hat.[92] All dies ist für die Heiterkeit keineswegs kennzeichnend.

Sie entströmt ohne Unterlaß einer dem Bewußtsein entrückten, höheren Sphäre. Ihr seelischer Wirkensbereich greift tiefer als der des Humors, er ist umfänglicher, ist umfassend. Heiterkeit kann die Persönlichkeit prägen. Wir können die Heiterkeit zunächst nur deutend beschreiben: Sie offenbart sich als freudevoll harmonisch gelöste Stimmung, sonnenhaft hell, lichtvoll-klar, weltoffen in hingabebereiter, liebewarmer Herzlichkeit, lebensvoll-bewegter, gleichsam musikalischer Beschwingtkeit und freischwebender, duftiger Leichtigkeit.

Licht – Liebeswärme – Freiheit, durch Freude in eins verwoben – so bietet sich die Heiterkeit dar.

Wer das Überirdisch-Erhebende dieser Stimmung erlebt, kann erfühlen, daß eine geistige Kraft es ist, die sie in der Seele hervorruft. Träger und Erzeuger dieser Kraft – wir dürfen sie nicht nur abstrakt vorstellen – ist eine *reale Geistwesenheit*. Sie meinen wir, wenn wir von Heiterkeit sprechen. In drei Gestalten tritt sie uns entgegen:

Im Lichthaften als *Geistheiterkeit*,

in Wärme gehüllt als *Gefühls-* oder *Gemütsheiterkeit* und von Freiheit getragen als *Mut-* oder *Tatheiterkeit*. Erscheinungsformen eines und desselben Wesens sind es, nicht scharf begrenzbar, sondern ineinander übergehend sind ihre Bereiche. Diesem Ineinanderverfließen will sich die Darstellung anpassen.

Es ist angebracht, zu Beginn die Gefühlsheiterkeit darzustellen, weil ihr Wesen im Ursprünglichen gründet: Einmal urständet jegliche Heiterkeit überwiegend im Gefühl. Zum andern werden wir sogleich aufzeigen, wie die Gefühlsheiterkeit zusammenhängt mit dem Wärmeelement und damit auch mit dem Urbeginn der ganzen Erden- und Menschheitsentwicklung.

Aus *Wärme* – in den alten Mysterien auch »Feuer« genannt – ist unsere Welt entstanden – feuergeboren ist unsere Erde mit allem, was auf ihr ist – auch der Mensch ist ein Wärmewesen: sein physischer Leib ist substantiell Wärme, sein Ich in Wärme lebend.[93] Sie ist das feinste der vier Elemente: Erde, Wasser, Luft, Wärme, zu-

gleich der »gröbste« der vier Äther: Wärmeäther, Lichtäther, Klang-
äther, Lebensäther. So liegt sie inmitten von Verdichtung und Ver-
feinerung, von innen und außen. Sie hat gewissermaßen zwei Seiten: Wir nehmen sie nicht nur äußerlich wahr (durch Berühren eines
warmen Gegenstandes), sondern erleben sie auch als körpereigenen
Zustand, wie fühlen uns warm oder kalt. Die Wärme liegt an der
Grenze zwischen dem sinnlich irdisch-äußerlich wahrnehmbaren
und dem übersinnlichen, seelisch-ätherisch-geistigen Bereich.

Die Evolution beginnt mit der ersten Verkörperung des Erden-
planeten als sogenannter »Alter Saturn«. Ihm folgte als zweite und
dritte Wiederverkörperung das Dasein als »Alte Sonne« und »Alter
Mond«. Hernach erst kommt es – nach einer Pause völliger Auflösung in reine Geistigkeit – zur »Wiedergeburt« unserer (heutigen)
Erde. Auf ihr wiederholen sich gewissermaßen die drei früheren
Zustände; zunächst der Urzustand des »Alten Saturn«. Ihn haben
wir uns vorzustellen als auf- und abflutende Wärmezustände in der
Art etwa, wie wir sie in unserem Organismus als Eigenwärme
erfühlen.

Nun ist das Bild der sich wandelnden Wärmezustände, das sich
dem Seher bietet, der sich auf den Alten Saturn versetzt, nur ein
äußerer Schein (Maja). In Wahrheit sind geistige Taten vorhanden:
Die Geister des Willens, »Throne« genannt, geben sich selbst op-
fernd den über ihnen stehenden Cherubim hin. Die Wärmezustände sind nur der sinnliche Ausdruck des Opfers. Wo immer
Wärme auftritt im Weltall, wird geopfert. Die Weltenwärme ist Offenbarung des Weltenopfers.[94]

Dieses gewaltige Opfer der erhabenen Willensgeister wollen wir,
bestrebt, es innerlich nachzuempfinden, genau ins Auge fassen:
Aus freiem Entschluß opfern sich aus innerem Hingabe-Drang
die Throne. Sie sind in äonenlanger Entwicklung reif geworden,
sich in selbstloser Liebe zum Heil der Welt hinzuopfern. So entwik-
keln sich die Geistwesen zu höherer Vollkommenheit: Zuerst sind
sie sozusagen »bedürftig«, indem sie »etwas verlangen müssen von
der Welt«. Sie werden dadurch »mächtiger«, daß sie etwas geben
können. »Darin beruht im Grunde genommen der Geist und Sinn
der Entwickelung, daß man vom Nehmen zum Geben hinschrei-
tet ...«[95] Alle Höherentwicklung ist ein Opfergang. So ist es im

menschlichen Einzelleben, so auch im Universum. Die gegenwärtig höchsten hierarchischen Wesen waren einst (dem Bewußtsein nach) Menschen; sie haben sich zur Göttlichkeit emporgearbeitet, indem sie fähig wurden, sich hinzugeben (Emanationsfähigkeit). So verhält es sich auch mit der den Menschen verheißenen Gottwerdung (Deifikation). Wir versuchen, als Menschen das nachzuempfinden, was die Throne ureinst fühlten, als sie das große Opfer darbrachten. Rudolf Steiner spricht von der »*inneren Wärmeseligkeit*«[94], die die Throne durchflutete, sie »innerlich durchglutete«. Opferseligkeit, innere Seligkeit verbirgt sich als seelisch-geistige *Realität* hinter der Wärme, die sie bewirkt hat. Opfer- und Wärmeseligkeit erregten ein unendliches Freudegefühl. Und es war eine reine, eine heitere Freude, weil sie nicht verfremdet und verdunkelt war durch Selbstsucht, eine Heiterkeit des Gefühls in höchster Vollkommenheit.

In ihr dürfen wir das Urbild der menschlichen Heiterkeit erblikken. Sie hat vom Anbeginn die ganze Menschheitsentwicklung hindurch die Wärme begleitet wie ein leiser, beglückender Zauberhauch, um schließlich einzuströmen in die Menschenseele wie das warme Blut in den Menschenleib.

Die Throne blieben mit dem, was sie am Saturn in selbstloser Liebe hingeopfert hatten, weiterwirkend substantiell verbunden. Sie waren es, die Wärme zu Luft, Luft zu Wasser, dieses schließlich zum Festen der Erde verdichteten. Tiefste, dankbare Verehrung schulden wir den erhabenen Willensgeistern; in langer Tätigkeit haben sie das Erdenhafte gedichtet, es ist der feste Erdengrund, auf dem wir dahinschreiten, es sind die erdenhaften Bestandteile, die wir in unserem physischen Leib in uns tragen. (Vgl. dazu »Die Geheimnisse der biblischen Schöpfungsgeschichte«, 6. Vortrag.)[96] Aber als Erbe unserer »hohen Ahnen«, der Throne, tragen wir nicht nur Physisch-Erdenhaftes in unseren Leibern, sondern wir verwahren auch in unserer Seelen tiefstem Grund verborgen den Schatz uralter Liebeswärmeseligkeit. Zum Gefühl der Dankbarkeit und der Verehrung gesellt sich das Gefühl der Freude: Nachempfinden dürfen wir, was Götter einst als Opfernde »feuertrunken«, wärmeselig erlebten.

Feinfühlige, meinte, »es müßte einmal ein sehr großer Schmerz über die Menschen kommen, wenn sie erkennen, daß sie sich nicht geliebt haben, wie sie sich hätten lieben können«.[99]

Es wölbt sich seelisch eine Brücke, die von der Liebe führt zur Heiterkeit und weiterführt zur Soziabilität, zur menschenfreundlichen Aufgeschlossenheit; sie ist als Voraussetzung der künftigen Brudergemeinschaft unerläßlich. Der »stud. anth.« wird liebend gern diese Erkenntnis in die Wirklichkeit einer wahrhaft heiteren Lebensführung umsetzen.

Dem sind selbstverständlich Grenzen gezogen; sie ergeben sich aus der jeweiligen Sachlage und den persönlichen Verhältnissen, die man kennen und beachten, aber auch nicht überschätzen sollte. Selbst die ausgeprägtesten, die vom Temperament gezogenen Grenzen sind nicht unübersteiglich.

Wie alles Individuelle geht auch die *Verschiedenheit der Temperamente* zurück auf frühere Erdenleben. Der unsterbliche Geistkern des Menschen, sein höheres Ich, lebt sich in jeder Verkörperung so aus, daß es eine gewisse Wechselwirkung der vier Wesensglieder – (niederes) Ich, Astralleib, Äther- und physischer Leib – hervorruft. Eines der Glieder wird immer ein Übergewicht über die anderen haben, weil unter den Eigenschaften, die das höhere Ich ausstrahlt, jeweils eine vorherrscht; das wirkt sich so aus, daß das bevorzugte Glied sich besonders stark entwickelt; darauf ist die besondere Färbung oder »Schattierung« der menschlichen Wesensart zurückzuführen, die Temperament genannt wird.[100] Das melancholische Temperament z. B. ist auf das Übergewicht der physischen Leiblichkeit zurückzuführen. Dadurch, daß der physische Leib, dazu bestimmt, den anderen Gliedern zu dienen, über sie herrscht, entsteht Disharmonie. Der Melancholiker fühlt sich innerlich gehemmt, weil die zur Führung bestimmten Glieder sich nicht entfalten können; innerliche Hindernisse, die nicht überwunden werden können, verursachen Leid und Schmerz und verstellen den unbefangenen Blick auf die Mitwelt. »Dieses Hingewiesensein bildet einen Quell inneren Grams; das empfindet der Mensch als Schmerz und Unlust, als trübselige Stimmung. Wir werden sehr leicht von dem Leben schmerzlich und leidvoll berührt. Gewisse Gedanken und Vorstellungen beginnen dauernd zu werden, der Mensch beginnt Grübler zu werden, Melancholiker. Es ist immer ein Aufsteigen von Schmerzen da. Von nichts anderem rührt diese Stimmung her als davon, daß der physische Leib der inneren Behaglichkeit des Ätherleibes, der Beweglichkeit des Astralleibes und der Zielsicherheit des Ichs Widerstände entgegensetzt.«

Nun verstehen wir, warum der Melancholiker keinen Sinn für Komik und Humor entwickeln, geschweige denn heiter sein kann: Er vermag nicht fertig zu werden mit den inneren Hindernissen und Widersprüchen, wie sollte es ihm gelingen, sich über Widersprüche zu erheben, die ihm von außen entgegentreten?

Wie leicht fällt dies dem Sanguiniker! Die Beweglichkeit des bei ihm vorherrschenden Astralleibes möchte den ganzen Organismus durchströmen. Bis in den »lustigen Blick«, der besonders dem sanguinischen Kinde eignet, dringt das innere Licht, das vom Astralleib ausstrahlt. Der Sanguiniker ist daher zur Heiterkeit veranlagt – allerdings auch von Oberflächlichkeit und Flatterhaftigkeit bedroht, wenn er den Ernst des Lebens, die Realität von Leid und Schmerz mißachtet. Dann schwindet das wahre Wesen der Heiterkeit dahin, das eine die Seele beherrschende Kraft nur dann sein kann, wenn sie sich als latente Spannkraft offenbart in der Fähigkeit, sich aus tiefstem Leid immer wieder zu erheben. Erhebung setzt den Fall voraus, Heiterkeit die Finsternis. Dennoch – an ein Weisheitswort der Chassidim sei erinnert:

»... Aber die Finsternis ist,
Damit Licht werde.«

Die Geistheiterkeit

Die das Denken durchwaltende aufheiternde Kraft des Lichts kann als Geistheiterkeit erlebt werden.

Licht ist ja sinnlich nicht sichtbarer, aber sichtbarmachender Geist. Das Feste, das Gasförmige, das Flüssige und als letztes Element die Wärme sind äußerlich wahrnehmbar. Die Wärme oder das »Feuer« fangen wir schon an, innerlich wahrzunehmen. Beginnend mit dem Licht geht es ins Unsichtbare hinein, ins Ätherisch-Geistige. Das Licht macht es möglich, sinnlich, aber in gewisser Weise auch geistig wahrzunehmen. Erst die sonnenbeschienene Welt wird für unsere Sinne wahrnehmbar. Der im Denken aufleuchtende Geist macht die Welt gleichsam durchsichtig, der Erkenntnis zugänglich, sie wird erklärbar. Das Wahrgenommene wird aufgelichtet zur Wahrheitserkenntnis. Die Sprache bewahrt diesen Zusammenhang von Denken und Licht: »Ein Licht geht uns auf«, die Richtigkeit einer Behauptung »leuchtet uns ein« und so fort. Dem Denken eignet eine auf-klarende, auf-heiternde Kraft. Das Physisch-Stoffliche wird hingegen als schattenhaft und dunkel empfunden. Wir nennen das Denken »rein«, das Sehen »hell«, wenn der Gegenstand des Denkens bzw. Schauens nichtstofflicher, sondern übersinnlicher Natur ist. Das leibfreie Denken ist von höchstgesteigerter Klarheit oder vollkommener Heiterkeit. – Der gesunde Mensch empfindet Sonnenschein, Licht und Klarheit nicht nur äußerlich als physische Helle, sondern auch innerlich als erfreuend, beglückend, beseligend. Das gleiche gilt in erhöhtem Maße von entsprechend »lichtvollen« Denkerlebnissen. Dies ist mit »Geistheiterkeit« gemeint: eine Denkart, die durch lichthafte Klarheit Freude erregt und durch Freude zur Klarheit strebt.

Im 18. Kapitel des »Lebensganges« schildert Steiner, wie er Friedrich Nietzsche empfand: »Das Freischwebende, Schwerelose seiner Ideen riß mich hin.«

Die Nietzsche-Seele hatte aus früheren Erdenleben »reiches Lichtgold« mitgebracht, »es aber nicht ganz in diesem Erdenleben zum Leuchten bringen« können. Diese Seelenstimmung nennt Rudolf Steiner »*geistfroh*«.

Man könnte anstelle von »Geistheiterkeit« auch »Geistfrohheit« setzen; so gleichen sich die Vorstellungsinhalte beider Wörter. Tragischerweise versank die geistfrohe Heiterkeit der Seele Nietzsches im Dunkel der atomistisch-mechanistischen Naturauffassung, von der er in der letzten Schaffensperiode seines Lebens berührt wurde.

Mut- oder Tatheiterkeit haben wir die dritte der Erscheinungsformen der Heiterkeit genannt. Man könnte sie auch Lebensheiterkeit nennen, weil sie sich in der Wirklichkeit des Zusammenlebens gegen die asozialen und antisozialen Widerstände bewähren muß. Unmittelbar in den Willensbereich kann die Heiterkeit aktivierend hineinwirken. Dieser Bereich ist ja nach dem gegenwärtigen Stand der Menschheitsentwicklung der bewußten Lenkung nicht ohne weiteres zugänglich. Da muß eine auflockernde, freilassende Tatheiterkeitskraft willkommen sein. Ihr Wert liegt darin, daß sie ohne oft trügerische und verunsichernde Reflexion die Lust zu handeln weckt und aufrechterhält, sie macht gesellig, stiftet Freundschaften, zerstreut das Mißtrauen, läßt Mißerfolge leichter ertragen; sie überwindet im Vertrauen auf die helfenden Arme der Götter frohgemut »feiger Gedanken bängliches Schwanken, weibisches Zagen, ängstliches Klagen«. Jugendlicher Optimismus trägt und bewegt die Tatheiterkeit. Sie webt und west in der Freiheit. Sie kann sich nur frei entfalten: unmöglich ist es, Heiterkeit zu kommandieren oder zu gängeln und zu reglementieren. Sie läßt keinerlei Zwang zu, sie läßt sich nicht in Pflicht nehmen.

Es wird zum Verständnis alles bisher Ausgeführten beitragen und manches ergänzen können, wenn wir einen Blick auf Rudolf Steiners *Freiheitsphilosophie* werfen.

Wie vom Lichte der Heiterkeit durchleuchtet sind die Gedanken dieser Philosophie. Und es kann nicht wunder nehmen; denn die Vorstellungen »frei« und »heiter« haben vieles gemeinsam, und nichts Gegensätzliches trennt sie. Sie durchdringen und bedingen sich gegenseitig. Heiter ist das offen und nicht gehemmt sich Darbietende, Frei-Schwebende. Aber lichtlos-dunkel ist das zwangvoll in sich Verschlossene, gleichsam im Kerker der Bewegungslosigkeit Verharrende.

Auch auf anderen Gedankenwegen begegnen sich Freiheit und Heiterkeit, Liebe und Wahrheit sind ihre Weggenossen. Wenn sich der Mensch zur echten Freiheit durchgerungen hat, erfüllt ihn dies mit Freude: es ist eine berechtigte, arglos heitere Freude, die dem andern nichts nimmt, sondern auch ihm die Freiheit läßt und sie ihm wünscht. Der Freie liebt die Freiheit innig, weil er sich nur in ihr weiter entfalten kann. Es ist keine begehrende, es ist reine, dankende Liebe. Freiheit, Heiterkeit und Liebe sind vereint. Und sie bleiben es: denn der Heitere verdankt der Freiheit recht eigentlich sein Wesen; sein Sosein ist von Freiheitswegen gerechtfertigt, und von der Freiheit empfängt sein Ich die Kraft, im Seeleninnern die Leidenschaft zu zügeln. Altorientalische Weisheit sprach es aus: »*Nur der Heitere ist Herr seiner Seele.*« – Der Christus-Jesus spricht: »Die Wahrheit wird euch frei machen« (Joh. 8,30). Wenn die lichtverwandte Wahrheit frei macht, muß dies in gewissem Sinne auch von der Heiterkeit gelten. Der Griesgram sitzt im finsteren Gefängnis seines pessimistischen Mißmutes.

So offenbart sich die Freiheit als eine Wesenheit, die Freude und Heiterkeit weckt und herbeiruft.

Die Freiheitsphilosophie Rudolf Steiners weist einen zweifachen Einschlag von Heiterkeit auf: Geistheiterkeit kennzeichnet die Erkenntnistheorie – Tatheiterkeit die Ethik.

Hierbei waltet ein künstlerisches Element in der ganzen wissenschaftlichen Aufbereitung des Stoffes. Steiner selbst hat gefordert, der Philosoph, der eine Weltanschauung begründen will, müsse ein »Begriffskünstler« [101] sein. Das Denken soll aktiv sein, es soll in Harmonie mit dem Kosmos ablaufen. Die Vorstellung des kosmischen Zusammenhanges allein hat schon etwas Beseligendes.

Es ist für den von Steiner scharf umrissenen Freiheitsbegriff kennzeichnend, daß er in das hellwache, klare Denken verlegt wird und nicht in das zwielichtige, nebulose subjektive Fühlen oder das von blinden Trieben und Leidenschaften getrübte Wollen. Nicht der Wille ist unmittelbar frei, sondern nur ein Denken, das, in sich lichtvoll und rein, geeignet ist, den Willen zu erkraften und zu lenken. »Soll Freiheit sich verwirklichen, so muß in der Menschennatur das Wollen von dem intuitiven Denken getragen sein«, heißt es im Zusatz zum 13. Kapitel der »Philosophie der Freiheit«.

»Im Gedanken geht der Quell der Freiheit auf! Der Mensch hat einfach ein unmittelbares Bewußtsein davon, daß er im Gedanken

ein freies Wesen ist.«[102] Die Freiheit ist – das lehrt die Selbstbeob-
achtung – eine Tatsache unseres Bewußtseins. Von der Ursprungs-
leuchtkraft des Denkens kündet auch ein Wahrspruchwort:

> »Im Urbeginne ist der Gedanke
> Und ein Unendliches ist der Gedanke
> Und das Leben des Gedankens ist das Licht des Ich.
> Erfüllen möge der leuchtende Gedanke
> Die Finsternis meines Ich,
> Daß ihn die Finsternis meines Ich ergreife
> Den lebendigen Gedanken
> Und lebe und webe in seinem göttlichen Urbeginn.«[103]

Gemeint ist – wohlgemerkt! – der Gedanke in seinem lebendig-
wirklichen, einem »heiteren« Urzustande, nicht unser heutiges
Denken; dieses ist »eben nur der stark sich geltend machende Schatten seiner lichtdurchwobenen, warm in die Welterscheinungen un-
tertauchenden Wirklichkeit. Dieses Untertauchen geschieht mit der
in der Denkbetätigung selbst dahinfließenden Kraft, welche Kraft
der Liebe in geistiger Art ist.«[104]

Immer wieder ist in der »Philosophie der Freiheit« die Rede von
dem durch Gefühl und Wollen nicht getrübten »reinen Denken«.
Das Ich reinigt mittels der moralischen Phantasie das Wollen. Im-
mer wieder begegnet man den dem Denken zugeordneten Worten
»Durchstrahlung«, »Durchschauen« oder »Transparent-Machen«.
Es sind durchwegs der »Heiterkeit« verwandte Vorstellungen.

Um vieles stärker noch tritt das Heiterkeitsprinzip als Lebensheiterkeit in der Ethik der Freiheitsphilosophie hervor.

Die Freiheit, die Rudolf Steiner meint, ist nicht die empört aufbe-
gehrende wilde, fahnenschwingende, gewalttätige, laute Freiheit
der Revolutionäre, die nach Blut lechzt und vor lauter Wollen nicht
weiß, was sie will. Es ist eine menschenfreundliche, in lebensfroher,
doch ernster Heiterkeit erstrahlende Freiheit.

Das Heiterkeitsmotiv tritt am deutlichsten im 9. Kapitel an jener
bekannten Stelle hervor, wo der krasse Gegensatz der von Steiner
vertretenen freien Sittlichkeit zu Kants bloß gesetzmäßiger Ethik
aufs eindrucksvollste herausgearbeitet wird: »Wenn Kant von der

Pflicht sagt: ›Pflicht! du erhabener großer Name, der du nichts Beliebtes, was Einschmeichelung bei sich führt, in dir fassest, sondern Unterwerfung verlangst‹, der du ›ein Gesetz aufstellst ...‹, vor dem alle Neigungen verstummen, wenn sie gleich im Geheimen ihm entgegenwirken‹, so erwidert der Mensch aus dem Bewußtsein des freien Geistes: ›Freiheit! du freundlicher, menschlicher Name, der du alles sittlich Beliebte, was mein Menschentum am meisten würdigt, in dir fassest und mich zu niemandes Diener machst, der du nicht bloß ein Gesetz aufstellst, sondern abwartest, was meine sittliche Liebe selbst als Gesetz erkennen wird, weil sie jedem nur auferzwungenen Gesetze gegenüber sich unfrei fühlt.«

Weit mehr als eine Gegenüberstellung zweier wissenschaftlicher Lehrmeinungen liegt in diesen Worten. Wie ein weckender Fanfarenruf klingt es, wenn er die neue Freiheit verkündet, der wahre Kämpfer gegen seine Zeit, gegen das Überlebte und Entwicklungsfeindliche.

Es stehen sich gegenüber: auf der einen, der Vergangenheit zugekehrten Seite die große erhabene, aber unbeliebte Unterwerfung unter die aufgezwungene Gesetze fordernde Pflicht, die jegliche Neigung verstummen läßt – auf der anderen, der Zukunft offenen Seite: der »aus dem Bewußtsein des freien Geistes« sprechende, erhobenen Hauptes die Freiheit ansprechende Mensch. Ohne »erhaben großes« Pathos, nur aus liebendem Herzen, doch der eigenen Würde bewußt, gewillt, niemandes Diener zu sein, wissend, daß die Freiheit des Gesetzes nicht bedarf, weil sie des Menschen Willen achtet und vertrauensvoll – wie der HERR des Faustprologs – auf seine »sittliche Liebe« baut. Die »Neigungen« des freien Menschen werden nicht stumm gemacht und dadurch in Heuchelei verdrängt und verkehrt. Dem kundigen Gärtner gleich wartet die Freiheit geduldig, bis sie herangereift sind und zu sittlicher Liebe erblühen.

Eine krassere Gegensätzlichkeit ist kaum vorstellbar. Und doch bleibt die Begeisterung im Unausgesprochenen; maßvoll ist die Wortewahl, Emotion bleibt fern. Aber Heiterkeit webt ihre Fäden drein, und es liegt über dem Ganzen ein leiser ironischer Humor; den pathetischen Stil Kants ahmt er nach bis ins Wörtliche hinein. So ersteht ein an Deutlichkeit nicht überbietbares Gegenbild der herrischen Pflicht: die liebende Freiheit. Nur ein grundheiterer Philosoph konnte es so malen.

Die Freiheit des Idealmenschen der Bewußtseinszeit gründet in seiner Würde, die mit Zwang unvereinbar ist. Denn des Menschen Würde besteht darin, daß er die sittlichen Ideen liebt, die in seiner Seele leben. Die freilassende Tugendlehre setzt anstelle des Befehls: »Du sollst! Du darfst nicht!«, der so leicht Trotz erregt und mürrisch macht, das vertrauende, sittliche Reife voraussetzende: »Handle nach Lage, den jeweiligen Umständen gemäß so, wie es deiner von der moralischen Phantasie belebten Einsicht entspricht nach deinem Willen!«

Einen kühnen Grundsatz spricht Rudolf Steiner aus:

> »Was man das Gute nennt,
> ist nicht das,
> was der Mensch *soll*,
> sondern das, was er *will*,
> wenn er die volle wahre Menschennatur
> zur Entfaltung bringt.«[105]

Es ist naturgemäß, daß diese Wesensentfaltung Heiterkeit und Freude hervorruft. Es gereicht konkret und individuell zur Freude, sich schöpferisch zu betätigen, indem man aus eigener moralischer Phantasie entsprungene Ideale verwirklichen kann. Lustbetont ist dies Verwirklichen, ist schon das Bewußtsein, hierzu fähig zu sein. Der Mensch empfindet als »*wahren Lebensgenuß*« das, was er will, erreicht zu haben. »Wer nach Idealen von hehrer Größe strebt, der tut es, weil sie der Inhalt seines Wesens sind, und die Verwirklichung wird ihm ein Genuß sein, gegen den die Lust, welche die Armseligkeit aus der Befriedigung der alltäglichen Triebe zieht, eine Kleinigkeit ist. Idealisten *schwelgen* geistig bei der Umsetzung ihrer Ideale in Wirklichkeit.«[106] Das Unsittliche zu tun erscheint ihnen als »Verstümmelung, Verkrüppelung« des eigenen Wesens.[107]

»Wer nur mit den Sinnen zu genießen versteht, der kennt die Lekkerbissen des Lebens nicht.«[108]

Dieser und alle lustbetonenden Sätze beweisen den lebensbejahenden, in hohem Sinne heiteren Charakter der in der »Philosophie der Freiheit« vertretenen Ethik. Dadurch verliert die Tugend den philiströsen, säuerlich-selbstgefälligen Zug. Dieses Moment scheint bisher nicht genügend erkannt und gewürdigt worden zu sein. Erst in neuerer Zeit ist es geschehen: »Die Koppelung der Ethik an ein individuelles Lustprinzip ersetzt den kategorischen Zeigefinger Kants durch eine lebensfrohe, optimistische Gebärde.«[109]

Dieses »Lustprinzip« erinnert in etwa an die Lehre Epikurs (341–270 v. Chr.). Seine Philosophie der Freude wird immer noch verkannt als die oberflächliche Lebensanschauung von Genießern, Prassern, Wollüstlingen und raffinierten Egoisten. Das gerade Gegenteil ist der Fall: Epikur nannte die Vernunft das höchste Gut, weil sie uns lehrt, daß es unmöglich ist, in Freude zu leben, wenn man nicht ein vernünftiges, sittlich hochstehendes und gerechtes Leben führt. Umgekehrt ist es aber auch unmöglich, ein solches Leben zu führen, ohne in Freude zu leben. Denn die Tugenden sind mit dem freudevollen Leben eng verwachsen, und dieses ist nicht von jenem zu trennen.[110]

Man darf allerdings den epikuräischen Einschlag der Freiheitsphilosophie nicht erwähnen, ohne das doch tief Trennende in anderer Hinsicht zu berücksichtigen.

Der *ethische Optimismus*, mit dem Rudolf Steiner (im 13. Kapitel) dem Pessimismus Schopenhauers und Eduard von Hartmanns entgegentritt, hat etwas ausgesprochen erhebend Heiteres, inhaltlich und der Darstellungsart nach. Finsteren Angesichts konnten solche Sätze nicht niedergeschrieben werden! Man liest sie mit Freude. Sie sind in ihrer lockeren Beschwingtheit bei zwingender Logik doch frei von muffigem Intellektualismus und pathetischer Sentimentalität. Um alles deutlich zu machen, müßte ausführlich referiert werden; wir beschränken uns auf weniges.

Wenn das Verbuchen und Abrechnen der Lust- und Unlustgefühle im Kontobuch des »Lebensgeschäftes« kritisch auf Lebensgemäßheit überprüft wird, schimmert ein wenig Humor durch. Warum – so fragt der Freiheitsphilosoph – sollte das Streben (Begehren) als solches Unlustgefühle erzeugen? Es bringt erfahrungsgemäß nicht nur keine Unlust (erst die Nichterfüllung des Begehrens tut dies), sondern Lust; denn jedes Begehren ist zwar von der Hoffnung auf Erfolg begleitet, aber unabhängig davon gibt es dem

Leben einen Inhalt und macht Freude; sie ist die Begleiterin der Arbeit. Ist das Strebensziel erreicht, kommt zur Lust des Strebens die der Erfüllung. Warum ist, wie die Pessimisten meinen, jedes Überwinden von Hemmnissen schmerzend und leidvoll? Als Ergebnis seelischer Beobachtung stellt Steiner fest: »Objektive Lustquellen liegen in der Überwindung.«[111] Auf gleiche Weise lebensnah wird die von den Pessimisten als tiefsten Leides Quelle qualifizierte Illusion in Schutz genommen: Ist sie wirklich so tief leidvoll, wie es die Pessimisten darstellen, die immer nur Gefühle mit dem Verstand wägen? Und die Enttäuschung erst! – ist sie nicht unlustbeladen, daß Gott erbarm? Schlicht-heiter erklärt Rudolf Steiner, und der gesunde Menschenverstand stimmt zu: Auch illusionäre Lustgefühle sind eben doch und bleiben lustvoll. Und die Ent-täuschung kann dem Einsichtigen zur Befriedigung gewähren, weil sie von einer Täuschung befreit. Selbst der Irrtum ist fruchtbar, ihm verdanken wir ein Gutteil unserer Erfahrung. Im Vorspiel zum »Faust« spricht die Lustige Person vom »holden Irren«.

Wie abstrakt, blutleer, lebensfremd und ... unfroh wirkt dagegen der Pessimismus! Dies gilt aber auch von der Kantschen Handlungsmaxime, dem kategorischen Imperativ. Die sich darin aussprechende Uniformität läßt keine Tatheiterkeit aufkommen, es verläuft alles nach dem einen Muster: »Handle so, daß die Grundsätze deines Handelns für alle Menschen gelten können!« Selbst wenn sich diese Musterknabenethik verwirklichen ließe, Steiner nennt sie mit Recht »den Tod aller individuellen Antriebe des Handelns«.[112]

Desgleichen fegt die Freiheitsphilosophie mit heiterer Gebärde hinweg die ganze pessimistische Lust-Unlust-Abrechnung, weil sie in der Lebenspraxis gar nicht angestellt wird; denn der seelisch gesunde, namentlich der auf das Wirken überirdischer Wesenheiten vertrauende Mensch bejaht das Leben selbst dann, wenn die Bilanz einmal passiv ist infolge vermeintlichen Übergewichts der Unlustgefühle.

Die von den Pessimisten beklagten Widersprüche hat Steiner selbstverständlich auch gesehen, aber als Optimist, Freiheitsphilosoph und – Humorist voll bejaht. Das Wesen des Humors liegt ja in dem Sich-erheben-Können über den letztlich doch nur scheinbar vorhandenen Widerspruch. Die Widersprüchlichkeit des menschlichen Lebens offenbart sich gerade vom Gesichtspunkt der richtig, das heißt als Veranlagung frei werden zu können, verstandenen Freiheit: »Aus Handlungen der Freiheit und der Unfreiheit setzt sich unser Leben zusammen. Wir können aber den Begriff des Menschen nicht zu Ende denken, ohne auf den *freien Geist* als die reinste Ausprägung der menschlichen Natur zu kommen.«[112] – »Wer von uns kann sagen, daß er in allen seinen Handlungen wirklich frei ist? Aber in jedem von uns wohnt eine tiefere Wesenheit, in der sich der freie Mensch ausspricht.«[112]

Nehmen wir zu diesen Sätzen hinzu, was Rudolf Steiner als »die Grundmaxime der *freien Menschen*« verkündet hat:

> »*Leben* in der Liebe zum Handeln und
> *Lebenlassen* im Verständnisse
> des fremden Wollens.«[112]

Dann wird offenkundig, daß Steiners Freiheitsphilosophie ganz durchleuchtet ist von beglückender, lebensbejahender, liebe- und vertrauensvoller, gemeinschaftsbildender, zu entschlossenem Handeln ermunternder Heiterkeit.

Und wenn Rudolf Steiner zusammenfaßt:

> »Wahrhaft Menschen sind wir doch nur,
> insofern wir frei sind«,[112]

dürfen wir hinzufügen: Und sofern wir wahrhaft frei geworden sind, werden wir heiteren Herzens durch das Leben gehen, geistfroh leben und leben lassen.

Das Staunen

Auf dem Felde der Freiheitsphilosophie begegneten sich Denken (Geistheiterkeit) und Wollen (Tatheiterkeit). Nun sei kurz eines auch der Philosophie zugehörigen Phänomens gedacht, das auf der

Grenze von Gefühl (Gefühlsheiterkeit) und Wissen (Geistheiterkeit) auftritt: Es ist das *Staunen*. Es galt im alten Griechentum gleichsam als Vater aller Philosophie. Rudolf Steiner hat sich dieser Grundüberzeugung angeschlossen: »Denn was wäre irgendein Wissen, ... das nicht ausginge von dem Staunen?«[113] Aber ihm ist das Staunen nur der Ausgangspunkt eines Vorganges, der zu einem gesunden, innerlich lebendigen, von Nüchternheit und Pedanterie freien Wissen hinführt; er läuft aus und mündet ein in die »Beseligung, die wir empfangen von den gelösten Rätseln«, vor die uns die Verwunderung gestellt hat. Erkenntnis als Enträtselin macht geistfroh, erregt Geistheiterkeit. »Eingerahmt von Staunen und Beseligung ist ... das gesunde Wissen.« Dieser Rahmen macht das »Hoheitsvolle und das innerlich Lebendige des Wissensprozesses aus. Im Staunen liegt ein dem Komischen ähnliches Widerspruchs-Element: Das Fremde eines Wesens tritt uns als etwas Rätselhaft-Dunkles entgegen, und doch ahnen wir Verwandtes, sehnsüchtig erstreben wir die Lösung, wir wollen uns über den verwunderlichen Widerspruch erheben. Der Heureka-Jubel verkündet das Gelingen. Davon geht »alles Aroma des Wissens« aus, »das die Atmosphäre des Lebendigen im Wissen bildet«. Dem rein verstandesmäßigen, materialistischen Denken geht dies »Aroma« ab, es mangelt an der innerlich erwärmenden Leuchtkraft der Heiterkeit; statt dessen flüstert der ahrimanisch-kalte Intellekt: »Wissen ist Macht.«

Allzu unvollständig bliebe unsere Darstellung, wenn nicht wenigstens angedeutet würde, welche weiten geistigen Räume des Sonnenhaft-Heiteren und des in die Klarheit Führenden der Menschheit des 20. Jahrhunderts durch den Freiheits-Impuls geöffnet wurden, der von Rudolf Steiner ausging: Schon die Art, wie er den dichten Schleier ängstlich gehüteter Geheimnisse, in den der Okkultismus bis dahin gehüllt war, wegzog, indem er gegen den Widerstand der Geheimnishüter verkündete und veröffentlichte, beweist echte freiheitliche Mutheiterkeit. Das gleiche gilt in noch höherem Maße von der durch Rudolf Steiner begründeten Christologie; sie ist eine gewaltige Tat der Befreiung des religiösen Gedankenlebens von

Dogmenzwang und Wundergläubigkeit. Hierher gehört schließlich auch die dem abendländischen Bewußtsein gerechtwerdende Verkündigung und Ausdeutung des Reinkarnations- und Karmagedankens. Überall, wo Steiner wirkte, trat anstelle verfremdender Verdunkelungen strahlende Geistheiterkeit.

Es sei unumwunden zugegeben, daß unsere Darlegungen ein schwacher Versuch geblieben sind, der wahren Natur der Heiterkeit so näherzukommen, wie es der geistigen Realität ihres Wesens entsprechen würde. Es gelang nur, in etwa die Wirkungen zu beschreiben, die von diesem Wesen ausgehen; sie wurden – wie wir sahen – ausgelöst durch einen Liebes-Impuls, dem Opfertaten göttlicher Wesenheiten folgten. So dürfen wir sicher sein, daß die Heiterkeit ausströmende Wesenheit im Dienste des Sonnengeistes Christus steht. – Unübersehbar groß ist die Schar der Kinder, die Mutter Heiterkeit der Welt und den Erdenmenschen gebar. Vielleicht kann es uns weiterhelfen, wenn wir eine kleine Anzahl auswählen und sie betrachten.

Alsbald tritt vor den suchenden Seelenblick der Heiterkeit begabtester Sproß, das ihr ähnlichste Kind, unser Freund, der *Humor*. Zwar fließt ihm nicht mehr die ganze himmlische Fülle zu, die der Mutter eignet, aber er ist doch – uns zum Vorbild – ständig strebend unterwegs zu ihr. Mehr als die Mutter ist er dem intelligenten Denken zugetan. Wie anders auch könnte er den Widerspruch durchschauen, um sich über ihn zu erheben und sich von ihm zu befreien. Aber es ist bezeichnend für seine Art, daß er das Gemüt mitsprechen läßt. Herzkräfte sind immer spürbar.

Wie das Gemüt ist auch das Muthafte mütterliches Erbe. Der Humor bewährt sich immer als Helfer in der Not, er lehrt Zaghaftigkeit zu überwinden, kann zur Gelassenheit erziehen und zu überlegener Lebenssicherheit verhelfen. Das Sich-erheben-Wollen lenkt den Blick ins Erhabene. Das immer deutlichere Innewerden des Einklangs der Dinge verleiht dem Humor einen Zug sittlichen Ernstes, philosophischer Besinnlichkeit, zuletzt – der Frömmigkeit.

Die von der Mutter Natur ererbten Herzkräfte bewahren den Sohn vor dem Intellektualismus, der ihn lähmen und schließlich töten würde. Diese gefährliche Krankheit kann er sogar – wir sprachen schon davon – als bewährter Heiler auf gleichsam homöopathischem Wege bekämpfen. Seine in ausgewogener Dosierung vorhandene Intelligenz verbindet sich mit einem krankmachenden Zuviel an Intellekt, leitet es ab und löst es in Lachen auf.

Zum Unterschied von der Mutter, die ihr Wesen schon im Unausgesprochenen offenbaren kann: im Blick, in Haltung und Bewegung – lebt der Humor im Wort und im Gespräch. Ein wenig überschwenglich hat man ihn schon die »Krönung des Gesprächs« genannt, der »geistigen Überlegenheit [wegen], die sich in der heiteren Gelassenheit äußert«.[114] Gern verweilt er behaglich bei Einzelheiten, dann besonders, wenn er Anekdoten ausspinnt. Phantasievoll weiß er zu erzählen, man lauscht ihm gern. Wenn er die Gedankenwege kreuzt, die Rudolf Steiner als Vortragender aufzeigt, glänzen sie auf, die Anekdoten. Von der Dichterseele Christian Morgensterns wird der Humor über sich hinaus in die Höhen des Weltanschaulichen emporgetragen, heiter-poetisch vergeistigt. In seinen Gestaltungen meint man nicht mehr den Sohn, sondern die Mutter selbst zu erleben – so weit, fast bis ins Unmerkliche ist der Widerspruch entrückt.

Inmitten zweier völlig einseitig veranlagter Geschwister hält der Humor ein schönes Gleichgewicht: frei von jeglicher Reflexion tanzt die bildhübsche, ewig junge Schwester *Fröhlichkeit* durch das Leben. Wie ein ganz der Umwelt zugewandtes Naturwesen wirkt sie in ihrer naiven Unbekümmertheit. Sie neigt zur Oberflächlichkeit, man kann es nicht übersehen. Sie genießt nur die Freuden der Welt, kennt nicht den Ernst, geschweige denn das Leid und den Schmerz. Jede Berührung mit allem, was nicht ungemischte Freude bietet, bedeutet für das empfindsame Geschöpf den sofortigen Tod.

Bruder *Witz* hingegen! Was ist das für ein handfester und dabei grundgescheiter Bursche! Quicklebendig wie das Schwesterchen, phantasiebegabt, auf allen Gebieten bewandert wie der – allerdings gründlichere – Bruder. Doch liebt er zum Unterschied von diesem Schlagfertigkeit, die er in kurzen eindrucksvollen Auftritten beweist, mitunter auch in seiner spielerisch-leichten Art ohne besonders große Feinfühligkeit. Er kann frech werden, ist aber niemals dumm. Wer einen Witz »dumm« nennt, spricht dem mißglückten Versuch eigentlich den Witzcharakter ab. Der Witz muß nicht immer boshaft, er kann auch gutmütig sein, aber ihm fehlt die herzens-innige Gemütstiefe des Humors. Ihm genügt's vollauf, das »Köpf-chen« anzusprechen und lachende Gesichter zu sehen. Mit seiner Charakterfestigkeit ist es leider nicht weit her. In schlechter Gesell-schaft nimmt er leicht deren Gewohnheiten an. Vor der Spottlust dieses Hansdampf in allen Gassen ist keiner und nichts sicher. Er kann sogar zum frivolen Nihilisten und Verharmloser des Bösen werden.

An dieser Stelle sei zweier weiterer Schwestern des Witzes ge-dacht, die so bedeutsam und eigenartig sind, daß sie nicht übergan-gen werden können: *Satire* und *Ironie*.

Sie ähneln sich in vielem. Die gemeinsame Herkunft von der Mutter Heiterkeit bleibt unverkennbar, wenn sie auch durch Bitter-keit getrübt wird. Beide haben, solange sie »im Rahmen« bleiben, eine entschiedene Tendenz zum Erzieherischen, überschreiten sie ihn, verkommen sie in bösem Spotten und schnödem Verächtlich-machen. Da wir der Sachlichkeit den Vorrang vor der Höflichkeit einräumen, müssen wir schließlich auf das respektable Alter beider Damen hinweisen: Die Wiege der Satire stand im römischen, die der Ironie im griechischen Altertum! Dennoch – der *Satire* sind wir ja bereits begegnet – unverwüstlich frisch wie zu Juvenals Zeiten spielte sie die ihr anvertraute Rolle der »Initiation«, kunstvoller Verse mächtig, glanzvoll und überzeugend als strenge Erzieherin. Wie genau treffen immer noch die scharfgeschliffenen Pfeile der an-griffslustigen Römerin ihre Ziele, gerade das, was auch wir verwün-schen: Sentimentalität, Mystelei und falsches Pathos. Wir müssen sie loben, ihr dankbar sein.

Zum Unterschied von der Satire, die sich im Formalen auslebt, dringt ihre Schwester mit dem bedenklichen Namen *Ironie* – auf Griechisch »Verstellung« – tief ins Menscheninnere. Wieviel Philo-sophengeist, Gelehrtenfleiß und Dichterphantasie ist aufgewendet worden, um das Rätselwesen dieser Frau zu ergründen oder nach-zubilden! Spottlustig wie die Schwester, mehr noch als diese »esprit«sprühend, ist sie als rücksichtslose Kritikerin unablässig bemüht, ihrem Namen Ehre zu machen: Stets das Gegenteil von dem, was sie sagt, meint sie. Wenn Wagner schwärmt: »Und wie wir's dann so herrlich weit gebracht …!«, spricht sie aus Faust:

»O ja, bis an die Sterne weit!« Alles stellt sie in Frage, allem fühlt sie sich überlegen. So half sie schon dem weisen Sokrates im Kampf gegen angemaßtes Wissen. Wie hilfreich auch heute noch die Ironie als Selbstverspottung werden kann, davon war schon die Rede. Aber wie leicht nimmt sie, die Spottlust übersteigernd, ein frivoles Wesen an, das im Spielerischen beginnt und im bösartig Zerstörerischen endet. Sie entwertet alles, nimmt nichts mehr ernst, nichts ist ihr heilig. Dieser *Unernst*, dem die ins Maßlose gehende Ironie sich hingibt, ist das ahrimanische Gegenbild der Heiterkeit. Wenn dann die Ironie sich dem Bruder Humor zugesellt – sie tut es nicht selten –, wird dessen Wesen arg verfremdet oder sogar verfälscht. Dann haben wir es in Wahrheit mit dem verkleideten Ahriman selbst zu tun. Ihn hat Rudolf Steiner einmal ironisierend den »größten Humoristen« genannt, mit dem verglichen Mephisto noch als harmloser »Schalk« gelten kann. Die bezügliche Stelle lautet:

»Wenn man gar zu sehr scheut eine *gewisse* Ironie und einen *gewissen* Humor der Welt gegenüber, dann verfällt man zu leicht dem größten Humoristen, der ein Genosse ist desjenigen, der uns in Goethes Mephistopheles gegenübertritt, der dem Herrn mehr zur Last ist als der Schalk, der ein etwas gefährlicherer Geist von der Sorte derer ist, die da verneinen können.«[115] Auf eine beachtliche okkulte Gesetzlichkeit weist hier Steiner hin: Humor und Ironie machen gefeit gegen die Wirkung des tödlichen Gifts, das der Allesverneiner bereithält; wir entziehen ihm die Angriffsfläche, wenn wir zur rechten Zeit Humor und Ironie herbeirufen. –

Nur ungern kehren wir nochmals zum Bruder des Humors, dem *Witz* zurück. Seine Charakteristik bliebe aber unvollständig, wenn wir verschweigen würden, wie unbedenklich oft und gern er der *Zote* in die widerwärtigste Verkommenheit folgt. Gerade in dieser von den reinen Höhen der Heiterkeit aufs tiefste herabgezerrten Gestalt nimmt der Witz bekanntlich im geselligen Verkehr einen sehr breiten Raum ein. Dies nicht zu erwähnen, könnte Lebensfremdheit vermuten lassen. Und Witz hört nicht auf, Witz zu sein, wenn er sich an die niedrigsten Leidenschaften wendet. Es ist eben doch eine (wenn auch verunstaltete) Art von »Freude«, die das bekannte wiehernde oder grölende Gelächter auslöst; in Auerbachs Keller fühlt »man« sich »kannibalisch wohl als wie fünfhundert Säue«.

Bis in diese Tiefe rein animalischen Lusterlebens kann der Mensch herabsinken, wenn er sich ohne bewußten Einsatz der Ich-Kraft von der irdischen Stoffeswelt her wirkenden Kräften überläßt. Hierin liegt Tragik und Gefahr des Inkarnationsweges: Je tiefer im Streben nach Selbstbewußtheit das Ich in dichtere Substantialität eintaucht, um schließlich bis zur Stofflichkeit des physischen Leibes vorzudringen, um so mehr entfernt er sich vom Geistbereich. Gleiches kann nur von Gleichem erkannt werden: Schon in der Seelenhülle vermag der Mensch das Geistige nur noch im Abglanz zu erleben; immer spärlicher und trüber wird der Widerschein, bis er im Strudel der sinnlichen Triebe und Leidenschaften erlischt.

Den drei Daseinsformen des Erdenmenschen: Geist, Seele, Leib – entsprechen drei Arten des Freude-Erlebens. Bemerkenswerterweise treffen wir sie auch im Humorbereich an. Selbstverständlich geht es in jedem Falle um Seelisches; aber unter den Vorgängen, die zusammenwirkend Humorstimmung zustande bringen – das *Erleben* (Wahrnehmen) des Komischen, das *Durchschauen* des zugrundeliegenden Widerspruchs, dessen befreiend empfundene *Überwindung* dadurch, daß man sich über die Sache erhebt –, unter diesen Vorgängen ist in jedem Einzelfall *einer* so vorherrschend, daß man drei nicht scharf abgegrenzte, aber doch auffallend hervortretende Humorphasen oder -stufen unterscheiden kann: die Leibphase, die Seelenphase und die Geiststufe.

In der *Leibphase* steht, alles andere verdrängend, das Erleben (z. B. einer komischen Situation oder Szene) im Vordergrund. Das sinnlich Wahrgenommene wirkt im dramatischen Ablauf der äußeren Erscheinung schon so spaßhaft, daß das blitzschnelle Durchschauen – paradox gesprochen – kaum ins Bewußtsein dringt. Noch weniger ist ein »Sich-Erheben« spürbar: man steckt, von dem unerwarteten Ereignis überwältigt, zu tief im Erleben drin. Schallendes, »umwerfendes«, dröhnendes, mehr oder weniger hemmungsloses Gelächter bricht aus; zwerchfellerschütternd, gesichtsmuskelverzerrend, begleitet von entsprechenden Gesten; bis in die Atemströmung und inneren Leibesvorgänge hinein ist der physische Mensch in Bewegung und Erregung, er »biegt sich vor Lachen«, er »weint« Tränen der Freude, er lacht unter Tränen. – Genug, wir kennen diese ganz nach außen gerichtete, »ausgelassene« Freude. Je mehr sie dem Extrem nahekommt, um so mehr verliert sich der Charakter echten Humors.

Der ihm gemäße Lebensraum ist die Mittellage, das, was wir die *Seelenphase* nennen; nur hier kann sich das typisch Menschliche des Humors voll entfalten. Das Sinnliche tritt zurück, das Lachen ist gedämpft, es wirkt nicht abstoßend oder störend wie das lauthals dröhnende Gelächter, sondern anziehend oder »ansteckend«; es »trägt« die Humorstimmung und »hebt« sie sogar, wenn es bei einem verständnisvollen Lächeln bleibt, beim Kopfnicken oder bei Blicken.

Das humorige Freude-Erleben kann auf unendlich viele Weisen verinnerlicht und verfeinert werden. Auf je höherer Ebene der jeweils auftretende Widerspruch liegt, desto mehr tritt das Moment der Erhebung hervor, die *Geiststufe* der Humorstimmung, die Sphäre des von Rudolf Steiner einmal so genannten »seriösen« Humors ist erreicht, während das Erleben des Komischen im Hintergrund bleibt.

Schon dann eignet dem Humor hohe Menschlichkeit, wenn sich in ihm überlegene Gelassenheit ausspricht; aber erst, wenn durch liebendes Verstehen in lächelnder Toleranz das Gefühl jeglicher Überlegenheit geschwunden ist, kann die Stimmung des Frommseins, die Erhebung ins Religiöse aufkommen.

Dieses Gestimmtsein, das subjektive Gefühl des Erhabenseins über den Widerspruch kann zur objektiven Erkenntnis der Scheinhaftigkeit und völligen Unwirklichkeit alles Sich-Widersprechenden hinführen. Und es kann erlebt werden, daß eine geistgetragene Kraft es ist, der wir diese Erkenntnis verdanken, eine geistige Kraft, die die Seele durchströmt und zu beherrschen beginnt: die Kraft der Heiterkeit.

Gewiß, die Grenze zwischen den höheren Formen des Humors und der Heiterkeit ist fließend; aber sie ist doch eine Realität. Je höhere Formen die Humorstimmung annimmt, um so mehr geht sie über und verschmilzt sie mit Heiterkeit; aber wenn wir – mit Recht! – am Widerspruch als Voraussetzung des Humors festhalten, sollten wir nicht mehr von »Humor« sprechen, wenn die Nichtigkeit des Widerspruchs feststeht, wenn anstelle des (humorigen) Sich-Erhebens das (heitere) Hochgefühl des Erhobenseins getreten ist, das Gefühl der nicht hoffärtigen, sondern der schlicht-heiteren Erhabenheit.

Tun wir nicht beiden Unrecht, der »Mutter« sowohl wie dem »Sohn«, wenn wir, von der Ähnlichkeit übermannt, sie gleichsetzen? –

Wir haben uns nun klargemacht: Heiterkeit, so wie sie als *Stimmung* erlebt wird, ist Abglanz der von einer geistigen Wesenheit ausstrahlenden *Leuchtekraft*. Im Umgang von Mensch zu Mensch erfahren wir täglich, in welch unermeßlich vielen und verschiedenen Formen und Helligkeitsgraden dieser seelisch verdichtete Widerschein des Geistigen aus dem Innern des Menschen hervorleuchtet. Oft nur als aufblitzender, rasch wieder erlöschender Strahl, bisweilen länger verweilend oder öfter auftauchend, bis er schließlich als Offenbarung einer ständig innewohnenden und fortwirkenden Kraft von der ganzen Seele, sie begnadend, Besitz ergriffen hat. Dann wird Heiterkeit zu einer die Persönlichkeit *prägenden Eigenschaft*.

Eine beängstigend zunehmende Heiterkeitsdämmerung breitet sich über die Seelen. Vor über hundert Jahren bereits hat *Kierkegaard* die Schwermut als die eigentliche Zeitkrankheit beklagt: »Sie erklingt noch in unserem leichtsinnigsten Lachen, sie hat uns den Mut geraubt, zu befehlen und zu gehorchen, die Kraft zu handeln, den Glauben, die Hoffnung …« (»Die Krankheit zum Tode«, 1849). Die Verdüsterung hat unheimlich zugenommen, sie ist eines der Symptome der Geistlosigkeit und seelischen Verödung unserer Zeit.

Drängend geworden ist die Frage nach dem Woher und Warum von Heiterkeit und Mißmut bis in die konkreten menschlichen Zusammenhänge hinein. Mit redensartlichen Hinweisen – etwa auf die »kompliziert gewordenen Verhältnisse« – ist nicht geholfen. Auch die Vererbungslehre versagt. Abgesehen davon, daß die »Veranlagung« doch nur in die Elterngenerationen zurückverweist, wo die Frage wieder dasteht. Wohl mag die »Frohnatur« vom Mütterchen ererbt sein – sie ist aber nur die seelisch-gemüthafte Seite der hier gemeinten Heiterkeit. Sie ist ein dem ewigen Geistkern des Menschen einmal eingeprägtes Kennzeichen, nicht durch Abstammung, sondern durch karmisches Geschehen bedingt, gewissermaßen von sich selbst »ererbt«, in vorangegangenen Erdenleben erworben als Folge des einst Erlebten. Die Erinnerung daran ist unbewußt geworden, das, was wir Instinkt nennen.[116]

Dieser Instinkt sagt uns: Die Heiterkeit kann nicht auf einer im gegenwärtigen Erdenleben erworbenen Fähigkeit beruhen; sie muß schon in längst vergangenen Lebensläufen herangereift sein als Frucht freudiger und leidvoller Erfahrungen. Die heute so selten anzutreffenden Menschen heiterer Art haben gelernt, ihr Schicksal zu bejahen. Immer wieder erfuhren sie, wenn ihr Ich im Leibe verkörpert war: Alles Leid und jeglichen Schmerz haben wir uns selbst zubereitet, um uns durch Ertragen und Überwinden höher zu entwickeln. Alles Freudvolle aber, das ihnen beschieden war, lernten sie in Demut dankbar entgegenzunehmen, nicht für vermeintliche frühere Verdienste, sondern als beglückendes, aber auch verpflichtendes, durch göttliche Gnade empfangenes Geschenk.

Von dieser »zweifachen Art des Hinnehmens unseres Karma« hat Steiner im Wiener Vortrag vom 8. Februar 1912[117] ausführlich gesprochen: Der in den Tiefen des Unterbewußtseins wirkende »Gescheitere«, das höhere Ich, führt uns »mit magischer Kraft« den Weg zu den Schmerzen, weil wir mit jedem inneren und äußeren Leide eine Unvollkommenheit ausmerzen und uns vollkommener machen ... Dann wird uns ein Gefühl überkommen von *seliger Weisheit*, welches sozusagen ergibt: Auch da, wo die Welt erfüllt scheint von Leid, da ist sie voller Weisheit! So etwas ist dann eine Errungenschaft der Anthroposophie für das Leben. Wir mögen so etwas für das äußere Leben wieder vergessen. Wenn wir es aber nicht vergessen und oft und oft es wieder üben, dann werden wir sehen, daß wir etwas wie einen Keim in unsere Seele gelegt haben und daß sich dann mancherlei, was in uns trübes Gefühl, mancherlei, was schwache Stimmung ist, verwandelt in *heitere Lebensstimmung*.

Schwerer ist es, mit den Freuden zurechtzukommen, die wir im Leben erfahren. Denn ernste, nicht von beschämendster Selbstgefälligkeit getrübte Selbsterkenntnis lehrt: Ohne unser Zutun sind uns Lust und Freude zugefallen; wir müssen sie »als Gnade empfinden, als Gnade der Allgewalten der Welt, die uns aufnehmen wollen, die uns gleichsam in sich einbetten wollen«.[117]

So bestätigt die Geistesforschung, was Instinkt und Wahrheitsgefühl uns sagen: Heiterkeit ist eine Folge des Karma-Bejahens. Ist doch die positive Grundstimmung beim Hinnehmen von Schmerz und Leid und beim Empfangendürfen von Lust und Freude urgesund, kraftvoll und deshalb auch heiter. Das Hadern mit dem »widrigen« Schicksal hingegen muß trüb und traurig stimmen, und das selbstgerechte »Einkassieren« von Freudigem schwächt die Seele und macht sie krank.

Aber wir dürfen nicht bei der Frage stehenbleiben, wie eine Stimmung auf das Einzelleben wirkt, sondern müssen hinschauen auf die Menschengruppen, ihr Zusammenwirken in Gemeinschaften jeder Art, vorab auf Kulturströmungen.

Hierbei verspricht das Erkennen der das Karma-Walten beherrschenden Gesetzmäßigkeiten reiche Aufschlüsse. Im Prager Vortrag vom 30. März 1924 macht uns Rudolf Steiner mit einem hochbedeutsamen Karmagesetz bekannt; es läßt sich an drei aufeinanderfolgenden Erdenleben beobachten: Liebe wandelt sich in Freude, Freude im dritten Erdenleben in Verständnis für die Umgebung.[118]

Machen wir es uns klar: Die Fähigkeit, Freude zu erleben – ohne sie ist Heiterkeit undenkbar! –, ist die Bedingung des sozialen Verständnisses im nächsten Erdenleben. Freudlose, unheitere Menschen sind es, die als Wiedergeborene kein Verständnis für Menschen oder Umwelt aufbringen können. Und Liebe muß im vorangegangenen Leben entwickelt worden sein, damit im nächsten Dasein Freude erlebt werden kann.

Alles wird noch verständlicher und gewinnt an Gewicht, wenn wir das Gegenbild der geschilderten Verwandlungsvorgänge ins Auge fassen: Aus Haß entwickelt sich Leidanfälligkeit, aus dieser im dritten Erdenleben soziale Verständnislosigkeit, »Verstocktheit, die an nichts heranwill, sich in nichts vertiefen kann«.[118]

Verhängnisvoll muß es für jede Kulturbewegung werden – wir denken vornehmlich an die anthroposophische Bewegung –, wenn sie von dieser sozialen Krankheit auch nur berührt würde. Wir

müssen – ganz allgemein ist es gemeint und nicht als Moralpredigt –
auf der Hut sein! Die Vielhasser wachsen sich aus zu den bekannten
»Zwiderwurzen«, zu unverträglich-mißgelaunten Zeitgenossen des
nächsten Erdenlebens, die in einer weiteren Inkarnation mit ihrer
Asozialität jegliche Gemeinschaftsarbeit hemmen. Der im Grunde
solcher freud- und humorlosen Seelen verborgene Haß ist die
Quelle trübseliger, oft nur auf Neid beruhender Tadelsucht und
Kritikasterei; er macht das Seelenauge blind für alles Positive, über-
scharf für das Unvollkommene in der Umwelt.

Berechtigte Kritik darf nicht unterbunden werden; nur sollten
wir auch mit Anerkennung und Lob nicht geizen. Eigener Mißmut,
aus untergründigen Haßgefühlen aufsteigend, häuft sich derart an,
daß das Erfreuliche nicht mehr wahrgenommen werden kann. Es ist
so, als ob die Griesgrämlinge alles darauf angelegt hätten, die aus
abgelebten Zeiten mitgeschleppte Schmerz- und Leidensfähigkeit
einer andauernden Bewährungsprobe zu unterziehen. Der Geistesforscher mahnte zur Wachsamkeit: ob man nicht selbst den Chor
der Neinsager verstärke. Der überwiegende Teil aller Gespräche
über die Mitmenschen ist ausgefüllt mit abwertender, nicht selten
sogar kaffeeklatschartiger Kritik, nur ein kleiner Rest besteht aus
Lob und Anerkennung. Rudolf Steiner nannte ein Verhältnis von
100 zu 1 und betonte: »Man kann wirklich diese Zahl angeben«.
Das Negative wirkt »interessanter«, und doch sind es meist nur
Haß- und Neidgefühle verschiedenen Grades, die so seltsam anziehend wirken. Was liegt zugrunde? Man braucht nicht gleich an böse
Absicht zu denken, sollte vielmehr bessere Einsicht wünschen. Ge-
rade sie wollte Rudolf Steiner vermitteln, indem er jenes Karmage-
setz vortrug, nach welchem der Freude – die sich als Heiterkeit aus-
wirkt – eine zentrale Bedeutung für das Sozialempfinden zukommt:
Erlebte Freude ist gleichsam der tragende Mittelpfeiler, auf dem die
Brücke ruht, die im Schicksalsstrome von der Liebe zum sozialen
Verständnis führt.

Selbstredend kann der Intellekt eine derartige bildhafte Vorstellung nicht nachvollziehen; von allem andern abgesehen – er unterschätzt die Wirkungskraft der Gefühle. Die »harmlose« Heiterkeit
insbesondere hält er für völlig unbeachtlich; und in der Tat, wer sie
als bloß unterhaltsame Lustigkeit verkennt, kann allerdings nie er-

messen, wie geheimnisvoll-zauberkräftig wahre, hohe Heiterkeit auf zwischenmenschliche Beziehungen wirkt. So manche im Dunst mürrischer, traurig-verhangener Stimmung aufkommende Meinungsverschiedenheit wuchs sich schon aus zu vermeintlich unübersteiglicher gehässiger Feindschaft. Hätten die Beteiligten statt im nachhinein das widrige Karma zu beklagen, von vornherein an unser Karmagesetz gedacht und die Dinge mit erfrischender Heiterkeit sub specie reincarnationis betrachtet, es wäre ihnen viel Leid und der von ihnen getragenen Bewegung ein beachtlicher Energieverlust erspart geblieben. Es gibt historische Beispiele. –

Nicht unabwendbar ist in die Zukunft hinein das Karmawalten, es läßt sich zum Guten wenden. Man wird es nicht mißverstehen: im Erdenleben können wir nicht unmittelbar unser Schicksal umwandeln. Es wird nur im Leben zwischen Tod und neuer Geburt gewoben, hienieden werden wir nur der Wirkungen gewahr. Aber insofern wirken wir indirekt bei diesen Metamorphosen des Schicksals mit, als wir durch unsere Lebensgestaltung oder Verhaltensweise (z. B. unsere Heiterkeit oder Griesgrämigkeit) gewissermaßen den Stoff zur Schicksalsgestaltung mit dem Tode in die Geistwelt hineintragen.

Daß Humor und Heiterkeit Mittel der Abwehr drohender Verhängnisse sind, wird viel zu wenig erwogen. Wie jede Medizin müssen auch diese beiden »Heilkräuter« richtig zubereitet, dosiert und zur rechten Zeit verabreicht werden; dann können sie sich als Konfliktüberwinder bewähren – wirksamer als noch so tiefgründig klingende, aber nur kalt intellektualistische Argumentationen.

So wird man zum Beispiel auf dem mühevollen Wege zur Selbstlosigkeit schwerlich ohne ein Quentchen Selbstironisierung vorankommen, mittels welcher wir uns selbst auf heitere Art belehren können, daß die übergroße Liebe zum Ego durchaus Abstriche vertragen kann. Menschenkenner, etwa vom Range Goethes, schätzen gerade diese Heiterkeit, die auf eigene und nicht auf Kosten anderer geht:

>»Ich liebe mir den heitern Mann
> am meisten unter meinen Gästen.
> Wer sich nicht selbst zum besten haben kann,
> der ist gewiß nicht von den Besten.«

Sich selbst belächeln können ist erstes Kennzeichen einer anderen Fähigkeit: Von sich zurücktreten wie der Maler vom entstehenden Bild, sich als Fremden betrachten – das sind bedeutsame Schritte auf dem Schulungsweg. Und es tut dem Ernst der Sache keinen Abbruch, wenn sie heiteren Gemüts getan werden; denn eine Sache ernstnehmen besagt nichts anderes als: sie ihrem Wesen gemäß zu bewerten und dementsprechend zu behandeln; nicht oberflächlich-spielerisch, sondern gründlich, in einer der Sache auf den Grund gehenden Art. Erst wenn uns die Gründlichkeit verdrießt, weil sie Mühe macht, statt Freude zu bereiten, bekommt der arme »Ernst« ein trauriges Gesicht. Das liegt nur an uns: wir verfälschen durch unseren aus schlichter Faulheit herrührenden Mißmut den wackeren Ernst zur Trauergestalt.

Zum vorläufigen Abschluß wenden wir den Blick auf Rudolf Steiner hin. Oft wird und immer wieder auf die »Tragik« hingewiesen, die auf seinem Leben lastete. Gewiß, Tragik, wenn auch nicht im Sinne des Unschuldig-schuldig-Werdens der altgriechischen Tragödie, jene »Sorge«, die keinem der großen Eingeweihten, den »Männern der Sorge«, fernblieb, sie drückte schwer und überschwer.

Dies zu vergessen oder gering zu achten, wäre unverzeihlich leichtfertig. Aber es ist ein Fehler, einseitig wie gebannt nur auf das Tragische hinzustarren, statt bewundernd und tiefdankbar das Heroische dieses einzigartigen Lebensganges ins Auge zu fassen. Von keinem Hauch wehleidiger Sentimentalität getrübt, immer im Lichte untrüglicher Zielklarheit und -gewißheit verlief dies Leben, heiter-gelassen bei aller unerhörten Anspannung und Aufwendung von Seelenkraft. Unerschütterlich war das Vertrauen auf die Hilfsbereitschaft der geistigen Welt. Ihm entsprang eine nie erlahmende, alles Negative beiseiteschiebende Positivität.

Geistgetragen waren Leben und Werk. Und das Geistige, zu dem Rudolf Steiner hinführen wollte, erhellte den gewiesenen Erkenntnisweg sonnenhaft. Der tiefste Ernst hat bei Steiner etwas Helles, Heiteres. Sein Leben war ebenso lichtdurchwirkt wie sein Werk es ist bis auf den Grund seiner Erkenntnistheorie: »So hell wie in ihrer Art die physischen Dinge und Vorgänge im Lichte der Sonne, so geistig hell muß erscheinen, was als Erkenntnis in der Menschen-

Seele lebt« (»L«, 12. Kapitel). Die ständige, intensive Bewegung, die sein äußeres Leben kennzeichnet, hatte nichts Nervös-Unruhiges, sie war geistiger Herkunft: »Alles Stehenbleiben betrachtete er als eine Rückentwicklung, ein Absinken.« Derselbe Belyj, von dem diese Charakteristik stammt, schildert als »unsichtbares Siegel« der Wohnung Steiners dieses: »Anspruchslosigkeit, rasendes Arbeitstempo, ständiges Unterwegssein; und trotzdem ein Hauch von Fröhlichkeit, bis zur Möglichkeit eines homerischen Gelächters in diesen Räumen.«[119]

In der Klarheit des Denkens, der Wärme des Gemüts, der Kraft der Bewegung – überall walteten auch Heiterkeit und Humor.

10. Die Bedeutung von Humor und Heiterkeit für die anthroposophische Bewegung

... Nun ist ja auch reichlich Gelegenheit,
Humor zu entfalten
gerade innerhalb unserer geistigen Bewegung.
Denn an nichts so sehr
wie an solche geistige Bewegungen
hängen sich die Karikaturen des Strebens
nach dem Geistigen.
Nicht Menschen meine ich,
sondern Strebungen meine ich
mit diesen Karikaturen.[120]
Rudolf Steiner am 11.7.1916

Getreu seiner Sendung, in die erstarrende Zivilisation der Jahrhundertwende den Kultur-Impuls der Anthroposophie hineinzutragen, erschuf Rudolf Steiner das Herzstück seines Lebenswerkes, indem er zielweisend und wegbereitend Menschen in Bewegung brachte.

Selbstverständlich mußten einer derartigen Bewegung mannigfache Gefahren seitens der Widersachermächte erwachsen; denn sie sind es, die letzten Endes jedes menschliche Streben nach dem Geistigen lähmen und auf die Weise wirkungslos machen wollen, daß sie es *karikieren*, es verzerren, wegzerren von der vorgenommenen Richtung. Hierfür bestgeeignete Einbruchsmöglichkeiten bieten: im Denkbereich der Intellektualismus, im Fühlen die Sentimentalität und im Wollen der Egoismus.

Können Humor und Heiterkeit helfen, diese Gefahren abzuwehren? Diese Frage soll uns nun beschäftigen. – Fassen wir zunächst den *Intellektualismus* ins Auge, die heute noch vorherrschende, fast abergläubische Überzeugung, nur das verstandesmäßige, auf die sinnliche Wahrnehmung gestützte Denken sei »wissenschaftlich« und führe auf allen Gebieten zur Erkenntnis der Wahrheit. Diese anmaßende, allen anderen Bewußtseinsformen gegenüber ignorante, intolerante Überschätzung des Intellekts ist das Kennzeichen unserer, der fünften nachatlantischen Kulturepoche. Immer wieder hat Rudolf Steiner auf die mit dem Beginn des 15. Jahrhunderts einsetzende Bewußtseinsänderung hingewiesen: Das vorher bildhaftlebendige Denken wird zunehmend bildlos, abstrakt, unlebendig. Der vollentwickelte Intellektualismus hat den Geist verloren, er bringt nur die Materie in die Gedankenform. »Diese Gedanken lassen sich nicht erleben; sie lassen sich nur verstehen. Und hat man sie verstanden«, fährt Steiner mit einer plötzlichen Wendung ins Humorig-Ironische fort, »liegen sie wandlungsunfähig, steinhart in der Seele.«[121]

Sogleich fühlen wir uns ermuntert, in dieser Richtung weiterzusegeln. Anstelle des berühmten »sapere aude« gelte einmal »hilare aude«! Stellen wir dem mürrischen, bildlosen Intellektualismus ein meisterliches Bild Wilhelm Buschs entgegen:

> »Ich dahingegen, der ich sitze
> auf der Betrachtung höchster Spitze,
> hoch über allem Was und Wie,
> ich bin für mich und lache nie ...«

Man kann ihn nicht trefflicher abbilden, den in seiner Überheblichkeit komisch wirkenden, selbst aber philiströs-humorlosen, ja humorfeindlichen Intellektuellen! Wie er dasitzt auf der Höhe seiner begrifflich mineralhaft zugespitzten Gedankenwelt! In völliger asozialer Isoliertheit, ganz nur »für sich«! Unbeweglich, tiefverdüstert und im Grunde traurig: »... und lache nie«! Nun, das verstehen wir gut; schon Albrecht Dürer meinte: »Stete Übung der Vernunft ruft einen melancholischen Geist hervor.« Man muß sich nur das schauerlich Leblose zunächst einmal vor Augen führen. Dem abgestorbenen Denken ist nur das Leblose zugänglich; es vermag das Keimkräftige und Werdende nicht zu begreifen, nur das Stoffliche kann es verstehen. »Damit haben wir zwar unsere Freiheit, unsere Selbständigkeit errungen, aber wir haben uns gewissermaßen auch gegenüber demjenigen in der Welt, was das Fortlaufende ist, ganz abgeschlossen.«[122]

Die Sinnenwelt, die uns umgibt, ist lebendig; in ihr lebt der Mensch, im Banne des Intellektualismus aber denkt er unlebendige Gedanken. »Heute fühlt sich der Mensch eigentlich nur in der toten Welt.« Für die Sinnenwelt in ihrer Lebendigkeit fehlt es dem konsequenterweise materialistischen Intellektualismus an Verständnis. Das Leben als Vorgang ist wesenhaft übersinnlicher Natur. Gleiches kann nur durch Gleiches erkannt werden. Unlebendige Gedanken eignen sich nicht, das Leben zu erforschen. Die rein verstandesgemäße Naturwissenschaft versteht nicht, woran sie einzig glaubt: die lebendige Sinnenwelt! Es ist ein furchtbarer Widerspruch, den man aber angesichts der Arroganz der »Busch-Männer« auch einmal in seiner grotesken Komik erleben kann. Nun wäre es ungerecht nicht anzuerkennen, daß gerade die ernsteren Forscher sich von der intellektualistisch-materialistischen Denkrichtung immer mehr entfernen.

Zunehmend deutlicher – wenn auch zum Teil noch unbewußt – wird das Bedrückende, Lähmende, Verdüsternde der im Gefolge des Intellektualismus auftretenden Denkrichtungen, Materialismus, Agnostizismus und Skepsis, empfunden. Rudolf Steiner hat von der »*Kultur- und Zivilisationsmißstimmung*« gesprochen, »die ja so deutlich immer mehr und mehr heraufzieht«.[122] Das bewegungslose Denken wirkt erstarrend, läßt keinen Enthusiasmus aufkommen, verbreitet eine traurigmachende Stimmung der Hoffnungslosigkeit und Vereinsamung.

Im direkten Gegensatz zum Intellektualismus steht ihrem Wesen nach die Anthroposophie. Sie ist von *Bewegung* völlig durchwaltet. Der erste »Leitsatz« kennzeichnet sie ausdrücklich als »Erkenntnisweg, der das Geistige im Menschenwesen zum Geistigen im Weltenall führen möchte«.[123] Im Worte »Weg« liegt schon das Bewegungselement: Wegweiserin will die Anthroposophie sein, kann es aber nur *den* Menschen werden, die als Geistsuchende bereits unterwegs sind. Sie empfinden, der Stimme des Herzens folgend, die Antwort auf »gewisse Fragen über das Wesen des Menschen und die Welt als Lebensnotwendigkeit ... wie Hunger und Durst«. Wird dies Verlangen durch Verlebendigen des Denkens, durch inneres Bewegt-Werden gestillt, es wird erlösend, ja beglückend wirken.

Christian Morgenstern hat es so ausgedrückt: »Je mehr Bewegung man in seinem Geist auffaßt, desto glücklicher ist man. Überall Bewegung aufzeigen, das schafft das meiste Glück.«[124]

In diesem Sinne beglückend zu wirken, war das besondere Anliegen Rudolf Steiners. Ihm kam es darauf an, in voller Tatsächlichkeit die schöpferische Bewegung des Geistes zu erfassen, wie er bis ins Leiblich-Physische hineinwirkt und sich dort offenbart. Er warnte vor dem bloßen Reden: »Geist, Geist, Geist!« Man gleitet so leicht ins Abstrakt-Intellektualistische und landet im Redensartlichen. Nie ohne Humor, meist nicht ohne leichte Ironie pflegte Steiner dieses Thema anhand von Beispielen zu behandeln. Ernst Lehrs erzählt in seiner Lebensbeschreibung (»Gelebte Erwartung«) vom Heilpädagogischen Kurs (1924): Steiner habe in einem Vortrag ausgeführt, es bereite ihm seit Jahren größten Schmerz, daß die Menschen in der Anthroposophischen Gesellschaft sich »ausnähmen, als wären sie Mehlsäcke. Ja, unlängst habe er sagen müssen, sie kämen ihm vor, als ob sie Bleigewichte an ihren Füßen hätten«.[125] Ähnlich im Stuttgarter Kollegium der Waldorfschule: »Wir kämen ihm alle vor, als hätten wir Pech auf den Stühlen. Es sei gut, sich fest hinzusetzen, man müsse aber auch wieder aufstehen können.« Es folgte ein Hinweis auf Friedrich Nietzsche: »Er hat seinen Zarathustra zum Schluß einen Tänzer werden lassen … Und dann mit fast bittflehender Stimme und Gebärde zu uns vom Pult herab: ›Werden Sie doch Tänzer – meine lieben Freunde!‹« – Wir erinnern uns: Belyj hatte Rudolf Steiner selbst als Verkörperung des leichtfüßigen Zarathustra empfunden … –

Fraglos neigt der überspitzte Intellekt zur vereinsamenden Überheblichkeit; das Wirken in *Gemeinschaft* liegt ihm fern. Die anthroposophische Bewegung hat das Ziel, die Menschheit im Geiste christlicher Brüderlichkeit zu einen, will sie zur Gemeinschaft hinführen. Das Prinzip der allgemeinen Bruderschaft ist geradezu ihr Ideal. – Zu diesem Ideal hat sich auch Goethe bekannt: »Was ist heilig? Das ist's, was viele Seelen zusammenbindet, bänd' es auch nur leicht wie die Binse den Kranz. Was ist das Heiligste? Das was heut und ewig die Geister, tiefer und tiefer gefühlt, immer noch einiger macht.«[126]

Es kann auf den ersten Blick befremden, sich vorzustellen, daß auch dem Gemeinschaftsgedanken, wenn er sich verwirklichen soll, Humor und *Heiterkeit* zu Hilfe kommen müssen. Und doch! Mehr als Treueschwüre und feierliche Deklamationen gilt die gegenseitige heitere Toleranz; sie ist die Grundvoraussetzung jeder echten freien Gemeinschaft. Das Geltenlassen der Andersartigkeit des Mitmenschen, man kann es predigen, es als ethische Pflicht postulieren oder als Gesetz aufstellen; realisiert werden kann es nimmermehr *ohne verstehende Heiterkeit, ohne lächelndes Hinnehmen* der nun einmal vorhandenen persönlichen Verschiedenheiten und Unvollkommenheiten. Humor und Heiterkeit ebnen den Weg von der bloß gesetzmäßigen zur freien Sittlichkeit und zur Gemeinschaft freier Persönlichkeiten. Sie sind bedeutsame Mittel der Gemeinschaftsbildung; in der Gemeinschaft entfalten sie sich und kommen zur Wirkung als ein die verstandesmäßig unüberbrückbaren Gegensätze ausgleichendes Element.

Der Intellektualismus bildete das wohl schwerste Hindernis, das sich Rudolf Steiner entgegenstellte, als er daranging, seine Mission zu erfüllen, die darin bestand, der Menschheit Geisterkenntnis in zeitgemäßer Form zu vermitteln, ja überhaupt zu ermöglichen.

Die beispiellose Schwierigkeit lag auf dem Gebiet der *Bewußtseinsbildung*. Für die raumwissenschaftlichen Disziplinen bewähren sich die scharf konturierten Verstandesbegriffe aufs beste, weil sie selbst am Leiblich-Räumlichen gespiegelte Gedankenformen aufweisen. Den Zugang zur Geisteswissenschaft aber erschweren sie außerordentlich, denn diese beruht auf leibfreiem Denken. Ein abgrundtiefer Gegensatz klafft: Hier ein extrem im Stofflich-Starren eingeengtes, diesem im Wesen angeglichenes Bewußtsein – dort ein sich auflockerndes, zu immer höheren Stufen der Unabhängigkeit vom Stofflichen sich erweiterndes Bewußtsein. – Rudolf Steiner gelang dennoch der *Brückenschlag*. Diese Kulturtat ist deshalb besonders groß, weil sie angesichts des zunehmend beschleunigten Niederganges des Sprachgeistes unter dem Einfluß des Materialismus »fünf vor Zwölf« vollbracht wurde. Steiner vermochte die Ergebnisse seiner Geistesforschung so in Vorstellungen und Worte der physischen Welt zu kleiden, daß sie in der dargebotenen Ideenform verstehend aufgenommen werden konnten. Es wurde möglich, zunächst intellektuell-gedanklich die geistige Welt kennenzulernen, ohne jedoch dem Intellektualismus zu verfallen.

Steiner hat auf die »Übersetzungs«-Schwierigkeit wiederholt hingewiesen, er war sich auch dessen bewußt, daß seine Mitteilungskunst – Frucht reiner Selbstlosigkeit – neu und einzigartig war.

Nun ist es ein höchstbedeutsames Kennzeichen seiner Mitteilungsart, daß der Geistesforscher gerade den *Humor* – immer weise dosiert und plaziert – gewissermaßen *als Kunstgriff* mit liebenswürdiger Leichtigkeit anzuwenden verstand. Wir werden diese seine humordurchsetzte Vortragsart noch ausführlich besprechen; hier sei ein Beispiel vorausgenommen:

Eine für unseren »Brückenschlag« grundlegend wichtige Tatsache wurde nicht etwa, wie man es vielleicht erwarten könnte, tiefernstfeierlich vorgetragen, sondern humorig-frisch zugreifend: »Verzeihen Sie einen etwas groben Vergleich. Wenn eine Perle am Wege liegt, und ein *Huhn* findet sie, so schätzt das Huhn die Perle nicht besonders.

Solche *Hühner* sind die modernen Menschen zumeist. Sie schätzen die Perle, die ganz offen daliegt, gar nicht. Sie schätzen etwas ganz anderes, sie schätzen nämlich ihre Vorstellungen. Niemand könnte abstrakt denken, wirkliche Gedanken und Ideen haben, wenn er nicht hellsichtig wäre; denn *in den gewöhnlichen Gedanken und Ideen ist die Perle der Hellsichtigkeit von allem Anfange an.* Diese Gedanken und Ideen entstehen genau durch denselben Prozeß, durch den die höchsten Kräfte entstehen. Und es ist ungeheuer wichtig, daß man zunächst verstehen lernt, daß der Anfang der Hellsichtigkeit etwas ganz Alltägliches eigentlich ist: man muß nur die übersinnliche Natur der Begriffe und Ideen erfahren.«[127]

In diesen Sätzen ist so gar nichts spürbar von lehrhaftem Pathos. Wohlwollend, mit freundschaftlicher Ermunterung fühlen wir uns angesprochen: »Mensch, sei helle! Und stell dich nicht an wie eine blinde Henne!« Und doch ist tiefernst, was so humorig-unsentimental vor das Seelenauge gerückt wird: Das Wiedergewinnen des Vertrauens zum Denken, das durch Agnostizismus und Skepsis verlorengegangen ist. Und zwischen den Sätzen blitzt es heiter auf von leisem Spott über die so geschätzten Vorstellungen, Vorurteile und Vorbehalte … Heiterkeit in vollen Tönen klingt auf, wenn der Geistesforscher an den Anbruch des Lichten Zeitalters erinnert«, der nur noch nicht empfunden wird, weil die meisten Menschen in ihren Seelen die Nachwirkungen der alten Finsternis tragen. Wer aber Sinn für Geisteswesen hat, der kann wissen, daß es ›Licht‹ geworden ist«.[128]

Dieses Bewußtsein – so schloß Rudolf Steiner einen Vortrag vom 6. Juli 1924 – kann gleichzeitig tiefernst stimmen und die Seele mit einer Heiterkeit erfüllen, die einem hingebenden inneren *Jubel* gleichkommt. Tiefernst zu nehmen ist die Schärfe des Kampfes, der im 20. Jahrhundert ausgetragen wird zwischen Michael und Ahriman, der sich nicht abfinden will mit dem Sieg, den im Jahre 1879 Michael über ihn errungen hat. Tiefernst auch ist der mutige Entschluß, sich in richtiger Weise einzugliedern in die geistige Strömung der Anthroposophie.

Doch zu enthusiastischem Jubel kann es die Seele emportragen, wenn sie dessen innewird, daß sie berufen ist, »mitzuwirken an der Sicherung der Michaelherrschaft«.[129]

Jubelstimmung aus mutvoller Kraft muß es auslösen, »sich zu wissen in diesem Kampfe; sich zu wissen in dieser Entscheidung zwischen Michael und Ahriman, das ist etwas, was zu dem gehört, meine lieben Freunde, das man anthroposophischen Enthusiasmus, anthroposophische Begeisterung nennen kann«.

Etwas Aufweckendes hat diese jubelnde Heiterkeit. »Anthroposophie soll nicht da sein, die Menschen einzuschläfern, sondern sie aufzuwecken, richtig aufzuwecken. Wir leben in einer Zeit, die es nötig macht, daß die Menschen erwachen.«[130]

Immer wieder betonte Rudolf Steiner den außerordentlichen Ernst der Esoterik, »sowohl gegenüber der eigenen Seele wie gegenüber den Menschen und der Zeit«, fügte aber sogleich hinzu: »Damit sage ich aber nicht, daß der Ernst dadurch zustandekommt, daß man ein langes Gesicht macht und möglichst sentimental ist und sich wichtig tut, sondern es muß der innere Ernst sein, der sogar mit Humor ganz gut vereinbar ist.«[131]

Daß die Bedeutung der Heiterkeit und des Humors über die Vereinbarkeit mit dem wahren Ernst hinausgeht, wird einsehbar werden, wenn wir uns nun dem meist unzertrennlich auftretenden Ge-schwisterpaar *Sentimentalität – Egoismus* zuwenden.

Nach dem Sprachgebrauch bedeutet »Sentimentalität« etwa: unechte, übertriebene Empfindsamkeit, Gefühlsduselei, Rühr-seligkeit, Gefühlsseligkeit, Schwärmerei unklaren Inhalts. In glei-chem Sinn hat Rudolf Steiner gesprochen von »nicht ehrlichen, nicht wahren, nicht aufrichtigen Empfindungen, falschem, unehrli-chem, kokettem Mysteln«.[132]

Im 37. Kapitel des »Lebensganges« heißt es: »Und es war durch-aus nötig, die Gesellschaft vor dem Eindringen aller derjenigen in-neren Unwahrheiten zu bewahren, die mit der falschen Sentimenta-lität zusammenhängen. *Eine geistige Bewegung ist ja immer diesem Eindringen ausgesetzt* ... Das *Künstlerische*, das von Empfindung und Gefühl zwar getragen wird, das aber aufstrebt zur lichterfüllten Klarheit in der Gestaltung und Anschauung, kann das wirksamste *Gegengewicht* gegen die falsche Sentimentalität geben. ... Es war eine fortdauernde Gegenwirkung gegen dieses innerlich unwahre sentimentale Element notwendig. Denn in eine geistige Bewegung dringt es immer wieder ein. Man kann es nicht etwa einfach abwei-sen oder ignorieren. Denn die Menschen, die sich zunächst diesem Elemente hingeben, sind in vielen Fällen in ihren tiefsten Seelen-untergründen doch Suchende. Aber es wird ihnen zunächst schwie-rig, zu dem mitgeteilten Inhalt aus der geistigen Welt ein festes Ver-hältnis zu gewinnen. Sie suchen in der Sentimentalität unbewußt eine Art *Betäubung*. Sie wollen ganz besondere Wahrheiten erfah-ren, esoterische. Sie entwickeln den Drang, sich mit diesen sektiere-risch in Gruppen abzusondern.«[133]

Besonders in der orientalisierenden Theosophischen Gesellschaft sah sich Rudolf Steiner veranlaßt, in bisweilen ironischer Art gegen Sentimentalität zu wettern. Im oben erwähnten Vortragszyklus aus dem Jahre 1917 erinnert er »an die vielen Proteste, die ich gegen all das edle Gesäusel vorgebracht habe, das man gerade auf dem Boden der Theosophischen Gesellschaft finden konnte. Hohe Ideale von wunderbarem Gesäusel wurden ja international-liberal verzapft. ›Allgemeine Brüderlichkeit! Allgemeine Menschenliebe!‹, so tönte es überall. – Da konnte man nicht mitmachen. Wir suchten wirkli-ches, konkretes Wissen über die Vorgänge der Welt.«[134]

Immer ging es dem Geistesforscher um die rechte, wahre, klare Beziehung zur geistigen Welt. Besonders beim Anhören geisteswissenschaftlicher Wahrheiten sollten nur sachliche, nie aber persönliche Interessen zur Geltung kommen. Im dritten Vortrag des erwähnten Zyklus warnt Steiner nachdrücklich vor der egoistischen Sentimentalität. Um richtig zu verstehen, was sich auf die geistige Welt bezieht, müsse man »schon etwas den ätherischen und den astralischen Leib lockern«. Aber »diese Lockerung darf nicht zu einem Selbstzweck ausarten, indem in einer Art ›schläfriger Ekstase‹ die Herauslockerung als egoistisches Wollustgefühl erlebt wird«.[135] – Nun, das sind scharfe Worte einer unmißverständlichen Zurechtweisung. Aber es bedurfte schon eines aufheiternden, reinfegenden Windstoßes von Ironie, um das sentimental-egoistische Gewölk zu zerstreuen. – Fred Poeppig erzählt, Steiner habe »recht grob« werden können gegen »mystische Verschrobenheiten von seiten weiblicher Persönlichkeiten, die ihn mit Liebesgaben verfolgten. Rosen, die ihm mit solchen Gefühlen aufs Podium gelegt wurden, konnte er erbarmungslos hinwegfegen. Auch setzte er sich einmal höchst pietätlos auf einen Blumenstrauß, den ihm eine Dame auf seinen Autoplatz gelegt hatte. Wiederholt sagte er in Vorträgen: ›Ich will nicht verehrt, ich will verstanden werden.‹«[136]

Margerita Woloschin, die feinsinnige russische Malerin und Schriftstellerin, notierte in ihr Tagebuch Teile eines Gesprächs mit Rudolf Steiner, in dem sie einen beachtlichen Gedanken zu unserem Problem aussprach: »›In Rußland steht man ernst und einfach in der Kirche, hier (bei den anthroposophischen Veranstaltungen) sind alle *sentimental und süß*.‹ – ›Süß?‹ – Er fing an zu lachen. ›Aber in mir selbst ist nichts, was die Sentimentalität hervorrufen würde.‹ – *›In Ihnen nicht, aber alles projiziert sich gerade umgekehrt in dem, was Sie wollen. Sie wollen Freiheit und Selbständigkeit, und es entsteht das Gegenteile; hier herrscht Ihre Autorität, und keiner will selbst denken‹«[137] (Hervorhebungen von H. E.).

Das Wort »süß« kennzeichnet treffend eine wesentliche Seite der genießerischen Sentimentalität. Autoritätssucht und Denkträgheit sind Folgeerscheinungen der kitschigen, schwülstig-sentimentalen Schwärmerei.

Die Berechtigung des Humors, ja sogar der Ironie und Satire zur

Abwehr der genießerischen Sentimentalität hat Rudolf Steiner immer wieder betont. Am ausführlichsten und entschiedensten tat er es aus Anlaß der ersten eurythmischen Aufführung seiner Gedichte: »Planetentanz«, »Zwölf Stimmungen« und der Satire »Das Lied von der Initiation« am 29. 8. 1915 in Dornach.[138]

Es würde zu weit führen, den ganzen Inhalt der tiefschürfenden Ansprache zu referieren; er verdient es, aufmerksam studiert zu werden. Der den drei Gedichten zugrundeliegende Aufbau ist dieser: In den zwölf je siebenzeiligen Strophen sollen die Gesetze des Kosmos herrschen, die Gesetze der Bewegungen der sieben Planeten im Durchgang durch die zwölf Tierkreisbilder. Aber auch der Sinn der zwölf Strophen will das wiedergeben, was sich »gewissermaßen in der Sphärenharmonie abspielt«. Ich sehe selbstverständlich davon ab, die Gedichte zu kommentieren; nur dies sei bemerkt: Die *Satire* mit ihren zwölf siebenzeiligen Strophen ist das genaue *Gegenbild* der ebenso geformten »Zwölf Stimmungen« in Gestalt tiefsinnig-grotesker Verulkungen fanatischer, wahnbetörter, eitler – jedenfalls gründlicher Mißversteher der zwölf Weltansichten bzw. sieben Seelenstimmungen. So wird beispielsweise in der »Schütze-Strophe« der diesem Sternbild zuzuordnende Individualismus durch Übertreiben in höchst komisch wirkender Selbstüberschätzung karikiert:

> »Er aber hat in Weltennacht erkannt,
> Wie hoch Homer und Sokrates, Goethe auch,
> In seines Iches Wesensgründen
> Die schärfsten Seelenpfeile schossen, –
> Und ihre unverfälschte Menschenwesenheit
> Verkörpert wie mit Selbstverständlichkeit
> In ihm zu neuer Daseinsgröße sich.«

Und nun bringen wir vollinhaltlich den Schlußteil der Dornacher Ansprache vom Goethe-Tag 1915, dort bringt Rudolf Steiner eine Art Verteidigung der Satire vor:

»Ich hoffe, daß man die folgende ›Satire‹ nicht mißverstehen werde. Die in ihr zum Ausdruck kommende Stimmung darf dort nicht fehlen, wo ernste geisteswissenschaftliche Weltauffassung der Lebensführung zugrunde liegen will. Es ist wahrlich kein ›Spielen‹

mit ernsten Dingen, wenn der Humor sich ergehen möchte über den Ernst, der in manchen Kreisen, die sich ›mystisch‹ dünken, mit jener Spielerei getrieben wird, welche die karikierte Maske der ›geistigen Tiefe‹ annimmt und in Gebärden sich auslebt, die in physischer Würde und mit tragisch verlängerten Antlitzen doch für den Lebenskundigen nur burleske Purzelbäume eines geistigen Lebens schlagen. Über das Lächerliche muß lachen können, wer dem Ernst gegenüber richtig ernst sein will, wenn das Lächerliche sich als ernsthaft drapiert. Wer bei Humoristischem keinen Humor finden kann, der kann auch im wahren Sinne dem Ernsten gegenüber nicht ernst sein. Gerade da, wo nach der Erkenntnis des Geistes gestrebt wird, muß auch gelacht werden können über die Auswüchse mancher ›Geistsucher‹. Sonst machen diese das Ernste bei den andern gar zu lächerlich, bei jenen andern, die lachen, weil ihre Lachmuskeln jederzeit in Bewegung geraten, wenn sie etwas nicht verstehen – oder sie machen diejenigen wütend, die in Wut geraten, wenn sie auf etwas stoßen, das sie ›noch nie gesehen oder gehört haben‹.«[139]

Der Unterschied ist deutlich: Einerseits das berechtigte und daher notwendige (!) Lachen der ernst nach Erkenntnis Strebenden über das sich nur ernst gebende Gehabe mancher »Geistsucher« – andererseits das »Ignorantenlachen«, dem die Berechtigung fehlt, weil es nur auf Nichtverstehen zurückgeht.

Die Aufführung der Satire am Goethe-Tag des Jahres 1915 wurde zum Abschluß der Goetheanum-Eröffnungsfeier 1920 wiederholt. In der Zwischenzeit gab es am 11.7.1916 in Berlin einen Rezitationsabend, an dem Frau Marie Steiner die Satire auch vortrug und Rudolf Steiner wieder als Verteidiger auftrat. Daß dies im ganzen also dreimal und stets recht entschieden geschah, zeigt, daß der Geistesforscher großen Wert auf die Sache legte und daß die Mitglieder die Satire wohl nicht besonders schätzten.

Am 11. Juli 1916 nun sprach Steiner – im Vortrag über das Wahrheitsgefühl – einleitend »von den [zwei] zwölfstrophigen Versuchen« – vor der Satire wurde das Gedicht »Zwölf Stimmungen« vorgetragen – »ist der eine ernst gemeint; von dem andern werden Sie gleich sehen, ... daß er eine richtige Satire ist. Nun könnte man meinen, daß es etwas Ungehöriges ist, so, wie man sagt, ›heilige Dinge‹ satirisch zu behandeln. Aber wirklich, meine lieben

Freunde, will man weiterkommen, gerade auf dem Gebiete geistiger Weltanschauung, dann ist eine Grundforderung diese, daß man nicht das Lachen verlernt über dasjenige, worüber in der Welt gelacht werden muß, wenn man es richtig beurteilt. Eine Dame erzählte einmal von einem Herrn, der immer in der Stimmung war, ›hinaufzusehen zu den großen Offenbarungen des Weltenalls‹. Von anderen Menschen als den ›Meistern‹ sprach er überhaupt nicht, und – verzeihen Sie –, aber sie sagte noch: er hat eigentlich immer ›ein Gesicht bis ans Bauch‹ gemacht. (Sie war keine Deutsche, die betreffende Dame), also ein tragisch verlängertes Gesicht trug er stets zur Schau«.[140]

Nun ist es aber an der Zeit, das von Rudolf Steiner oft und gern zitierte »*verlängerte Gesicht*«, dem wir schon früher ins Auge geblickt haben, nun auch historisch aufzuhellen.

Das Bonmot stammt von der Principessa d'Antuni, einer vornehmen Römerin, in deren Palazzo del Drago ein Vortragskurs stattgefunden hatte. Für Steiner war die Principessa »eine Persönlichkeit, die mit tiefem Ernst in okkulten Zusammenhängen verwurzelt war«. Dies war wohl auch der Grund dafür, daß sie über viel Humor verfügte: Sie stand mit vatikanischen Kreisen in Verbindung, »und in den Tagen, da Rudolf Steiner bei ihr war, lud sie oft Gäste aus diesen Kreisen ein und placierte sie bei Tisch so, daß neben einem theosophisch orientierten Gast immer ein kirchlicher Würdenträger oder sonstiger Vertreter des Katholizismus saß ...«[141]

Diese Sätze entnehmen wir den persönlichen Aufzeichnungen von Febe Arenson-Colazza; sie enthüllen nun auch das Geheimnis jenes berühmt gewordenen Wortes. Die Principessa hatte ihren römischen Drachenpalast verlassen und war nach München gereist, um am Kongreß der Theosophischen Gesellschaft teilzunehmen: »Bei einem der Mysterienspiele stand sie einmal im Foyer des Theaters, und während einer aus ihrem Entourage ihr einen Handspiegel vorhielt, gab sie ihrem Aussehen die letzte Perfektion. Hochelegant und von auffallender Schönheit trafen sie dabei manche strengen Blicke der Vorübergehenden. Da bemerkte sie im Spiegel, daß Dr. Steiner nicht weit entfernt stand und mit amüsierter Miene das Ganze beobachtete. Spontan wandte sie sich zu ihm mit den Worten: ›Nicht wahr, Herr Doktor, das ist doch wohl erlaubt? Oder sollen die Anthroposophen herumlaufen mit einem Gesicht bis ans Bauch?«[141]

An jenem Abend im Juli 1916 entsann sich Rudolf Steiner aber auch – »ich weiß das so, wie wenn es gestern gewesen wäre« – einer seltsamen Begegnung, die er in Wien gehabt hatte als »ganz junger Lebensanfänger, als junger Dachs von 26, 27 Jahren« mit einer merkwürdigen, als Okkultist und »Original« stadtbekannten Persönlichkeit: mit dem Professor für Physik und Mathematik an der Hochschule für Bodenkultur *Oskar Simony*.[142] Der nun sprach den jungen Studenten, nachdem er ihn gemustert hatte, an: »Sie sind ein Okkultist!« und begann »ein Gespräch über allerlei Dinge der geistigen Wissenschaft, nahm mich dann auch zu sich nach Hause und schenkte mir seine jüngste Publikation ... Während wir so sprachen, machte er eine Pause im Gespräch und sagte: ›Ach, wenn man sich mit diesen Dingen beschäftigt, braucht man eigentlich viel Humor dazu!‹ – Und wahrhaftig«, fuhr Steiner fort – »es ist nötig, gerade, wenn man in die Tiefen der geistigen Wissenschaft hineingeht, daß man den Humor nicht verlernt, daß man mit anderen Worten sich nicht ständig verpflichtet fühlt, das tragisch verlängerte Gesicht nur zu tragen. Und ich habe sogar die Überzeugung, daß Oskar Simony in der letzten Zeit seines Lebens eben den Humor verloren hatte, bevor er so tragisch geendet hat.«[143] 1915 hatte sich Simony als Achtzigjähriger nach einem schweren Herzanfall das Leben genommen. –

Eine wertvolle Ergänzung des durch Rudolf Steiner selbst Überlieferten verdanken wir *Dr. Martha Haebler*. Sie berichtet in ihren »Erinnerungen an Rudolf Steiner«[144], wie dieser während einer Lehrerkonferenz der Stuttgarter Waldorfschule – vermutlich im September 1923 – aus gegebenem Anlaß auf seine Begegnung mit Oskar Simony zu sprechen kam. Im Zuge der Unterhaltung in der Wohnung des Professors über okkulte Dinge habe Simony gesagt: »Nicht wahr, das ist doch gar nichts, das Phänomen der Elevation, oder bei einem entfernten Freund die Bücher in den Regalen durcheinander zu werfen (Telekinese), – aber das andere (und hier waren eben die wahren geistigen Erlebnisse gemeint), *nicht wahr, da muß man schon sehr viel Humor haben, um das zu ertragen*« (hervorgehoben von H. E.). Und Rudolf Steiner fügte hinzu, diese Bemerkung sei so »tiefwahr«, daß man daraus ersehen könne, wie weit Oskar Simony in die Welt des Geistes eingedrungen war.

Der von Steiner selbst bis in Einzelheiten genau geschilderte Sachverhalt steht in seinem historischen Ablauf fest. Er trägt keinen spaßig-komischen, eher einen tiefernsten, mit Fragen der Esoterik zusammenhängenden Zug mit einem in diesem Falle sogar tragischen Hintergrund. Der von Oskar Simony gemeinte »Humor« ist eine höhere Seelenkraft, die selbstverständlich nicht das Geringste mit Witzemachen zu tun hat. Die ganze *hochbedeutsame Episode ist kein Unterhaltungsstoff*! Das sollte man bedenken und einer die objektive Wahrheit entstellenden, geschmacklosen und verständnislosen Legendenbildung entschieden entgegentreten. Es besteht Anlaß, dies einmal deutlich auszusprechen.

Wie aber ist es zu verstehen, daß der Geistesforscher die obigen Sätze Simonys nicht nur als wahrheitsgemäß bekräftigte, sondern ihnen sogar symptomatische Bedeutung zusprach?

Ein okkultes Geheimnis liegt zugrunde: Auf dem Wege zur übersinnlichen Wahrheitserkenntnis muß Schweres ertragen werden; es ist der *Initiationsschmerz*.

Schon in einem im Jahre 1906 gehaltenen Vortrag nannte es Steiner »keine ganz schmerzlose Prozedur, wenn die Seele zum ersten Mal aus dem Tempel des Leibes herausgehen soll, so daß sie draußen sichtbar ist«.[145] Das einem Sich-Losreißen vergleichbare *bewußte* Heraustreten des astralen aus dem physischen Leib ist schmerzhaft im Unterschied zum gleichen, ohne Bewußtsein vor sich gehenden Vorgang beim Schlaf – da nimmt der Mensch überhaupt nichts wahr. – Ausführlicher sprach Rudolf Steiner vom Erkenntnisschmerz im Vortrag vom 2. Februar 1924: Die Wunde schmerzt, weil an der Stelle, wo der physische Leib eines Menschen verletzt wird, sein geistiges Wesen ihn nicht richtig durchdringen kann. »Aller Schmerz rührt davon her, daß man irgendwie den physischen Leib nicht durchdringen kann. Und wenn man an etwas Äußerlichem Schmerz erlebt, so ist es auch aus dem Grunde, weil man sich damit nicht vereinigen kann. Hat man das leere Bewußtsein erlangt, in das eine ganz andere Welt als diejenige, an die man gewöhnt ist, hereinflutet, dann hat man für die Momente, in denen man diese inspirierte Erkenntnis hat, den ganzen physischen Menschen *nicht*, dann ist alles wund, dann schmerzt alles. Das muß man zunächst durchmachen. Man muß sozusagen das Verlassen des physischen Leibes als richtigen Schmerz, als richtiges Leid durchmachen, um zur inspirierten Erkenntnis zu gelangen, um dazu zu gelangen im unmittelbaren Anschauen, nicht bloß im Begreifen ...«[146]

Die Seelenkraft nun, die es möglich macht, sich über den Initiationsschmerz zu erheben, ihn im Ertragen zu überwinden, nennt Simony schlicht-unsentimental »*Humor*«. Und Rudolf Steiner stimmt ihm zu: »Tiefwahr![147]

Die Vielschichtigkeit des Humor-Problems brachte es mit sich, daß der Geisteslehrer sich ihm von immer neuen Gesichtspunkten zuwandte. Hatte er in der Berliner Ansprache vom Juli 1916 mehr gewisse karikaturhafte Erscheinungen im gesellschaftlichen Leben der damaligen Anthroposophen – Kleidermode, Haartracht und dgl. – ins Auge gefaßt, ging es im Vortrag vom 20. September 1915 um die Gefahr des *Egoismus auf dem geistigen Schulungsweg*. Dies ist so zu verstehen:

Das Streben nach Erkenntnis der höheren Welt setzt u. a. voraus, daß das Denken durch Seelenarbeit erst fähig gemacht werde, über den Denkvorgang selbst nachdenken zu können; auf diesem Wege gelangt der Mensch zu jener Erkenntnis seiner selbst, die zum Erkennen der höheren Welt führt. Diese innerliche *Anstrengung* nun muß unweigerlich egoistisch machen, wenn sie einseitig bleibt. Wie der Kranke in bezug auf den schmerzverursachenden physischen Leib zum Egoisten wird, weil er ihn ganz intensiv spürt, so auch wird egoistisch, wer ernstlich seelische Anstrengungen auf sich nimmt. »Je mehr der Mensch sich in sich selbst spürt, desto stärker ist sein Egoismus.« Wer sich über diese notwendige Begleiterscheinung der Selbstschulung etwas vormacht, entrinnt gleichwohl dem Egoismus nicht. »Man muß nicht den Egoismus haben, immer den Egoismus los sein zu wollen, denn dann ist man nicht wahr.«[148] Es kommt vielmehr darauf an, den unvermeidbaren *Egoismus* dieser Art durch ein Gegengewicht *unschädlich zu machen. Der Humor ist das Gegengewicht!* –

Rudolf Steiner verglich die ernste Art, wie man sich in die höhere Welt hineinarbeitet, mit dem tiefen Ernst, der das künstlerische

Schaffen *Christian Morgensterns* kennzeichnete. Der bei diesem viel stärker als bei anderen Dichtern hervortretende Ernst bedurfte eines ausgleichenden Gegengewichts in Gestalt der bekannten Humoresken – etwa der »Galgenlieder«.

Christian Morgenstern ist ein hervorragendes Beispiel einer tiefgeistig gestimmten Seele, die sich der chaotisierenden Wirkung dessen zu erwehren wußte, was aus der Umwelt eindrang. Darauf hat Rudolf Steiner in seinen *Gedenkreden* aus Anlaß des Hinganges des Dichters (er starb am 31. März 1914) hingewiesen. Im dichterischen Schaffen Morgensterns sind ja zwei Arten von Dichtungen zu unterscheiden: Einmal Gedichte gebetsartiger Stimmung, einer Erhebung zu den erhabensten Weisheiten und Schönheiten des Daseins, der Welt: Wie aus einer noch halb im Geiste ruhenden Seele geborene zarte Verse. – Zum andern die satirisch-sarkastischen, ironisch-humoristischen Dichtungen, die Humoresken und Grotesken, durch die Morgenstern ja erst bekannt geworden ist. Auf den inneren *Zusammenhang* trotz der Gegensätzlichkeit der beiden Momente wies Rudolf Steiner hin: auf das Gebetsartige und das »leicht humorvolle« Moment. Es bedurfte des Humors, um sich hinwegsetzen zu können über die Unnatur, die Diskrepanzen und Disharmonien, den Intellektualismus der Umwelt. Steiner verglich diesen seelischen mit dem zwei-poligen physischen Atmungsvorgang: Das Bedrängende der eingezogenen Luft, der sich der Organismus wieder entladen muß.

Wir verstehen nun noch besser, daß Humor und die ihm verwandten Phänomene mit der Tiefe des esoterischen oder religiösen Ernstes nicht nur vereinbar sind, sondern sich sogar gegenseitig bedingen.

Klar spricht es der Geisteslehrer aus: Es ist eine *Notwendigkeit, wirklich nicht humorlos nach höherer Erkenntnis zu streben.* »Aber frei und offen zu halten die Seele dem Humor, das ist ein gutes Mittel, das Ernste im wirklichen Ernst zu nehmen. Sonst verunreinigt man sich, verlügt sich das Ernste durch die Sentimentalität, – und *die Sentimentalität ist der ärgste Feind des wirklichen Ernstes für die ernsten Dinge des Lebens.*«[148]

In diesem Zusammenhang kommt Steiner auf seine humorigen Vergleiche zu sprechen und verteidigt diese Vortragsmethodik (sie wird uns noch beschäftigen) so:

»Aber man befreit sich von dem Ernst der Tatsachen dadurch, daß man versucht, sie in einer solchen [humorvollen] Form darzustellen. Denn man verfälscht leicht die Tatsachen, wenn man an sie mit bloßer Sentimentalität herantritt, weil man dann in der Sentimentalität sich schon genügend zu den höheren Welten erhoben fühlt und nicht glaubt, auch noch durch das biegsame, elastische, bewegliche Verständnis in die geistigen Welten hinaufkommen zu sollen.«[148]

Ein Beispiel: Zu den wahrlich ernsten Dingen gehört ja die *Wiederverkörperung*. Es zeitigt *»furchtbare Auswüchse«*, wenn einer, von Sentimentalität verführt, sich einbildete, in einem früheren Erdenleben beispielsweise Homer oder Platon gewesen zu sein, ohne darauf zu kommen, wie »unendlich lächerlich er sich in dieser Rolle zuweilen vorkommen muß«, und zwar gerade dann, wenn seine Vorstellung den Tatsachen entspräche; »sie würden ihm zunächst in einem humoristischen Lichte erscheinen«. Er würde zunächst wahrhaftig sich selbst auslachen. »Und diese *Selbstironie* würde« – so Steiner – »ungeheuer zur Gesundung … der Ansichten« des Betreffenden beitragen. »Aber nicht kommen auf solche Dinge kann ja eigentlich nur derjenige, der von einem unwahren, sentimentalen Leben sich den Humor fernhält.«[149] Nun, Hebbel muß über einen Humor solcher Art verfügt haben; denn er trug in sein Tagebuch ein – vielleicht schwebte ihm eine Lustspielidee vor?: »Nach der Seelenwanderung ist es möglich, daß Plato jetzt wieder Prügel bekommt, weil … er den Plato nicht versteht.« –

Noch einmal und auf höchster Ebene begegnet uns Abwehr der Sentimentalität in der seltsamen, mit schicksalhafter Notwendigkeit aus künstlerischem Impuls erstandenen Gestalt des *Weltenhumors*.

In der linken oberen Ecke der Dornacher Holzplastik, die den Menschheitsrepräsentanten darstellt, wie er zwischen den Widersachern hindurchschreitet, wächst über der Gestalt Luzifers dieses Wesen gewissermaßen aus dem Felsen heraus.

Wie es dazu kam, schildert Rudolf Steiner anschaulich: »Wir hatten die besprochene Gruppe fertig, und als sie vom Gerüst befreit war, stellte sich etwas ganz Merkwürdiges dar: daß nämlich der Schwerpunkt der Gruppe … zu weit rechts läge, und etwas dazu geschaffen werden müßte, um den Ausgleich zu bringen. So wurde es uns vom Karma zugetragen!« Nicht bloß »ein Batzen Felsen« habe man anbringen können, sondern der bildhauerische Gedanke mußte verfolgt werden. »So entstand dann dieses … Elementarwesen«; an ihm könne man, wenngleich nur andeutungsweise eine *Asymmetrie* bemerken, wie sie allen Geistgestalten eignet. Im Physischen kommt es nur sehr eingeschränkt zum Ausdruck – das rechte Auge ist anders als das linke, ähnlich ist es mit den Ohren und Händen – im Übersinnlichen aber ist schon die linke Seite des Ätherleibes anders als die rechte. »Das kommt sofort heraus, wenn man Geistgestalten bilden will. – Sie können um dieses Wesen herumgehen, und Sie werden von jedem Punkt aus unten einen anderen Anblick haben.« Als etwas Notwendiges wirkte diese Asymmetrie, *als Geste eines gewissen Humors*, mit der dieses Wesen auf die Gruppe vom Felsen her hinunter schaut. – Also notwendigerweise wirkt die Asymmetrie komisch. Sie ist ja auch eine Form von Widerspruch. Ein Gebilde ist asymmetrisch, wenn die Zuordnung seiner Einzelteile der Einheitlichkeit des Ganzen widerspricht. In diesem Falle häufen sich Asymmetrie und Widersprüche: Das Geistwesen – selbst asymmetrisch gestaltet – verdankt der Asymmetrie der ganzen Gruppe seine Entstehung.

Und schließlich mußte sich die künstlerische Notwendigkeit im Esoterischen auswirken: »Dieses Hinunterschauen mit Humor hat seinen guten Grund: Es ist durchaus nicht richtig, sich in die höheren Welten nur mit einer bloßen Sentimentalität erheben zu wollen … Diese Sentimentalität hat immer einen *Beigeschmack von Egoismus.*«[150]

Nun wird zureichend klar geworden sein, welche hohe Bedeutung Rudolf Steiner dem Humor und der Heiterkeit für den Bestand und die Weiterentwicklung der anthroposophischen Bewegung beigemessen hat. Seelisch-geistige Kräfte sind es, die uns helfen können, die Gefahren abzuwehren, die vom Intellektualismus und der immer mit Egoismus belasteten Sentimentalität ausgehen.

Vergessen wir aber nicht der gefährlichsten Gegner; sie pflegen sich *im Seeleninnern* festzusetzen, wo sie sich mit Recht am sichersten fühlen. Rudolf Steiner hat sie einmal auf einer Mitgliederversammlung in Stuttgart im September 1923 angeprangert, indem er in die Aussprache über die Gegnerfrage eingriff:

Diese drei inneren Gegner sind – nach dem Bericht von Ernst Lehrs:[151]

Erstens der »Freiherr von *Unterscheidungsvermögen*«, zweitens die »Tunte, Tante Gouvernante *Illusion*«,[152] drittens »das kleine, pausbäckige Kind *Naivität*«.

»Von jedem der drei gab er eine köstliche bildhafte Beschreibung mit je einem aktuellen Beispiel zur Förderung unserer Einsicht« – so Lehrs (a. a. O.). Wir aber hoffen unentwegt, der »aktuellen Beispiele« mögen von Jahr zu Jahr weniger zu finden sein.

11. Der künstlerische Humor

Die beiden am 15. und 17. Februar 1918 in München gehaltenen, im Band »Kunst und Kunsterkenntnis« abgedruckten Vorträge Rudolf Steiners tragen den Titel: »*Das Sinnlich-Übersinnliche in seiner Verwirklichung durch die Kunst.*« Der Titel stammt von Rudolf Steiner selbst und enthält auch schon eine bedeutsame Aussage über das Wesen der Kunst: sie vermag das Sinnlich-Übersinnliche zu verwirklichen. Die Kunst hat es »nicht nötig, bloß Sinnliches nachzubilden oder ... bloß Geistiges zum Ausdruck zu bringen – wodurch sie nach zwei Seiten abirren würde –, sondern die Kunst kann gestalten ..., was sinnlich im Übersinnlichen, übersinnlich im Sinnlichen ist«.[153]

Der Humor aber wird zum Lohn für seine unentbehrliche Mithilfe mit dem Beiwort »künstlerisch« oder »wahrhaft künstlerisch« geschmückt. Ohne ihn entartet die Kunst zur bloßen naturalistischen Nachahmerei.

Wir wissen schon, wie scharf Rudolf Steiner den Naturalismus abgelehnt hat. Der erste Münchener Vortrag läßt es diesbezüglich auch nicht an Deutlichkeit fehlen. Er enthält vor allem den Satz: »Die naturalistische Kunst krankt daran, daß ihr der Humor fehlt.«[153] Außer dem schweren Vorwurf der Humorlosigkeit müssen sich die Naturalisten überdies sagen lassen, es gehöre ein »etwas verwildertes Seelenleben dazu, wenn man sich beruhigen will bei dem bloß illustrativen Element der Nachahmung des Sinnlichen«.[153] Aber auch das Verlangen, »daß eine Idee, daß Rein-Geistiges künstlerisch verkörpert werde«, verwirft der Geistesforscher als »eine Art Besessenheit durch den eigenen Verstand«, als Geschmacklosigkeit und »Barbarisierung des menschlichen Empfindungslebens«.[153]

Die Art, wie das künstlerische Empfinden überall im Leben auftritt, läßt erkennen, wie schon im Erleben der Sinneswelt »Übersinnliches, Geheimnisvolles sich ankündigt«. – So vermittelt der Anblick von Rot nicht nur einen Sinneseindruck, sondern weckt zugleich die Empfindung, in ihm sei eine geistig-seelische Stimmung besonderer Art verzaubert. Goethe sprach von der »sinnlich-sittlichen Wirkung« der Farbe. Daß sie unbewußt verspürt, gleichsam visionär erlebt wird, kommt in trivialer Weise zum Ausdruck in der Redensart vom »Rot-Sehen« im übertragenen, das heißt eben ins Visionäre übertragenen Sinn.

Im Unbewußten kann ein derartiger seelischer Vorgang, können ähnliche Seelenregungen nicht gelassen werden, wenn das Wesen des Kunstschaffens und -erlebens erforscht werden soll.

Zwei Ursprünge des Künstlerischen werden aufgedeckt: der eine liegt im Drang nach dem *Visionären*. Steiner nennt ihn »unwiderstehlich« und betont, er müsse befriedigt werden, damit die Seele gesund bleibt. Wenn wir der Seele gewissermaßen von außen den Inhalt der Vision darbieten, wird der innere Drang beruhigt. Um aber etwas Künstlerisches zu schaffen, muß »erraten« werden, »welche Gestaltung, welchen Bildeindruck wir der Seele bieten müssen, damit der Drang nach dem Visionären ausgeglichen« sei. In dieser Richtung liegt der seinerzeit eben aufkommende Expressionismus.

Die andere Quelle des künstlerischen Schaffens und Genießens – man kann an den *Impressionismus* denken – fließt aus der Entzauberung jenes Geheimnisses, von dem Goethe spricht: »Wem die Natur ihr offenbares Geheimnis zu enthüllen anfängt, der empfindet eine unwiderstehliche Sehnsucht nach ihrer würdigsten Auslegerin, der Kunst.«[154]

»In der Natur« – so schildert Steiner das Geheimnis des näheren – »ist nicht nur wachsendes ... Leben, ... sondern ... außerdem das, was man ... Tod, Zerstörung nennt ..., was fortwährend ein Leben durch das andere zerstört und überwindet.«[154] Das beste Beispiel hierfür ist »die menschliche Gestalt, die in ihren Formen etwas Geheimnisvolles enthält«. »Das ist das Geheimnis alles Lebens: Fortwährend und überall wird ein niederes Leben durch ein höheres Leben ertötet. Diese menschliche Gestalt, die durchdrungen ist von der menschlichen Seele, dem menschlichen Leben, sie wird durch die menschliche Seele, durch das menschliche Leben fortwährend getötet, fortwährend überwunden. Und zwar so, daß man sagen kann: Die menschliche Gestalt als solche trägt etwas an sich, was ganz anders wäre, wenn sie ganz sich selbst überlassen wäre, wenn sie ihrem eigenen Leben folgen könnte. Aber diesem ihrem eigenen Leben kann sie nicht folgen, weil ein höheres, ein anderes Leben in ihr ist, das dieses Leben ertötet.«[153]

Steiner räumt ein, daß eine derartige Beschreibung paradox erscheinen mag. Aber wenn der Plastiker an die menschliche Gestalt herangeht, entdeckt er doch, wenn auch unbewußt, dieses Geheimnisvolle. Er entdeckt, daß »ja diese menschliche Gestalt etwas will, was am Menschen nicht zum Ausdruck kommt, was durch ein höheres Leben, durch seelisches Leben überwunden ist, getötet ist; er zaubert aus der menschlichen Gestalt das hervor, was am wirklichen Menschen nicht vorhanden ist, was … ihm fehlt, was die Natur verbirgt«, so daß es zum Geheimnis wird. »Allem, was die Natur hervorgebracht hat, liegt dieses Geheimnis zugrunde. Es erscheint keine Linie, keine Farbe draußen in der Natur so, daß nicht ein Niederes durch ein Höheres überwunden ist.«[153]

Vielleicht kann es das Verständnis fördern, wenn an die psychologische Entdeckung des Philosophen Christian von Ehrenfels erinnert wird: die »Gestalt«. Sie will verstanden werden als übersummenhafte Ganzheit, die zwar Einzelelementen gleichsam aufruht, aber ihnen gegenüber etwas Neues, der Qualität nach anderes ist, weshalb auch von »Gestaltqualitäten« gesprochen wird. Auf die überschwebende, die Vielheit beherrschende Einheit kommt es an. Die zugrunde liegenden Einzelelemente als solche haben aufgehört zu sein, sie sind – so kann man es bildhaft ausdrücken – getötet worden, damit die Gestalt, die höhere Einheit, das im Seelisch-Geistigen Wesende als Ganzheit zustande komme.

Um das in der künstlerischen Empfindung vor sich gehende »Töten« mit dem nachfolgenden Wiederbeleben durch den Humor recht anschaulich zu machen, wählt Rudolf Steiner eine bildhafte Darstellungsart, die, heute *gelesen*, wie eine scherzhafte, um nicht zu sagen groteske Übertreibung wirken kann, seinerzeit *gesprochen* aber sicherlich nur als treffende Charakterisierung empfunden wurde.

Ein Maler habe vor, eine hübsche Frau zu malen. »Es muß sich dann in der Seele etwas wie ein Bild dieser hübschen Frau ausgestalten.« Der fein Empfindende kann fühlen, »daß er in dem Augenblick, wo er etwas aus einer hübschen Frau gemacht hat, ... er diese hübsche Frau innerlich, geistig-übersinnlich aus dem Leben zum Tode befördert hat ... ihr gegenüber kommt man sich vor, nicht bloß, als ob man sie geheimnisvoll ertötet hätte, sondern als ob man sie zuerst mißhandelt hätte und dann erst getötet haben würde. Das ist immer ein Prozeß, der sich in der einen Richtung hin bewegt, dieser Prozeß des Ertötens, der damit zusammenhängt, daß man nachschaffen muß das, was in einem höheren Leben ein in der Natur ins Dasein Wollende überwindet. Es ist immer ein Ertöten und ein durch Humor Wiederbeleben, das sich in der Seele vollziehen muß sowohl des künstlerisch Schaffenden wie des künstlerisch Genießenden. Derjenige, der daher einen flotten Bauernburschen auf der Alm malen will, hat nicht nötig, das was er sieht, wiederzugeben, sondern er hat sich vor allem klar zu sein, daß er in dem, was er gefaßt hat als künstlerische Konzeption, den flotten Bauernburschen auf der Alm ertötet oder wenigstens erstarren gemacht hat, und daß er dieses starre Gebilde dadurch wieder zum Leben erwekken muß, daß er ihm eine Gebärde gibt, die nun das, was im einzelnen ertötet ist, wiederum zusammenbringt mit dem übrigen Naturzusammenhang und ihm dadurch ein neues Leben gibt ...«

Weil der Naturalismus nicht den Humor aufbringt, seine Objekte (die hübsche Frau, den Bauernburschen) wieder künstlerisch ins Leben zurückzurufen, ist er keine echte Kunst. Der Naturalist »liefert uns daher viele Kadaver ... aber es fehlt ihm ... am Humor, um wieder zu beleben«.[153]

In der Holzplastik des Menschheitsrepräsentanten hat der Geistesforscher – eine künstlerische Tat sondergleichen – die Entzauberung der Menschengestalt sichtbar gemacht.

Die typische Menschengestalt ist so dargestellt, daß die in jedem Menschen veranlagte, aber durch das höhere Leben niedergehaltene Asymmetrie stark hervortritt, so daß die zusammenhaltende Ganzheit in eine Doppelheit aufgelöst erscheint. Das menschliche Haupt geht durch Metamorphose über in die finstere, beklemmende Gestalt Ahrimans. Der übrige Organismus wird zu Luzifer: es sind die

Gestalt gewordenen Triebe und Begierden, »ein Element, das aus der menschlichen Wesenheit heraus will«. Diese in die Extreme ausgreifende Asymmetrie wird durch die Gebärde des Menschheitsrepräsentanten, des Christus überwunden. So hat es auch die Natur getan: »Sie hat wirklich den Menschen so zusammengestimmt, daß er aus den verschiedenen Gliedern zu einem harmonischen Ganzen zusammengesetzt ist.« In der Holzplastik ist wieder aufgelöst, was in der Natur verzaubert ist. »Die Natur ist aufgelöst in ihre übersinnlichen Kräfte.« Ein Übersinnliches, daß schon im Sinnlichen drin ist, das verzaubert ist, wurde aus dem Sinnlichen erlöst.

Nun muß dem Auflösen in Nachbildung des natürlichen Prozesses das Zusammenfügen folgen. In unserem Unterbewußtsein ist neben dem analysierenden ein synthetischer Sinn vorhanden. Dem Zerfallen der sinnlichen Natur »in lauter Sinnlich-Übersinnliches« entspricht unser »elementarer Drang, die Natur ... zu entzaubern, um zu sehen, wie Sinnlich-Übersinnliches in ihr so mannigfaltig steckt, wie Kristalle in einer Druse«; aber es drängt uns wieder, den Zerfall zu überwinden, zu erleben, wie die Natur die Druse im Stein verschließt.

An diesem Punkte, wo es darum geht, das Aufgelöste »auf einer höheren Stufe« künstlerisch wieder zu verbinden, bedarf es des Humors.

Rudolf Steiner bemerkte damals in München beiläufig: »Nichts, was ich heute sage, ist pedantisch gemeint.« So ist es auch nicht haargenau gemeint, wenn wir – im Blick auf die beiden oben gekennzeichneten Ursprünge der Kunst und die ihnen entsprechenden Richtungen – *zwei Arten von künstlerischem* Humor unterscheiden: den *impressionistischen* und den *expressionistischen* Humor.

Das nun folgende Zitat gibt im Zusammenhang mit dem wiederholten Hinweis auf das Heilende bzw. Krankheit-Verhütende der Kunst eine klare Charakteristik: »Diese zwei Richtungen ... entsprechen durchaus nicht irgend etwas Krankhaftem. Das Krankhafte würde gerade dann über die Menschheit kommen, wenn der innerhalb gewisser Grenzen elementarisch naturgesunde Zug nach dem Visionären nicht befriedigt würde durch Kunstexpressionen oder wenn das, was ja doch unser Unterbewußtes fortwährend tut, dieses die Natur in ihr Sinnlich-Übersinnliches *Zerlegen*, wenn das nicht immer wieder und wiederum *durch den wahrhaft künstle- rischen Humor mit einem höheren Leben durchsetzt würde*, damit wir in die Lage kommen, das, was die Natur schöpferisch voll- bringt, ihr nachzuschaffen in dem Kunstwerk.«

Der künstlerische Impuls des impressionistischen Humors liegt im Streben nach Synthese und Harmonisierung, nach Ganzheit und Gestalt, ja nach höherer Gestalt. Wir erinnern daran, wie in frühe- ren Kapiteln das Wesen des Humors dargelegt worden ist als ein Sich-Erheben-Können über Gegensätze und Widersprüchliches. Für den künstlerischen Humor gilt dies in erhöhtem Maß. Das »Er- hebende« ist das immer wieder angetönte Hauptmotiv. Der Humor ist der Wiederbeleber des Zerlegten, Aufgelösten, er bewirkt die Auferstehung des »Getöteten« aus dem Grabe der Auflösung und Erstarrung. Gerade vom Künstlerischen her wird so der Humorbe- griff verlebendigt und ins Geistige, ja ins Religiös-Geistige empor gehoben. Ist Kunst nicht ohne Humor denkbar, so auch der echte im strengen Sinne durchheiterte Humor nicht ohne religiöse Erhe- bung. Steiner spricht von den »intensiven Unendlichkeiten, die in der Natur verzaubert sind«[153], und er bringt Beispiele: »Es ruht in jedem Lichteffekt ein Leben, das durch größere Zusammenhänge überwunden, ertötet wird«; er »will uns etwas sagen«; es ist etwas, »das in der Farbe spricht'«. Gleiches gilt von den Lauten, Tönen, den Linien und Flächen, den Gebärden und so weiter. Ganz aus dem Gefühl für diese Unendlichkeiten hat Eichendorff gedichtet:

> »Schläft ein Lied in allen Dingen,
> Die da träumen fort und fort.
> Und die Welt fängt an zu singen,
> Triffst du nur das Zauberwort.«

Ist es nicht der Humor, der das Zauberwort treffsicher finden kann? Die unendliche Vielfalt der Eindrücke weckt die Sehnsucht, sie aus dem Zauberbann durch Erhebung ins Künstlerische zu lösen.

Auch der Expressionismus bedarf, um sich entfalten zu können, eines überirdischen Wesens, das mit Heiterkeitskraft der Seele bei- steht, die nach Ausdruck ringt. Das tief unbewußt im Dunkel des

Innern erlebte Übersinnliche will Vision werden. Solange es im Subjektiv-Unbestimmten unbegreiflich und unbefriedigt bleibt, quält es und drängt nach Bewußtheit. Der Menschenfreund Humor – hellsichtig und des Deutens kundig – durchschaut, was im Visionären west, errät seinen objektiven Geistgehalt und bringt ihn so zum Bewußtsein der Menschheit, daß er ihm verwandte Künstlernaturen inspiriert; ihnen kann er, Phantasie erregend, in rechter Weise das unbewußt Erlebte deuten, daß sie es zu gestalten vermögen. Nun wird es anschaubar im Scheine der Kunst, es wirkt klärend, es kann trösten, kann erheben.

Nun können wir etwa so zusammenfassen:

Während den expressionistischen Humor ein menschenseelenhafter, gewissermaßen von innen nach außen weisender Zug kennzeichnet, eignet dem impressionistischen ein von außen nach innen wirkendes naturgeistiges Element, nicht nachahmend-naturalistisch, sondern – wie Steiner es nannte – »übernatürlich-naturalistisch«.

Damit ist zwar formal Unterscheidendes aufgezeigt, doch berührt es nicht die innere Wesensgleichheit der beiden künstlerisch impulsierenden »Humore«. Es kann nicht wundernehmen: sind sie doch Zwillingsbrüder der gleichen Mutter, der göttlichen Heiterkeit, die sie aus ihrer besonderen Art von Geistigkeit geboren hat. Daher rührt auch ein Wesensmerkmal beider, das nach dem ersten Anschein überraschen kann.

Lory Maier-Smits, die »Ureurythmistin«, schließt ihren Beitrag zum Erinnerungsbuch »Wir erlebten Rudolf Steiner« (»W« – »Die Anfänge der Eurythmie«) mit Sätzen, die ein neues Licht auf Steiners Kunst- und Humorauffassung werfen:

»Humor hat uns Rudolf Steiner als notwendigstes Rüstzeug für jeden Künstler anempfohlen. Er definierte ihn einmal auf die Frage einer Malerin als ›beherrschende Seelenkraft‹. In höchster Steigerung war er künstlerisch festgehalten in Gestalt jenes Wesens, das Rudolf Steiner selbst den ›Weltenhumor‹ nannte und dem er, – aus Gründen des ›Ausgleichs‹ –, seinen Platz gab in der großen Holzplastik der Gruppe des Menschheitsrepräsentanten.«

Das »notwendigste Rüstzeug jedes Künstlers« nannte der Geistesforscher den Humor, und wie eine Begründung klingt es, wenn er ihn beschreibt als »beherrschende Seelenkraft«. Ein wenig stokken wir schon; doch brauchen wir uns ja an diesen mündlich überlieferten Wortlaut nicht »definitiv« gebunden fühlen. Wir dürfen sinngemäß von der »seelenbeherrschenden Kraft« des künstlerischen Humors sprechen. Da finden wir uns sogleich zurecht: Aus einem höheren, der Seelenwelt übergeordneten, sie zu Recht beherrschenden Reich strömt die Humorkraft ein in die Menschenseelen, es ist die Geistwelt, die Rudolf Steiner oftmals als die Heimat aller echten Kunst gekennzeichnet hat, in der auch die Heiterkeit urständet, deren liebster Sohn der Humor ist.

Willig beugen wir uns der Herrscherin Heiterkeit. Keine Spur von Gewalthaft-Machtmäßigem entstellt ihr Herrschertum. Ein anderer, der ursprüngliche Sinn des Wortes »Herr«: he(h)r, erhaben – leuchtet auf und erhellt das wahre Wesen der heiteren Herrschaft: *Erhabenheit.* Doch ist es nicht die kalt-unzugängliche Erhabenheit, sondern die warmherzig liebende, die nie durch Willen zwingt, sondern durch ihr bloßes Dasein wirkt, nichts für sich fordert, sondern nur Kraft spendet. Die heitere Erhabenheit kann nicht Tyrannin werden, kann nur in Freiheit wirken und Freiheit bewirken, indem sie den Menschen vom Irdisch-Lastenden erlöst, die Seelen emporhebend in den göttlich-geistigen, den Kunstbereich.

Im Humor lebt das erhabene Wesen der Mutter. Am schönsten verwirklicht er es, wenn er wieder und wiederum in Menschenseelen den Kunst-Impuls entfacht, der sie erheben kann. – So wird er Teilnehmer der sanften Herrschaft der Heiterkeit und darf sie stellvertretend als Weltenhumor darstellen, dort, wo das gewaltige Kunstwerk der vom Geistesforscher geschaffenen Holzplastik die vom Christus durchgeistige Menschengestalt anschaubar macht.

12. Die Jugendbewegung

Man soll die Jugendbewegung beachten.
Sie ist eine Kulturbewegung von großer Bedeutung.
Aber man muß wirklich gerade
dieser Jugendbewegung gegenüber vermeiden
jede Art von Philistrosität und Pedanterie.[155]

Rudolf Steiner

Wenn wir den nach Humorspuren spähenden Erinnerungsblick dahin richten, wo Anthroposophie und Jugendbewegung sich begegneten, so sollten wir etwas bei den Koberwitz-Breslauer Junitagen des Jahres 1924 verweilen. Im irdisch-zeitlichen Ablauf der Ereignisse dieser Begegnung bilden sie zwar das abschiedsschwere Ende, in der Rückschau aber stehen sie am Beginn.

Drei Ansprachen hielt Rudolf Steiner an die schlesischen Vertreter der Jugendbewegung, die am Landwirtschaftlichen Kurs als Gäste teilnehmen durften.

Was die Jugendlichen hier vernahmen, sollte für viele von ihnen lebensentscheidend werden. Der tiefe Ernst, der aus den Worten des Geistesforschers klang, war doch von einer mutmachend-heiteren Grundstimmung durch-sonnt. Der Generationsunterschied wurde nicht etwa verwischt, sondern völlig unkonventionell-brüderlich überbrückt.

Bei der ersten Zusammenkunft am 9. Juni im Zentrum von Breslau im Beisein der Dornacher Vorstandsmitglieder ermunterte Rudolf Steiner die jungen Menschen, sich unverhohlen auszusprechen; der Vorstand werde aufmerksam zuhören, »und wir werden das alles als gute Lehren entgegennehmen, was Sie selber uns zu sagen haben. Wir wollen uns nicht väterlich, sondern recht ›söhnlich‹ verhalten zu dem, was Sie zu sagen haben.«[156] Diese Wendung hat eine kleine lustige Vorgeschichte, die von dem uns schon bekannten Rektor Bartsch »gemacht« worden war. Als Leiter des

Breslauer Zweiges hatte er Rudolf Steiner mit überströmender Herzlichkeit mit den Worten willkommen geheißen:

»Wir freuen uns über das Wiedersehen, so wie wenn ein Vater von einer Reise in seine Familie zurückkehrt ...« Dieser »Vater« nun hatte es dem so Bewillkommneten angetan: in jedem Vortrag fast – so erinnert sich Bartsch – »verwandte Rudolf Steiner diesen ›Vater‹ in humorvoller, oft auf mich bezogener Weise« (»E«, S. 474). Frau Marie Steiner versuchte, den guten Rektor während eines Mittagsmahles in Koberwitz ein wenig in Schutz zu nehmen. Doch der »Vater« verteidigte sich gegen den Vorwurf, Bartsch geuzt (geneckt) zu haben: »Ich uze doch Herrn Bartsch nicht, ich finde, das Wort ist eine schöne Sentenz, die man immer wieder anwenden kann.« Aber vor den Wandervögeln in Breslau wehrte er doch den Vater-Titel freundlich ab: »Aber da werde ich als der Vater angesprochen. Väter sind alt, die können nicht mehr ganz jung sein ...« In Dornach »traten eine Anzahl junger Leute auf und sprachen sich sehr schön und ehrlich aus. Da sprach ich mich auch aus. Nachher ... sagte mir jemand, der mich sonst ganz gut kennt, nachdem er sich das auch angehört hatte: ›Sie sind dennoch der Jüngste unter den Jungen gewesen.‹ So etwas kann einem heute passieren, da wird man als der alte Vater angeredet, da als der Jüngste unter den Jungen ... Also wissen Sie, wenn man so die Sprossen hinauf- und hinunterklettert, bald als das Väterchen, bald als der Jüngste unter den Jungen, hat man gerade Gelegenheit, in das hineinzuschauen, was alles die Gemüter bewegt.« (Kurt von Wistinghausen, »E«, S. 454 f.)

Der so zu den jungen Menschen sprach, als Eingeweihter wußte er wohl, was ihre nach Geist dürstenden Seelen bewegte. Er vermochte zu schauen, daß in ihnen Individualitäten verkörpert waren, die in der Geistwelt der Michaelbewegung angehört hatten und deren Mission es war, in die anthroposophische Menschengemeinschaft und ihre Lebens- und Arbeitszusammenhänge den Michael-Impuls hineinzutragen. Es mag wohl ergreifend gewirkt haben, als Steiner sein grundlegendes Werk »Wie erlangt man Erkenntnisse der höheren Welten?« »ein rechtes Wandervogelbuch« nannte. Er tat es ohne Pathos, unsentimental, humorvoll, teils bewußt nüchtern, teils in kosmische Weiten ausgreifend.

Keineswegs, wie Kritiker behaupteten, mit der Schreibmaschine sei das Buch geschrieben worden, denn er habe es wie die meisten seiner Werke im Bett liegend verfaßt »durchaus im Anblick der Natur. Es ist nämlich bis in jeden Satz hinein erwandert worden‹, versicherte er uns« – so Rudolf Meyer (»E«, S. 445). »Allerdings werde man, wenn man die Übungen dieses Buches mache, allmählich dazu gelangen, vielleicht schon bei der ersten Blume, die man am Wege findet, stillezustehen; denn sie könne einem einen ganzen Sternenkosmos enthüllen, der in sie hineingeheimnißt ist. Dann brauche man nicht grade immer so weit wandern, weil man an den einfachsten Erscheinungen bereits die Möglichkeit hat, in die Höhen und Tiefen des Kosmos zu dringen. ›Es ist wirklich erwandert‹, beteuerte er nochmals, wenn dieses Buch auch – wie er schelmisch hinzufügte – größtenteils des Nachts im Bette niedergeschrieben werden mußte, da ihm innerhalb der Tagespflichten kaum Zeit zum Bücherschreiben geblieben sei.«

Die dritte und letzte Ansprache, am 17. Juni 1924 in der Morgenfrühe vor der Abreise von Koberwitz, an einen kleinen Jugendkreis gerichtet, ist oft geschildert worden. Die »bildgewaltige, Liebe ausströmende« Rede trug den Stil einer esoterischen Unterweisung. »In heiligstem Weltenernst« wurden letzte Daseinsrätsel vor die Seelen hingestellt, aber es geschah »in einer freien, gelösten Stimmung mit dem ganzen liebevollen Humor, den Dr. Steiner so gerne gerade auch bei der Behandlung ernstester Lebensfragen walten ließ« (W. Rath, »E«, S. 467).

Der Jugendkurs 1922

Es bedarf keiner vollen zwei Jahre der weiteren Rückschau, und wir sehen uns – in der Michaeli-Zeit des Jahres 1922 – vor das Ereignis gestellt, das der damaligen, von Anthroposophie innerlich bewegten Hochschuljugend zum »größten Fest ihres Lebens« wurde. (Wilhelm Rath, »Von der Begegnung der Jugend mit Rudolf Steiner«, »E«, S. 394 ff.). Es war der volle vierzehn Tage während *Stuttgarter Jugendkurs*. Er ist unter dem Titel »Geistige Wirkenskräfte im Zusammenleben von alter und junger Generation – Pädagogischer Jugendkurs«[157] (der Titel stammt von Marie Steiner) in der Gesamtausgabe erschienen.

Vorab sei einiges angemerkt, um nicht den falschen Eindruck aufkommen zu lassen, zu Steiners Zeiten sei die Jugendarbeit vom Anfang bis zum Ende reibungslos in ungestörter Einigkeit, humorgewürzt und festlich-heiter vonstatten gegangen. Man könnte eher vom Gegenteil sprechen, und wir dürfen vermuten, es habe trotz drängender Mahnungen des Geisteslehrers den maßgebenden Menschen die Fähigkeit gefehlt, sich einsichtsvoll und verstehend – mit Humor über den aufkommenden Generationsgegensatz zu erheben. – Und doch kann man dieser Gegensätzlichkeit, so wie sie damals auftrat, eine komische – allerdings eine bitter-komische, wenn nichttragikomische Seite abgewinnen. Unterscheidungsmerkmal der beiden Gruppen – Alt und Jung – sei, so hat es Steiner wiederholt ausgedrückt – dieses gewesen: Wenn irgend etwas auszuführen war, sei ihm bei den Älteren ein feines Verständnis begegnet, ihnen sei alles »absolut klar« gewesen – aber geschehen sei dann meistens nichts. Spreche man aber mit den führenden Persönlichkeiten der Jüngeren, »verstehen sie zunächst nichts, aber sie tun gleich alles. Es wird gleich alles getan, was nicht verstanden ist.«[158]

Nach vergeblichen Einigungsversuchen gab Rudolf Steiner »schweren Herzens« den Rat, daß die Hochschuljugend sich von der Stuttgarter Gesellschaft abspalte. – Als »Freie anthroposophische Gesellschaft« hat sie jahrelang ein selbständiges Leben geführt. Bei diesen Andeutungen wollen wir es bewenden lassen, ohne Einzelheiten – insbesondere die Schuldfrage – zu berühren. – Der Kenner der Verhältnisse wird das »Trotzdem-Humorige« auf dunklem Hintergrund um so heller aufleuchten sehen.

Wie kam es zum Michaeli-Jugendkurs?

Einige Studenten hatten während ihrer Teilnahme am Wiener Ost-West-Kongreß im Juni 1922 bei den endlosen nächtlichen Wanderungen durch die Donaustadt den Entschluß gefaßt, Rudolf Steiner zu bitten, einmal nur zu Menschen ihrer Generation und Gesinnung in ihrem Sinne zu sprechen, da sie sich in der anthroposophischen Gesellschaft ebensowenig heimisch fühlten wie im anthroposophischen Hochschulbund und auf den von diesem veranstalteten hochwissenschaftlichen Kursen. Ohne Rücksicht auf seine außergewöhnliche Arbeitsbelastung sagte Steiner sofort zu.

In einer offenbar absichtlich eingeräumten, ja geradezu auferlegten dreitägigen Wartezeit – die immer wieder von Dornach aus mitgeteilten »Verhinderungen« des »Doktors« waren wohlwollend-schmunzelnd vorgeschützt – mühten sich die jungen Akademiker damit ab, ihr Herzensanliegen zum erbetenen Vortragsthema oder als Fragen zu formulieren. In seiner Begrüßung trug Wilhelm Rath das Ergebnis vor, und Steiner war es dann, der dieser ersten akademischen Jugend im neuen Zeitalter, dieser geistig vor dem Nichts stehenden, aus dem Gefängnis des kalten Intellektualismus der Hochschulen heraus sich nach echter herzenswarmer Gemeinschaft sehnenden Jugend in dreizehn Vorträgen den Kern- und Zielpunkt ihres Sinnens und Strebens zu deuten wußte, auch insoweit es unausgesprochen geblieben war.

Nicht Vorträge im üblichen Sinne waren es, sondern Ansprachen, Anrufe, Gespräche mit den Seelen der atemlos Lauschenden. Nun endlich fühlte sich die Jugend beglückt verstanden und lernte »die Grundkraft der anthroposophischen Geist- und Menschenerkenntnis erahnen« (W. Rath, »E«, S. 359).

Kein dozierender »Alter« trug vor – einer ihresgleichen, ein feuriger Jüngling sprach zu ihnen. Es litt ihn nicht hinter dem Rednerpult. So lebhaft schritt er auf dem Podium hin und her, daß es sich ausnahm wie ein Symbol des in schwungvoller Aktivität lebenden Denkens, von dem er sprach, das er unpathetisch, leicht humorig mit einem kribbelnden Ameisenhaufen verglich.[159] Der Wille müsse durch kraftvolle Gedanken belebt und aus seiner Unbewußtheit erweckt werden. Johann Gottlieb Fichtes willensgetragenes Denken, wie es in seinem Temperament sich offenbarte, wurde nicht nur mit Worten beschrieben, es wurde »beschritten«. Das kräftige Auftreten »mit der ganzen Fußsohle, besonders mit der Ferse (eine intensivere Philosophie als alles, was Fichte den Leuten vom Katheder herab hat sagen können!) führte Steiner so mitreißend energiegeladen vor, daß ein – offenbar rhythmisch begabter – Wackelkontakt exakt bei jedem Fichte-Schritt das Rampenlicht aufflammen ließ« (W. Rath, a. a. O.).

Das Gegenbild, der passive Denker, wurde den Hörern im achten

Vortrag in einer köstlich humoristischen Parabel vorgeführt: Reglos liegt er im Straßengraben, unbewegt sind Hände und Beine, festgeschlossen die Augenlider, eine in Leid versunkene Gestalt! – »Warum sind Sie so traurig?« fragt ein Vorübergehender. Und erhält zur Antwort: »Weil ich nichts tun möchte.« Und weiter heißt es: »Der Fragende war erstaunt darüber, denn der Liegende tat anscheinend schon lange Zeit nichts. Aber er wollte noch mehr ›nichts tun‹! Da sagte der Fragende: ›Ja, Sie tun ja wirklich nichts!‹ Darauf der Liegende: ›Ich muß ja die Umdrehung der Erde mitmachen, und ich möchte selbst das nicht tun!‹«

Schwerlich kann man ihn drastischer und humoriger ins Bild bringen: den inneren Zusammenhang von Denkfaulheit und Traurigkeit.

Der reine Kopfdenker, so ernst und wichtig er sich dünken mag, er macht doch eine komische Figur, indem er sich den Herzkräften verschließt, obwohl nur sie das Denken beleben und regsam machen können. Er gleicht dem Säugling, der meint, »sich aus sich selbst heraus ernähren zu können und nicht aus der Mutterbrust«.

Von sehr subtiler Art ist die Heiterkeit, mit der Rudolf Steiner (im dritten Vortrag) den damals von einem Benediktiner-Pater erhobenen Vorwurf widerlegt, die Anthroposophie vermaterialisiere die Welt. Der gute Pater wollte nur die üblichen »alleräußersten Abstraktionen« der katholischen Philosophie gelten lassen, die »nur ja nicht an die Welt herantippen«.

Die Lebendigkeit der geisteswissenschaftlichen Begriffe, »die wirklich herunterkommen können bis … zur realen Welt«, verkannte er als Vermaterialisierung. Aber hat nicht Gott »vom Spirituellen ausgehend immer materialisiert? Die Welt war erst spirituell und wurde dann immer materieller und materieller.« Diesen Gang des Schaffens muß die Wahrheitserkenntnis nachvollziehen. – Wirklich geistvoller Humor ist es, der sich in diesem überlegenen Umgehen mit dem Begriff »Vermaterialisieren« ausspricht.

Ähnlich verhält es sich mit dem »psychophysischen Parallelismus«, auf den im neunten Vortrag die Sprache kommt. Da wird der Begriff der Parallelen nicht vieldeutig-phrasenhaft, sondern einmal »scherzeshalber« – an »Die zwei Parallelen« Christian Morgensterns erinnernd – geometrisch ernstgenommen. Dann gerät man unversehens – in die geistige Welt: »Parallelen können sich aber erst in der Unendlichkeit schneiden. So kann man auch sagen: Über den Zusammenhang von physischem Leib und der Seele kann man erst etwas wissen in der Unendlichkeit.« – Die geistfremde moderne Psychologie erkennt und anerkennt als Realität ja nur den physischen Leib; dann muß aber das Reden von einem psycho-physischen Parallelismus komisch und widersprüchlich wirken.

Mit besonderer Vorliebe und öfter, als man meinen sollte, sind zarte Humorblümchen dieser Art dem Gedankengeflecht der Vorträge eingebunden. Nicht zuletzt sind sie es wohl, von denen bei allem Ernst des behandelten Themas eine nie völlig fehlende heitere, beseelte, unsentimental-freiheitliche Stimmung ausgeht. Der jugendliche Schwung und die befeuernden Anrufe zu Regsamkeit und »innerlichem Tun im Geiste« weckten Begeisterung in den erwartungsvoll gestimmten Seelen der jungen Menschen.

Um ein Beispiel für einen jugendlich, geradezu »hochreißenden« Begeisterungsausbruch nach dem Geschmack Rudolf Steiners zu haben, sei eine Szene aus dem Heilpädagogischen Kurs (1924) wiedergegeben, die *Ernst Lehrs* schildert. – Auf seinen Besuch des Heims für seelenpflegebedürftige Kinder im Lauenstein Bezug nehmend, sagte Steiner, er wolle »einmal über rechtes esoterisches Verhalten« reden. Überraschend stellte er dann an die drei anwesenden jungen Freunde vom Lauenstein die Frage, was sie getan hätten, als die Mutter eines mißgestalteten, geistig behinderten Mädchens die Richtigkeit der anamnestischen Annahme Steiners bestätigte, die Patientin müsse in früher Jugend eine fiebrige Erkrankung durchgemacht haben? ... Schweigen bei den also Befragten. Lehrs war froh, sich nicht in dieser Prüfungslage zu befinden. Wäre es nicht – so überlegte er – »esoterisch« richtig gewesen, über den Fall zu schweigen ...? »Plötzlich stieg Steiner vom Rednerpult herab. In der ersten Reihe saßen die Mitglieder des Vorstandes. Vor sie trat er hin, streckte seine beiden Hände über sie hinweg zu den dahinter sitzenden drei Freunden und wiederholte wie flehentlich: ›Ich frage Sie, was haben Sie da getan?‹ Wieder Schweigen. Unversehens war er mit einem Satz wieder oben am Pult und rief: ›Ja, sehen Sie, wenn Sie das Richtige getan hätten, dann würden Sie sagen können: Wir sind aus Freude darüber, daß sich das bestätigt hat, so hoch gesprungen, daß der Plafond ein Loch bekommen hat! Dann würde der Reflex von diesem Sprung noch heute nicht nur aus Ihnen sprechen, sondern leuchten! Das ist es: Enthusiasmus im Erleben der Wahrheit!«[160]

Zurück zu unserem begeisternden Jugendkurs! Zu uns, die wir auf das Lesen der Vortragsniederschriften angewiesen sind, dringt nicht mehr der Sprache beseelter Klang; der Augen vielsagender Blick trifft uns nicht mehr. – So müssen wir es dahingestellt sein lassen, ob es restlos ernst zu nehmen ist, wenn Rudolf Steiner die Kritik gewisser Erscheinungen so einleitete, daß er beteuerte, er wolle *sich* darüber nicht lustig machen … Uns jedenfalls macht er schon lustig, wenn er so »Ernstes« zur Sprache bringt wie das Hinschwinden der lebensvollen Schöngestalt der Musen im Zeitenlauf, wie dann die sieben freien Künste des Mittelalters schon dürr geworden seien und sich doch immer noch »drall« ausnehmen im Vergleich mit der in Objektivität einherstolzierenden modernen Wissenschaft.

Von dieser abgemagerten Wissenschaft konnte die Jugend keine kräftigende geistige Nahrung erhoffen.

Aber die Jugend könne auch nicht darauf warten – so rief Rudolf Steiner in seiner Ansprache vom 11. April 1924 an die Stuttgarter Jugendversammlung –, bis der Geist sich auf sie herabsenke. Es liege vielmehr im Wesen der Jungen das Streben, in eigenem Ringen zum Geist durchzustoßen. »Meine lieben Freunde!« so rief er aus – »dazu braucht man aber dreierlei:

»Mut – noch einmal Mut und noch einmal Mut!«[161]

13. Das Vortragswerk

Bewundernd und tief dankbar stehen wir vor dem gewaltigen Vortragswerk Rudolf Steiners. Wir sind glücklich, den Ertrag einer schier übermenschlichen Leistung von über sechstausend Vorträgen in Gestalt der Gesamtausgabe sichtbar und lesebereit vor uns zu haben.

Dennoch: »Weh dir, daß du ein Enkel bist!« Wenn wir darangehen, diesen Schatz für ein Anliegen nach Art des unseren auszuwerten, stehen wir alsbald vor einer anscheinend unübersteiglichen Grenze: Die lebendige Rede konnte nur in Niederschriften fixiert verläßlich überliefert werden, und hierbei mußte trotz noch so sorgfältiger Fassung der Zauber der Unmittelbarkeit sich verflüchtigen. Die Binsenwahrheit der Andersartigkeit von Rede und Schreibe- oder gar Druckwerk kommt deutlich zum Bewußtsein, wenn wir Augen- und Ohrenzeugen berichten hören, welches Gewicht dem Unausgesprochenen zukam, wenn Rudolf Steiner sprach. – Andrey Belyj (»Verwandeln des Lebens«) war einer der Hörer der von ihm so genannten »mobilen Universität«, die in den Jahren vor dem Ersten Weltkrieg Steiner auf seinen Vortragsreisen überallhin mitbegleiteten. Über 400 Vorträge hat der Philosoph nicht nur angehört, er hat in zunehmender Ergriffenheit einen unvergleichlichen Redner erlebt. Wie bei wechselndem Mienenspiel die Stimme sich wandelte, vom Flüstern bis zum »Donnern« anschwellend, wie die unvergeßlichen Augen bald streng und tieftraurig, bald strahlend heiter blicken konnten. »Dem aufnehmenden Bewußtsein leuchtete [dann] plötzlich hinter der raschen Folge von Sätzen, Inhalten, Verknüpfungen … verblüffend, blitzartig der Sinn des mit Worten nicht Aussprechbaren auf.«[162] Man hatte eben, dem Rat Steiners folgend, gelernt, mit »anderen Ohren« zu hören. »Die Gebärden« – so Belyj – »erstaunlich plastisch, präzis und völlig unwillkürlich«, untermalten auf natürliche Weise die Worte; sie fügten sich bisweilen zu Zeichen zusammen, und die »Melodie des Gebärdengefüges« erhöhte die Bildhaftigkeit des Ausdruckes. Die »Bilder« waren keine beliebigen, sie entsprachen vielmehr dem logischen Inhalt des Gesagten. Die »Zyklen« – Vortragsreihen zu bestimmten Themen – wirkten von ihrem moralischen und Ideengehalt abgesehen – das bezeugen auch andere der damaligen Teilnehmer – in ihrer Geschlossenheit wie Kunstwerke; Belyj erlebte sie als Symphonien, »die einzelnen Vorträge wie Akte eines musikalischen Dramas, bei dem Dichter, Komponist und Darsteller ein und dieselbe Person sind«.

Mitten im Strome des Erlebens standen diese Zeitgenossen, zu denen ja auch Christian Morgenstern zählte, desgleichen Michael Bauer, Friedrich Rittelmeyer, Margerita Woloschin und andere. Wir folgen dem Lauf des Stromes. Zwei Ufer treten ins Blickfeld, das eine seltsamerweise von einem englischen Admiral besetzt, Grafton sein Name. Als »markante Persönlichkeit« greift ihn Willi Kux in seinem Bericht »Aus dem Dornacher Leben 1924« heraus (»E«, S. 479 ff.). »Straffe Haltung, glattrasiert, ein modernst gekleideter Weltmann, außerdem zweiter Flötist im Dornacher Laien-Orchester. Da Willi Kux am ersten Pult saß, konnte er den Bläserkollegen gut beobachten. Grafton sprach und verstand fast kein Wort Deutsch. »Dennoch saß er während der unvergeßlichen Vorträge im Jahre 1924 ... unter den Zuhörern der Schreinerei.« Von seinem Sitz auf der linken Saalseite mit dem Blick direkt auf das Vortragspult, »auf dem Rudolf Steiner wie von ewiger Jugend erfüllt vortrug, beobachtete Grafton den Redner unverwandt, das Monokel fest ins Auge geklemmt. Wie gebannt schaute er während des ganzen Vortrags – und der war gewöhnlich nicht kurz – auf den einzigartigen Redner, ohne auch nur einmal abzuschweifen! Noch heute sehe ich in der Erinnerung den Charakterkopf Graftons deutlich vor mir, der mich an den eines römischen Feldherrn denken ließ. Die ununterbrochen hochgespannte Aufmerksamkeit des alten Herrn mußte ich unwillkürlich bestaunen, denn von dem verstandesmäßigen Inhalt des Vortrages konnte er kaum etwas aufnehmen wegen seiner fehlenden Kenntnis der deutschen Sprache. Aber man sah ihm deutlich an, daß er an alles das hingegeben war, was nicht vom Intellekte, sondern von der unmittelbar geschärften Wahrnehmungskraft aufgenommen wurde: Ton, Geste, Haltung, Rhythmus und Charakter der Sprache. Seine wachen Leibessinne waren vollständig auf das Geschehen gerichtet, das sich einmal ruhig, dann wieder befeuert vor ihm abspielte. Ein eindrucksvolles Beispiel der in der angelsächsischen Rasse zur Ausbildung kommenden Fähigkeit der Bewußtseinsseele!« Manch einer der Zuhörer nickte mitunter im sommerlich-heißen Vortragssaal ein, Grafton jedoch war stets hellwach! »Rudolf Steiners aufmerksamer Blick ruhte während seiner Ausführungen ab und zu auf diesem eigenartigen Zuhörer. Als junger Mensch habe ich das alles voller Anteilnahme miterlebt: ein Befehlshaber von hohem Rang, der die ganze Welt kennengelernt hatte, der gewohnt war, daß Tausende auf ihn hörten und Haltung annahmen, saß bescheiden und voller Verehrung vor einem Größeren, einem Helden des Geistes. Tief berührt bemerkte man gelegentlich, wie die lichterfüllten Blicke des Redenden und Zuhörenden ineinandertauchten.«

In der Tat, ein eigenartiger Zuhörer war dieser Seebär, und wir dürfen uns getrost erlauben, über das seltsam-»komische« Phänomen ein wenig zu lächeln; das verträgt sich mit seinem bedeutsamen Ernst.

Was sich da im Jahre 1924 immer wieder zutrug im Seelenbereich zwischen dem Redner und dem in gespanntester Aufmerksamkeit Lauschenden, das war einst Gemeingut aller; lange, lange, bevor die Begriffssprache sich herausgebildet hatte, gab es ein sehr beredtes Sich-Mitteilen von Mensch zu Mensch durch Laute, Gebärden und Blicke ... Wundersam-geheimnisvoll hatte sich urferne Vergangenheit im nüchternen 20. Jahrhundert wiederbelebt: Die Kunst eines Meisters der Sprache, die er mit der Kraft seiner einzigartigen Persönlichkeit zur eindrucksstarken Rede zu gestalten vermochte, schlug im Seelischen eine Brücke des Verstehens zum Herzen des Empfangenden. Es bedurfte der Worte nicht. Vielleicht hatte er als Musikfreund ein inneres Gehör für das Musikalische, das in dieser Rede webte. Vielleicht auch hatte er in einem langen Seefahrerleben gelernt, im Rhythmus des wogenden Elementes etwas der Sprache Verwandtes zu empfinden und es zu deuten ...? Gleichviel, ihm war es noch gegeben, verstehend zu empfangen, was im eigentlichen Wortsinn vor-(ihn hin-)getragen wurde als – sichtbare Sprache …

Das Admiralsufer verläuft entlang des Strombettes, wo es am tiefsten ist, tief »bis ans Herz hinan«. Am andern Ufer *wir*: dort, wo im steinigen Grund der ausdörrenden abstrakten Begrifflichkeit des sinkenden Stromes lebendige Welle verebbt und zu versickern droht, nur noch in kleinen Tümpeln sich sammelnd, Erlebtes in unbestimmten Umrissen spiegelnd.

Was wir wohl vordem schon wußten, es wird uns nun plötzlich vollbewußt im Blick auf die Stromesmitte und das andere Ufer: Die gewaltige, kraftgebende Fülle der lebendigen Rede des Geisteslehrers wirkt nicht mehr. Das Wort ertönt nicht mehr, es trägt uns nicht mehr. Was uns geblieben ist, ist eine fleißige Sammlung von Niederschriften. Können wir uns damit abfinden? Können wir sie entbehren?

Rudolf Steiner widerstrebte der Drucklegung seiner Vorträge; selbst das Mitschreiben statt des »bloßen« Zuhörens widersprach seiner Intention. – Sehr aufschlußreich ist, was Wilhelm Rath (»E«, S. 432 ff.) von einem »in seiner positiven Stimmung vorbildlichen Streitgespräch« zwischen Frau Maric Steiner und Rudolf Steiner berichtet, das in seiner Gegenwart im Herbst 1923 in Berlin im Hause Motzstraße 17 stattfand.

Marie Steiner brachte die Sprache auf das baldige Erscheinen der Zyklen in Buchform: Sie sei froh, daß Steiner sich das habe abringen lassen. Er aber widersprach: Die mündliche Überlieferung von den Älteren auf die Jüngeren hätte den Vorzug vor dem Druck verdient. An Wilhelm Rath und seinen Begleiter gewandt fuhr er fort: »Sehen Sie, ich habe ja nicht die Zeit gehabt, diese Nachschrift zu korrigieren … Da passiert es einem dann: man nimmt sich so einen Zyklus vor, um einmal nachzuschauen, wie man denn ›damals‹ über dieses Thema gesprochen … man schlägt so einen gedruckten Zyklus auf, und da steht dann Schwarz auf Weiß das genaue Gegenteil von dem, was man damals gesagt hat!«

Es fällt auf, wie scharf Rudolf Steiner formulierte. Wir dürfen vermuten, obwohl darauf im Bericht nichts ausdrücklich hinweist, er habe absichtlich scherzhaft ein wenig übertrieben (auf dieses Phänomen kommen wir noch zurück); denn es muß doch wohl Frau

Marie Steiner zugestimmt werden, daß »so etwas [nur] hin und wieder einmal vorkommen« könne. Auch ihr Hinweis auf unser »Spatzengedächtnis« und die Gefahr – »Da würde ja alles verkehrt wiedergegeben sein!« – ist nicht zu widerlegen. Nun hat ja Steiner selbst in anderem Zusammenhang im Mai 1924 den Wert der Zyklendrucke als Arbeitsgrundlage durchaus anerkannt, wenn auch nicht ohne einen witzigen Seitenhieb mit einer gewissen Selbstironie: »Man kann schon einen leisen Schwindel kriegen, wenn man hintereinander alle diese Zyklen stehen sieht, die gedruckt worden sind. Aber trotzdem ..., wenn das tatsächlich verarbeitet wird, was in den Zyklen steht, so beantworten sich die meisten Fragen, [die] immer wieder und wiederum ... einzelne Menschen über das einzelne« stellen, »auf eine viel sicherere Weise von selbst. Man muß nur die Geduld dazu haben«.[163] Welche Absicht lag in der überscharfen Kritik? Sie ist wohl im Erzieherischen zu suchen. Kommendes voraussehend, wollte der Geisteslehrer den künftigen Lesern einschärfen, sie mögen nie vergessen, daß vom Redner nicht geprüfte Niederschriften des Gesprochenen vorliegen, daß Fehler trotz aller Sorgfalt aus vielerlei, vielleicht sogar aus trüben Quellen dämonischer Herkunft einfließen konnten. So sind Studierende nachdrücklich davor gewarnt, den Text etwa am Einzelwort oder -satz hängend auszulegen, statt den Sinn aus dem Zusammenhang des Ganzen zu erforschen.

Hochbedeutsam ist es nun, wie Rudolf Steiner das Gespräch abschloß: »Haben wird man in der Zukunft von all dem, was ich geschrieben oder gesprochen habe, nur das, was im *Herzen lebt*.«

Wir horchen auf. Wir vernehmen es als Mahnung und Weckruf: »Man wird nur das haben, was im Herzen lebt.«

Am Blick in die Zukunft erwacht die Erkenntnis: Wir müssen uns völlig freimachen von der trägen und egoistisch-sentimentalen Enkelwehleidigkeit, die uns verleiten will, dem Vergangenen nachzutrauern, statt uns in der Gegenwart zu bewähren.

»Sie werden sehen«, heißt es im Berliner Vortrag vom 3. Juli 1918, »daß ich oftmals, wenn die höchsten geistigen Zusammenhänge erörtert werden sollen, in die Betrachtung etwas hineinmische, was nicht herausbringen soll aus der Stimmung, sondern nur die egoistische Sentimentalität der Stimmung heraustreiben.«[164]

Nun, wir wissen ja: heiterer Herkunft war – und nach Humor schmeckte das Gewürz, das als »Antisentimentalikum« beigemischt wurde.

Es ist nicht belanglos zu erfahren, daß auch Platon so verfuhr. Von ihm wird überliefert:

»Wenn Plato von letzten Dingen spricht, die ihm heilig sind, so geschieht es fast jedesmal, daß er sich selbst unterbricht durch irgendeinen feinen Scherz, durch eine leise Ironie, durch irgend etwas, das auf höchster Stufe bewirkt, daß er niemals priesterlich wirkt.«[165]

Für die Art, wie Rudolf Steiner es verstand, in die Schilderung erhabenster Zusammenhänge Humor einfließen zu lassen, sei schon an dieser Stelle ein gutes, ja das denkbar beste Beispiel beigebracht: wir meinen die wiederholt in den Vorträgen »Aus der Akasha-Forschung – Das Fünfte Evangelium« wiedergegebene Legende vom vorbildhaft sanftmütigen *Hillel*.

Unmittelbar bevor Jesus den Gang zum Jordan antritt, um die Christus-Taufe zu empfangen, hat er ein hochbedeutsames Gespräch mit seiner Ziehmutter; es ist eine Rückschau auf die einschneidenden, überaus schmerzlichen Erlebnisse seiner letzten achtzehn Jahre. Und in diese Schilderung eingebettet ist als kleine Humoreske die Hillel-Legende.

Mit fast liebevoller Ausführlichkeit erzählt Rudolf Steiner: Zunächst wird die Persönlichkeit Hillels vorgestellt als »Geisteslehrer hohen Ansehens«, als Erneuerer der alten jüdischen Weisheit, »eine Art Messias« geradezu. In krassestem Widerspruch zu der Hillel entgegengebrachten Verehrung geschieht – so die Legende – Unerhörtes: »Da wetteten zwei Männer einstmals um die Möglichkeit, Hillel zum Zorn zu reizen, denn bekannt war, daß Hillel überhaupt nicht in Zorn geraten könne. Da wetteten nun zwei Männer, von denen der eine sagte: Ich will alles tun, um Hillel dennoch in Zorn zu bringen. – Er wollte dann seine Wette gewonnen haben. Als für Hillel die Zeit gerade am allerbesetztesten war, als er am meisten zu tun hatte mit der Vorbereitung für den Sabbat, wo ein solcher Mann am wenigsten gestört werden kann, da klopfte jener Mann, der die Wette eingegangen war, an die Tür Hillels und sagte, nicht etwa in einem höflichen Ton oder mit irgendeiner Anrede – und Hillel war der Vorsitzende der obersten geistlichen Behörde, der gewohnt war, höflich angeredet zu werden –, sondern der Mann rief bloß: Hillel, komm heraus, komm schnell heraus! – Hillel warf sich seinen Mantel um und kam heraus. Der Mann sagte in scharfem Tone, wiederum ohne die geringste Höflichkeit: Hillel, ich habe dich etwas zu fragen. – Und gütig antwortete Hillel: Mein Lieber, was hast du denn zu fragen? – Ich habe dich zu fragen, warum die Babylonier so dünne Köpfe haben? – Da sagte Hillel mit dem sanftesten Tone: Nun, mein Lieber, die Babylonier haben so dünne Köpfe, weil sie so ungeschickte Hebammen haben. – Da ging der Mann fort und dachte, diesmal war Hillel sanftmütig gewesen. Hillel setzte sich wiederum an seine Arbeit. Nach ein paar Minuten kam der Mann zurück und rief wiederum barsch Hillel mitten aus seiner Arbeit heraus: Hillel, komm heraus, ich habe dich etwas Wichtiges zu fragen! – Hillel warf sich wieder seinen Mantel um, kam heraus und sprach: Nun, mein Lieber, was hast du wieder zu fragen? – Ich habe dich zu fragen, warum die Araber so kleine Augen haben? – Sanftmütig sagte Hillel: Weil die Wüste so groß ist, das macht die Augen klein, die Augen werden klein beim Betrachten der großen Wüste, deshalb haben die Araber so kleine Augen. – Wieder war Hillel sanftmütig geblieben. Da war der Mann recht ängstlich um seine Wette, und er kam wiederum und rief zum dritten Male in barschem Tone: Hillel, komm heraus, ich habe dich etwas Wichtiges zu fragen! – Hillel legte seinen Mantel um, kam heraus und fragte mit immer gleicher Sanftmut: Nun, mein Lieber, was hast du mich nun zu fragen? – Ich habe dich zu fragen, warum haben die Ägypter so platte Füße? – Weil die Gegenden da so sumpfig sind, deshalb haben die Ägypter so platte Füße. – Und ruhig und gelassen ging Hillel wieder an seine Arbeit. Nach ein paar Minuten kam der Mann wieder und erzählte Hillel, er wollte ihn jetzt nichts fragen; er habe eine Wette gemacht, daß er ihn in Zorn bringen wolle, aber er wüßte nicht, wie er ihn in Zorn bringen könnte. Da sagte Hillel sanftmütig: ›Mein Lieber, es ist besser, daß du deine Wette verlierst, als daß Hillel in Zorn gerate!‹« [166]

Im weiteren spricht Rudolf Steiner von den »vielen Aussprüchen Hillels, die wie eine Erneuerung des alten Prophetentums klingen«. Doch er zitiert kein Weisheitswort, er will nicht »priesterlich« wirken; er zieht es vor, die drastische Situationskomik der Legende so wirken zu lassen, daß der Gegensatz zwischen frecher Frivolität und unerschütterlicher Sanftmut und Liebe anschaulich hervortritt.

Daß der Humor in dieser besonderen Weise Eingang gefunden hat in die ergreifenden Mitteilungen Rudolf Steiners, die wir das Fünfte Evangelium nennen, dürfen wir gleichsam als eine Art Weihe des Humors empfinden.

Der weiter oben erwähnte Berliner Vortrag vom 3. Juli 1918 enthält einen Satz von überragender Wichtigkeit:

»Erst dann werden sich die Menschen wahrhaftig zum Geistigen erheben, wenn sie es nicht erfassen wollen mit egoistischer Sentimentalität, sondern sich in Reinheit der Seele, die niemals ohne Humor sein kann, in dieses geistige Gebiet hineinbegeben können.«

Eine den »Humor« überschwebende geistige Wesenheit gewahren wir. Ihr verdankt der Humor sein Dasein. Es ist die uns wohlbekannte Mutter »Heiterkeit«. Auch wir Menschen verdanken ihr Unermeßliches: dem Christus-Impuls dienend, spendet sie uns Kraft, die sonnengleich die Seele durchleuchtet, reinigt und rein erhält.

Es sei daran erinnert, was im 10. Kapitel ausgeführt und zitiert worden ist über die Notwendigkeit, dem »Streben nach der höheren Welt nicht humorlos gegenüberzustehen«. Wie eine Ergänzung der obigen Worte klingt es, wenn Rudolf Steiner von der Verunreinigung der Seele durch Sentimentalität sprach. Wir wiederholen: »frei und offen zu halten die Seele dem Humor, das ist ein gutes Mittel, das Ernste in wirklichem Ernst zu nehmen. Sonst verunreinigt man sich, verlügt sich das Ernste durch die Sentimentalität – und die Sentimentalität ist der ärgste Feind des wirklichen Ernstes«.[167]

Heiterkeitskraft lebte in allem, was Rudolf Steiner je vorgetragen hat. So vielgestaltig auch der Inhalt der Vorträge sein mag – *das* ihnen *gemeinsame*, ihnen allen aufgeprägte Kennzeichen ist *Heiterkeit*.

Christian Morgenstern, bezeugt es in schöner Gedichtgestalt:

»So wie ein Mensch, am trüben Tag, der Sonne vergißt, –
sie aber strahlt und leuchtet unaufhörlich, –
so mag man dein an trübem Tag vergessen,
um wiederum und immer wiederum

erschüttert, ja geblendet zu empfinden,
wie unerschöpflich fort und fort und fort
Dein Sonnengeist
uns dunklen Wandrern strahlt.«[168]

Und derselbe Morgenstern, der für Seelisches unfehlbar treffsichere
Philosoph, war es, der in einem Brief aus Kristiania (Oslo) seiner
Braut Margareta schrieb: »Eine unendliche reine Geistigkeit und
geistige Reinheit geht von ihm [Rudolf Steiner] aus.«[169]

Dem Heiterkeitselement im Vortragswerk kommt auch im Hinblick auf die historische Entwicklung der anthroposophischen Bewegung ein Anteil zu, der nicht unterschätzt werden darf. – Bei
seiner unermüdlichen Arbeit, den Geist-Impuls in die Öffentlichkeit zu tragen, war die Heiterkeit, wie wir sie verstehen, eine unentbehrliche Helferin Rudolf Steiners. Sie war es immer, besonders aber zu Beginn der Vortragstätigkeit auf dem ihm schicksals-
gemäß zugewiesenen Boden der Theosophischen Gesellschaft.
Hier herrschte ja eine vom indischen Buddhismus und christusfer-
nen Blavatski-Okkultismus bestimmte Weltanschauung. Nie hätte
Theosophie in dieser dem abendländischen Empfinden fremden
und unzeitgemäßen Form in Mitteleuropa Fuß fassen können. Der
starke Zug von sentimentalem Pathos erzeugte eine unheitere, völlig humorlose, starr-feierliche Stimmung. Dieser unwissenschaft-
liche, unkünstlerische und oberflächliche Ton hätte kein Gehör
gefunden bei den Menschen, auf die es in Europa um die Jahrhundertwende, nach dem Anbruch des Michaelzeitalters gerade an-
kam (man denke etwa an die deutsche Jugendbewegung). Diesem
trüben Schwulst wirkte Rudolf Steiner entschieden entgegen; er tat
es mit größtem Ernst, in Denkklarheit, aber auch mit einer die
Herzen ergreifenden, lockeren, mit Humor und Ironie gewürzten
Art, mit Geistheiterkeit. In den damaligen Vorträgen bahnte Steiner bewußt dem geistfrohen, lebensbejahenden, der Naturwissenschaft aufgeschlossenen Spiritualismus den Weg; einem Spiritualismus, wie er in der mitteleuropäischen Kulturströmung lebte und
den er in dem Werk »Die Mystik im Aufgange des neuzeitlichen
Geisteslebens«[170] beschrieben hatte.

Es war ein Weg, der herausführte aus der überalterten düsteren theosophischen Geistigkeit in eine heitere Spiritualität, die vom Christus-Impuls durchlichtet, geistiges Lebensbrot darreichen konnte anstelle einer das wahre Christentum mit Dogmatik und undurchschaubarem Wunderwesen verdeckenden Theologie, eine *heitere »Anthroposophie* als eine wirkliche Christus-Offenbarung«.

Das gewaltige Wort von der Anthroposophie als einer »wirklichen Christus-Offenbarung« steht in dem am 13. Juni 1916 in Berlin gehaltenen Vortrag über Blut und Nerven.[171] Und so ist es auch vollberechtigt, die Anthroposophie »heiter« zu nennen. Denn indem sie das wirkliche Wesen des Christus offenbart, öffnet sie einem Strom von geist-heiterem, beseligendem Enthusiasmus das Tor zu unseren Herzen. »Enthusiasmus«, für Christian Morgenstern das »schönste Wort der Erde«, meint Gottbegeisterung, das In-Gott-Sein. Die gesunde Seele bedarf dieses beglückenden Zustandes. Doch kann sie sich gesund nur dann erhalten, wenn das Glücksgefühl auf Erkenntnis beruht. Nur dann bleibt das Ich im Bereich wahrer Geistheiterkeit. Der echte Enthusiasmus ist heiter, selbstverständlich; ein finsterer, mürrischer »Enthusiasmus« ist unvorstellbar; aber er ist auch nie oberflächlich, nur fröhlich. Er durchwärmt die Erkenntnis, ohne sie luziferisch zu entflammen. Der geistheitere Enthusiasmus bleibt besonnen, er ist kein Strohfeuer. Geistheiterkeit fällt uns auch nicht tatenlos in den Schoß; wir müssen uns im Leben erst erziehen zu der Fähigkeit, durch den Geist erwärmt zu werden. Aber wir dürfen voll Zuversicht heiter sein, wenn Rudolf Steiner erinnert an ein enthusiasmierendes Wort des Christus-Jesus: »Ich bin bei euch bis an das Ende der Erdentage.« Und weiter Rudolf Steiner: »Und er ist nicht bloß als ein Toter, er ist als ein Lebender unter uns, und er offenbart sich immer.«[171]

Und derselbe Enthusiasmus, der aus den Christusworten kraftgebend hervorleuchtet, spricht aus der Anthroposophie. Sie wird erst dann in richtigem Sinne verstanden, wenn sie nicht bloß mit dem Kopf begriffen wird, sondern »wenn *wir uns erwärmen können* für die Wahrheiten, die in der Anthroposophie enthalten sind ... Solange wir sie bloß abstrakt fassen, sie ... gewissermaßen studieren wie das Einmaleins, wie ein Rechenbuch, ... ein Dienstreglement oder wie ein Kochbuch, verstehen wir sie nicht. *Wir verste-*

hen sie erst, wenn sie uns warm macht, wenn sie uns erfüllt mit ihrem Leben, das in ihr waltet.«[171]

Um das rechte Verstehen der Anthroposophie hat Rudolf Steiner – vornehmlich in seinen Vorträgen – gerungen. Dabei ging es um zwei Übersetzungsakte, um ein »Übersetzen« der Ergebnisse der Geistesforschung ins Physische: Zunächst mußte der Geistesforscher die persönliche Erfahrung machen, daß es »eben ganz anders [aussieht] in der geistigen Welt als hier in der physischen Welt, und man hat schon nötig, das, was man in der geistigen Welt erlebt, *sich* zu übersetzen, wenn man das Entsprechende in der physischen Welt richtig deuten will.«[172] – Diesem »Sich-selbst-Übersetzen« des Geschauten folgt das Verdolmetschen, das Übertragen in die den Mitmenschen verständliche Sprache. Anders gesagt: Es kommt darauf an, auf dem Wege des Gedanklichen durch das Mittel der Sprache anderen Seelen zugänglich zu machen, was der Forscher geistig geschaut und sich selbst gedeutet hat. – *Darin liegt die einzigartige Bedeutung Rudolf Steiners, daß er mutvoll und selbstlos den Schritt ins Gedankliche und zu den anderen wagte.* Und er war sich dessen bewußt, daß seine Mitteilungskunst nicht ihresgleichen hatte. Maria Röschl-Lehrs fragte ihn einmal, ob es zur Zeit Eingeweihte seines Ranges gäbe, und er antwortete: »Das wohl, aber keinen, der das Erschaute in die Gestalt von Gedanken zu kleiden vermag, die es anderen ermöglichen, es im eigenen Denken nachzuvollziehen. Denn das verlange, das geistig Wahrgenommene bis in das Gehirn hineinzutragen, und das sei ein Opfer, das keiner sonst zu bringen vermöchte.«[173]

Nach alledem versteht es sich fast von selbst, daß wir davon überzeugt sein dürfen, der schwere leidvolle Ernst dieses Opfers habe der Geistheiterkeit, von der die Rede war, keinen Abbruch getan. Es sei an das im neunten Kapitel Dargelegte erinnert: Wie ein Weltgeheimnis darin liege, daß jedem Freudevollen Leid und folgeweise jedem Leid auch Freude zugesellt ist, so daß Opferseligkeit erlebbar sein kann … Zur Heiterkeit hat sich Rudolf Steiner immer wieder bekannt, er ermahnte die Schüler, ihr treu zu bleiben und nicht in Sentimentalitäten zu verfallen. Und schließlich war es ja die Heiterkeit, die gefolgt vom Humor den ganzen Vortragsstil geprägt hat. Gerade dies deutlich zu machen, haben wir versucht, bevor wir auf Einzelnes eingehen konnten.

Angesichts der Stoffesfülle wird es beim Versuch bleiben, anschaulich zu machen, wie konkret Humor und Heiterkeit die Vortragsweise Rudolf Steiners mitbestimmten. .

Der Leser möge Nachsicht üben, wenn die beim besten Willen unvermeidbare Subjektivität die Auslese beeinträchtigt hat. Auf dem fruchtbaren Boden des Humors gedeihen viel und vielerlei Blümchen; mögen etwaige Fehlgriffe anregen, nach eigenem Geschmack auszuwählen. Dies allein würde unseren Versuch rechtfertigen.

Wir beginnen mit charakteristischen Wortbildungen, führen einige Fälle scherzhafter Übertreibungen vor und lassen eine Anzahl von Vergleichen und Gleichnissen folgen. Zwei Gruppen von Vorträgen, kurz die sogenannten »Faust-« und die »Arbeiter-Vorträge«, verdienen es wegen ihrer Ergiebigkeit für unsere Thematik hervorgehoben zu werden. Am Ende des Kapitels wird der am 23. September 1924 gehaltene Vortrag berührt; es ist dies der letzte der sogenannten Karma-Vorträge, dem nur noch die unvollendet gebliebene »Letzte Ansprache« vom Michaelstage 1924 folgte.[174]

Wortbildungen

So groß ist die Fülle, so auffallend sind Vielgestalt und Ursprünglichkeit der Wortbildungen in den Vorträgen, daß sie als ein äußeres Kennzeichen des Steinerschen Redestils angesehen werden können.

Ein Geheimnis verbirgt sich in diesen Wortschöpfungen: Rudolf Steiner sprach (im Vortrag in Nürnberg vom 14. März 1915) von der »Flüssigkeit« der deutschen Sprache, die es möglich macht, sich weiterzuentwickeln frei vom Formgesetz, das beispielsweise die französische und englische Sprache völlig durchprägt, aber auch bis zur Unbeweglichkeit verfestigt hat. »Und nehmen Sie unsere Zyklen durch, da werden Sie sehen, wie gerungen wird nach immer neuen Wortbildungen, auch nach Wortbildungen, die von innen heraus die Worte gestalten.«[175] Dieses Ringen des Geistesforschers stand ganz im Dienst des Strebens, die »Übersetzungskunst« immer besser zu beherrschen. Dazu ist nach Steiner das deutsche Volk berufen, »seinen Idealismus in lebendige Geisterkenntnis umzubilden«.[175]

So konnte auch Anthroposophie nur in der noch beweglich gebliebenen deutschen Sprache verkündet werden. Der nicht so scharf ausgeprägte deutsche Sprachcharakter gestattet freie Wortbildung. Ohne durch Regelzwang behindert zu sein, vermag die Phantasie ihre künstlerisch gestaltende Kraft zu entfalten. Der Weg zu bildhafter Wort- und Sprachgestaltung steht offen. Und mit dieser Freiheit verbündet sich sogleich ein auflockernd-heiteres, durchsichtig-plastisches Element: Geistheiterkeit und Humor fühlen sich wohl im deutschen Sprachgehäuse.

In seinen Schriftwerken hielt sich Rudolf Steiner streng an das selbstauferlegte Verbot subjektiver Gefühlsäußerung, indem er »Wärme und tiefe Empfindung« im Niederschreiben zu »trockener, mathematischer Stilweise dämpfte« (»L«, 33. Kapitel). Von »trockener Mathematik« blieb der Vortragsstil unberührt. Er ist so wandlungsfähig, daß er sich nicht nur dem jeweiligen Thema, sondern auch dem betreffenden, länderweise der Seelenart nach verschiedenen Hörerkreis genau anpaßt. Dies macht es unmöglich, ihn allgemein oder verstandesmäßig zu charakterisieren. Bleibt das Vielgestaltige unangetastet, wird sogleich ein freiheitlich belebender Zug, ein wie von ewiger Jugendlichkeit und Heiterkeitskraft getragener Schwung der Rede spürbar.

Wenn wir die nun folgenden Textbeispiele mit der Angabe der jeweiligen Fundstelle versehen, nehme man dies nicht als humorlose Pedanterie, sondern als Hilfe für den Leser, das hier als Einzelheit Dargebotene im Zusammenhang aufzufinden, wodurch eine mitunter tiefgründige Komik erst gänzlich sichtbar werden kann. –

Das Wortanhängsel »...*ing*« erfreut sich bei Steiner einer gewissen Beliebtheit. Es hat etwas Abschätzig-Komisches, auch Ironisierendes an sich.

Von »Abstraktlingen« wimmelt es sozusagen in den Zyklen. »Denken Sie, wie wir Abstraktlinge geworden sind, wie schrecklich verschrumpelte Menschen; so wie ein Apfel oder eine Pflaume ganz verschrumpelt ist, so sind wir in bezug auf das Erleben der Sprache geworden …«[176] Immer andere Bezüge sind es, die den Menschen zum Abstraktling machen.[177] In seiner Nähe sind angesiedelt:

»der (die) Triviallingˈ(e)«[178], »Stumpflinge«[179], Menschen, die in einem früheren Leben an den äußeren Ereignissen »stumpf (d. h. unbeteiligt) vorbeigegangen sind«[179],

die »Sicherlinge des Lebens«[180], die »Flachlinge«[181], der »Genußling«[182],

»Deuterling«[183], »Nüchterling«[184],

»Nervösling«[185], »mystische Bequemlinge«[186], der »Frivolling«[187], »Oberflächling«[188], »Verständling« (Intellektualist)[189], »Sauerstoff-Wollüstlinge«[190], »philiströse Sattlinge«[191] usw. usw.

Nicht selten begegnen wir dem Suffix »…keit«. So wiederholt in: die »geistige Gewichtigkeit«.[192] Oder: statt »Mechanik des Geisteslebens« (ein Buchtitel) könne man ebensogut sagen: »Holzigkeit des Eisens«[193], dann: »Kopfigkeit«[194], »Fernigkeit«[195], »Flinkigkeit«[196], »Fleischigkeit«[197]; im Kamaloka wirken nach: die »Nichtsnutzigkeiten«[198], dann die »Gutkerligkeit«[199] und »Schlechtkerligkeit« des letzten Erdenlebens.

Die zahllosen schon vorhandenen »…ismen« werden munter immer neu hinzuerschaffen: »Wilsonianismus«[200], »Lloyd-Georgeanismus«[200], »Assessorismus«[201]; der »Schwätzismus« geht von den »Schwätzanstalten«[202] aus.

Steiner liebte es zu *verbalisieren*, d. h. Hauptwörter in Zeitwortformen umzugestalten. Dies offenbart seinen Sinn für die gleiche Neigung des deutschen Sprachgeistes, der auch das Zeit- oder Tätigkeitswort der Lebendigkeit der Aussage wegen dem statischen Hauptwort vorzieht.

Einige Beispiele aus den Arbeitervorträgen, auf die wir im folgenden noch näher eingehen werden: »… da mag es … stürmen und hageln und wettern und *winden*, das ist ganz gleichgültig.«[203] Eine Tafelzeichnung wird erklärt: »… das wird da hinein gebildhauert …« (nämlich: die Pflanzenform von den Sternen).[204] Die Erde wird »aufgegiftet«, d. h. durch Zuführen von Insektengiften (Ameisensäure, Wespen- und Bienengift) vor dem Absterben (Morschwerden) bewahrt.[205] Der Holzpfosten wird von der Holzbiene »ausgeholzt«, d. h. ausgehöhlt zwecks Eiablage.[206] Auch an anderen Stellen tauchen derartige Verbalisierungen auf:

So heißt es statt Ordnung- bzw. Unordnungmachen: »Nicht geordnet, sondern geunordnet wird nach dem Nationalitätenprinzip.«[207] Mit Vorliebe werden Eigennamen ›verzeitwortet‹: Die »steife Königsbergität« hat alles »verkantet«.[208] Fritz Mauthner schrieb seine »Kritik der Sprache«, um Kant zu »überkanten«.[209] Im Vortrag »Über das Wahrheitsgefühl« erzählt Rudolf Steiner eine amüsante Episode aus dem Leben des damals modernen belgischen Malers Wiertz (1806–1865), der den nicht geringen Ehrgeiz besaß, Rubens zu übertreffen, ein Über-Rubens müsse er werden, ihn zu »überrubensen«![210]

Im »Dramatischen Kurs« (8. Vortrag) werden Einzelheiten der schauspielerischen Darstellung besprochen, die als Voraussetzungen vorhanden sein müssen, »sonst schauspielert man nicht künstlerisch, sondern man reinhardtet höchstens oder bassermannt!«

Im 18. Vortrag dann ist die Rede von der rein negativen unkünstlerischen Theaterkritik. »Denn es wird in Wirklichkeit doch nicht kritisiert heute ... es wird ver-kerr-t und ge-harden-t ... Die Leute, die verkerren und hardenen, die sitzen überall ...«

Dem Schauspieler könne dies gleichgültig sein; nötigenfalls muß er »so weit gehen können, daß er ein ›r‹ in ein ›h‹ verwandelt, und gegen das Kerren das Kehren, nämlich das Auskehren der Kritik fordert«. Dieses Ausspinnen von Wortwendungen ist ein Kennzeichen des Steinerschen Vortragsstils.

Nun noch einige originelle, witzig-ironisch gemeinte Wortgestalten.

Im obenerwähnten Vortrag über das Wahrheitsgefühl (GA 169) werden nicht weniger als siebenmal »Seelensaucen« serviert. Der Unmut über den sentimentalen Kitsch muß sich eben gründlich humoristisch einhüllen.

In »Die Geheimnisse der Schwelle« ist gleich von zwei neuartigen Talmi-Wissenschaften die Rede: Von der »Birnologie«, bei der alles auf die Birne ankommt, und der »Allomatik«, die auf der umwerfenden Erkenntnis beruht, alles komme vom »Nicht-Ich, von außen, von oben, von unten, kurz vom andern« (állos – das andere). Es sei empfohlen, diese köstliche Abstrusitäten-Ironisierung »an Ort und Stelle« nachzulesen.[212]

Den Kopf nennt Steiner einen »Nimmersatt«.[213] Den »trockenen

Naturforscher« möchte er lieber einen »Naturschleicher«[214] genannt wissen; und schließlich: »Es passiert … heute noch, daß ein zwölfjähriger Knabe vernünftigere Antworten gibt als ein ›verlernter‹ Gelehrter!«[215] Das »Auslegen und Erklären ist meist nur ein »Unterlegen« und »Mißerklären«.[216]

Das »Jüngern«: »Wenn man vom Ätherleib spricht, müßte man eigentlich sagen: er jüngert. Das wäre ein ganz richtiges Wort! Es wäre gut, wenn unsere Sprache bereichert würde durch solche Worte.« Wenn der Mensch im jugendlichen Alter stirbt, ist der Ätherleib noch nicht so »gejüngert«.[217]

Aber bei den ganz Alten, da kommt es auf Morgensterns »rechte Sichtigkeit« an. »Man sieht den verfallenden Leib (der Greisin oder des Greises), sieht nicht den Geist, der jung und frisch wird; man sieht die Runzeln auf den fleischlichen Wangen und nicht die Pausbacken des Geistes, die dann entstehen; die sind übersinnlich.«[218]

Der Intellektualismus »verunwirklicht«.[219]

Die heutige Wissenschaft »erklärt« vielfach nicht, sie »erdunkelt«, »erfinstert«.[220]

Beim Anhören von Abstraktionen wird man »so gletscherig«[221].

Kotzebue wird als »Wasserdichter«[222], ein anderer Schriftsteller als »religiöser Dadaist«[223] gekennzeichnet.

Es ist die Rede von Versuchen, die Sprachorgane zu »geschmeidigen«, zu »biegen«, zu »hohlen« zu »erhabenen«, den Laut zu »runden« oder zu »eckigen«.[224]

Man kann den Astralleib »durchsteifen«.[225]

Eine Analogie zu »im Handumdrehen«: »im Denkumdrehen«.[226]

Ein in der Tat längst fälliges Gegenstück zu »weltmännisch« wird geschaffen: »weltfraulich« (»E«, S. 421).

In »blaudunstiger Mystik«[227] schweben »nebulosierende Mystiker«[228].

»Kümmelgotik« nannte Steiner den scheingotisch-kitschigen Stil der imposanten Wiener Votivkirche.[229]

Eurythmie »entphilistert« (»E«, S. 277).

»Zerschwätzt wird die Substanz in Diskussionen« (»E«, S. 236).

Im »Geheimnis der menschlichen Temperamente« begegnet uns einmal die »kurzbeinige Logik«, und es wird dem Erzieher nahegelegt, er solle »aus-erziehen« und nicht »ausprügeln«[230].

In einem Briefe Steiners an Marie Steiner ist die Rede von »gut betrinkgeldeten Hotels«[231].

Das »Ausgegeistete« im Gegensatz zum »Ausgesprochenen«[232].

Mit »Durchplumpsen« durchs Lehrerexamen ist das »Durchfallen«[233] gemeint.

Ungesund sind »nach Kellergeruch duftende Vorstellungen« und jene Vorstellungen, »in denen Gespenst-Gespinste leben«.[234]

»Verschattenhaftet« bis zur Idee ist bei Platon das Spirituelle.[235]

Unsere Anschauungsweise »bebrillt« uns; sie versieht uns mit Brillen.[236]

Vom »Denknebel unserer Zeit«, von »Ungedanken« und von »jener gründlichen Oberflächlichkeit« ist die Rede.[237]

Es gibt nicht nur Querköpfe, sondern auch »Querherzen« und mehr »solche sonderbaren Quermenschen«, als man annimmt[238]; denn die Organseiten (rechts und links) sind ungleichmäßig ausgebildet.

Mitunter wirkt der rhetorische Humor Rudolf Steiners nur wie ein leiser Anhauch oder ein kurzes Aufblitzen, und doch: in dem *einen Wort* ersteht im Gedächtnis des Empfänglichen unvergänglich ein Marksteinchen. Wir müssen uns mit wenigen Beispielen von »Einzelwort = Komik« begnügen:

Im zweiten Vortrag des Nürnberger Apokalypse-Zyklus heißt es in selbstverständlich nicht ernstgemeint vorwurfsvollem Ton: »Denken Sie, was Sie jede Nacht tun. Sie verlassen schnöde (!) Ihren physischen und Ätherleib und überlassen sie … sich selber.« Der Vorwurf wird, sogar crescendo, wiederholt: »… Während der Mensch schläft und den physischen und Ätherleib schnöde verläßt, sozusagen sie dem Tode preisgibt«[239], schweben höhere geistige Wesenheiten herbei und verhüten Unheil, das der schnöde Schläfer allnächtlich anrichten würde.

Ein nettes Gegenstück zum Vorwurf, der uns Schläfern gemacht wird, ist der uns Wachenden geltende: »Wir fälschen unsere Erinnerungen«, indem wir im Rückblick auf unser Leben nur die Wachzustände einbeziehen. – »Man gibt gar nicht acht!« – auf das nämlich, was wir im Schlaf erleben. – Ja, wie sollten wir denn normalerweise achtgeben können, wenn wir schlafen? Nun, es ist ein zart-heiterer

Spott, doch ohne eine Spur von Lehrhaftigkeit. Wir sollten eben lernen achtzugeben.[240]

Ähnlich ist es mit den »Kinkerlitzchen«, die plötzlich im 9. Vortrag des zweiten Karmabandes[241] aufglitzern. »... Während Sie wiederum die gewöhnlichen Kinkerlitzchen [frz. quincaille, Kleinkram, Flitterkram, nutzloser Tand] des Lebens absolvieren«, geht im Unterbewußten Wichtiges vor. Ganz leise Komik webt hier nur im Wort, in der Lautmalerei, an der sich Steiner offensichtlich immer wieder erfreuen konnte. Mitten in der Schilderung intimer seelischer Erlebnisse, der nicht eben leicht zu folgen ist, wirkt diese Wort-Klang-Komik: »Kinkerlitzchen« – im Unterbewußtsein auflockernd.

Ganz ebenso wirken die »grauselig-gruseligen Zustände«, von denen im Vortrag vom 22. November 1914 die Rede ist: »... Wenn man nachts über einen Weg geht, ist es gewöhnlich finster, was ja bei manchen Menschen schon grauselig-gruselige Zustände bewirkt. Dadurch nun, daß er in einen solchen grauselig-gruseligen Zustand kommt, lockert sich ... der ätherische Leib ...«, und der Betreffende wird, wenn er in die Nähe eines Kirchhofs kommt, fähig, »irgend etwas von den Gedanken wahrzunehmen, die noch in den Ätherleibern der (eben) Verstorbenen sitzen.«[242] Offenbar sollte das sich wiederholende »Grau-gru« bei den Zuhörern in etwa eine ähnliche »aufgelockerte« Stimmung hervorrufen. Doch schloß die vorangegangene feine Ironisierung der »Überängstlichkeit mancher Menschen«, die sicherlich im Tonfall zum Ausdruck kam, aus, daß etwa eine spiritistische Atmosphäre aufkommen konnte.

Nun noch einige Beispiele von Wortkomik:

In einem gewissen Zusammenhange werden Vegetarier zurechtgewiesen, die meinen – nun, wir wissen es ja: »Das wäre allerdings zu bequem, wenn man sich *in die geistigen Welten hinaufessen* könnte ...«[243]

»*Ichlicher*« sind die Philosophen im Laufe der Zeit geworden.[244]

»... Und so kann man es erleben, daß die Menschen in *grünster* Jugend sich reif fühlen, alles zu beurteilen ...«[245]

»... Daher die groteske Idee [der Besant-Theosophen], den Christus im Leib auf dem Präsentierteller herumzureichen ...«[246]

Die »regelmäßige Stoffpartikelchen-Anhäufung« ist nicht der

Mensch – dies anzunehmen, ist ein materialistischer Irrwahn. – »Diese Stoffpartikelchen deuteten uns nur hin mit einer Gebärde der äußeren mineralischen Welt: da ist ein Mensch.« [247]

Eine »Luziferische Uniform« [248] zieht jedes Amt dem Menschen an.

Die scherzhafte Übertreibung

Wir kommen nun auf eine schon berührte Eigenart Rudolf Steiners zurück: das gelegentliche scherzhafte Übertreiben.

Das seltsame Phänomen der Übertreibung – der Verfasser hat es in seiner Schrift »Die Übertreibung – das Kennzeichen unserer Zeit« [249] behandelt – verdient wegen seiner verheerend schädlichen Folgen besonders auf dem sozialen Gebiet ernsteste Beachtung. Doch dürfen die positiven Seiten nicht übersehen werden; zu ihnen gehört die Beziehung zur Komik. In der Ästhetik wurde bereits die Ansicht vertreten, das Wesen des Komischen liege im Übertreiben. Auch wer dem nicht restlos zustimmen kann, wird einräumen müssen, daß die Übertreibung – beispielsweise als Karikatur – in der Kunst als ein altbewährtes Mittel der Charakterisierung dient. Ja, man muß zugeben, daß jedes Charakterisieren den Keim des Übertreibens gleichsam in sich trägt. Das Wesentliche einer Sache wird um so besser erkennbar, je deutlicher es in Erscheinung tritt. Eine allseitig ausgewogene wissenschaftliche Darstellung, mag sie auch der Wahrheit am nächsten kommen, läuft Gefahr, farblos, unlebendig, ja langweilig zu werden. Der besonders dem Redner gegenüber berechtigte Anspruch auf anschauliche, in kräftigen Tönen sich aussprechende Charakteristik bleibt unbefriedigt; wir vermissen Überzeugungskraft und erzieherische Wirkung.

So ist es durchaus verständlich, daß Rudolf Steiner sich nicht scheute, gelegentlich, wenn es ihm angebracht schien, scherzhaft übertreibend, den Vortrag aufzulockern. Es geschah nie, ohne auf das, bewußt karikierend, radikal Übertreibende hinzuweisen. Es wäre überhaupt angezeigt, öfter als üblich hinter gewissen Wortwendungen oder beiläufigen Bemerkungen nicht sogleich das Ergebnis der Geistesforschung, sondern versteckten Humor oder lustige Karikatur zu vermuten, indem man sich das gedruckte Wort als gesprochen, etwa auch begleitet von einer Geste oder einem Blick, vorstellt.

Und nun wieder einige Beispiele:

In einem Zyklus über Erziehung sagte Steiner, daß er »... am liebsten hätte, wenn wir der anthroposophischen Bewegung jede Woche einen anderen Namen geben könnten ...«[250]

Das komisch Übertreibende der Vorstellung eines allwöchentlichen Namenswechsels drückt drastisch aus, wie entschieden Steiner jede »Allgemeingültigkeit« ablehnte, mochte sie nun als absoluter Wahrheitsanspruch, öffentliche Meinung oder Etikettierung einer »Gesellschaft« auftreten.

Im fünften Karma-Band ist die Rede von unverzeihlicher und folgenschwerer Interesselosigkeit, die »manchmal so weit geht, daß der Mensch wirklich nicht weiß, ob derjenige, dem er begegnet ist, einen schwarzen oder hellen Rock angehabt hat ... Ich erwähne etwas radikal diese Dinge« – die Übertreibung wird zugegeben! Aber sogleich ein wenig gebremst: »Ich will ja nicht gleich behaupten, man verfalle Ahriman oder Luzifer, wenn man nicht weiß, ob die Dame blonde oder schwarze Haare gehabt hat.«[251] Interesselosigkeit wirkt physisch krankmachend in ein späteres Erdenleben hinein. Umgekehrt haben die »pumperlgesunden« Menschen in einem früheren Dasein auf Erden das tiefste Interesse für ihre Umgebung gehabt.

Aus der Wiener-Neustädter Realschulzeit erzählt Rudolf Steiner von zwei Karmeliter-Patern, »von denen der eine uns Französisch, der andere Englisch beibringen sollte. Der für Englisch besonders konnte vor allen Dingen kaum irgendwie ein englisches Wort, nun, jedenfalls nicht einen Satz sprechen.« Besonders komisch wirkt es, wie Steiner die scherzhafte Übertreibung ein wenig mildert, offenbar, um die schockierten Hörer zu beruhigen. Vom Naturgeschichtslehrer heißt es dann nicht gerade zurückhaltend: »... der verstand wirklich von Gott und der Welt gar nichts.«[252]

In einem der in Norrköping gehaltenen Vorträge kommt die Sprache auf das Verbreiten von Unwahrheiten durch die Presse: »Man kann nicht sagen, daß es auf Schritt und Tritt geschieht, sondern man muß sagen, daß es sogar auf Viertelschritt und -tritt passiert.«[253] Der erste Satzteil läßt erwarten, daß etwas Einschränkendes folgen werde, um so mehr belustigt die Übersteigerung.

Die Kartoffel nennt Rudolf Steiner »ein schlaues, listiges Wesen ... Sie ist ja furchtbar heimtückisch, die Kartoffel, listig, schlau bis zum Exzeß«.[254] Dieser in seiner gewollt drastischen Übertreibung köstlich belustigende Vorwurf der Hinterlist und Heimtücke zielt darauf, daß dieses Nachtschattengewächs sich selbst auf die Weise vor der schädigenden Wirkung des in ihr aufgespeicherten Stärkekleisters schützt, da sie in ihren Blüten und Früchten ein ausgleichendes Gegengift entwickelt, während sie den wehrlosen Menschen gleichsam zum übermäßigen Genuß verführt, der das Vorderhirn, die Sehkraft und das Geschmacksvermögen schädigt.

Belyj schreibt: »Er [Rudolf Steiner] gab sich alle Mühe, den Namen Solovjov' so auszusprechen, daß das Anfangs-S stimmlos klang: er übertrieb dieses S so sehr, daß man meinen konnte, der Name Solovjov' habe mindestens ein fünffaches S.«[255]

Im sogenannten Weihnachtskurs belehrte Rudolf Steiner die Lehrer der Waldorfschulen über die Voraussetzungen eines vollständigen Menschen- bzw. Philosophentums: Man dürfe kein weltabgekehrter Theoretiker, sondern müsse ein »geschickter Mensch« sein. Diese Wahrheit nun wurde durch eine zugestandenermaßen »extreme« Ausdrucksweise ins Bild gebracht: »Ich kenne noch immer Männer innerhalb der anthroposophischen Bewegung, die nicht in der Lage sind, wenn ihnen ein Hosenknopf, verzeihen Sie den harten Ausdruck, abreißt, ihn auch selbständig nach allen Regeln der Kunst wieder anzunähen. Man ist natürlich kein vollständiger Mensch, wenn man das nicht kann. Und vor allen Dingen, die Gesinnung fehlt noch vielfach, die sich mit dem Worte ausspricht: Man kann kein Philosoph sein, wenn man nicht in der Lage ist, wenn es nötig ist, sich auch die Stiefel selbst zu flicken. – Es ist natürlich etwas im Extrem ausgedrückt, aber es sagt dasjenige, was Sie ja verstehen werden!«[256]

Aus gutem Grunde, oft, gern und immer ganz bewußt hat Rudolf Steiner Vergleiche und Gleichnisse in seine Reden einfließen lassen, wobei auch oft genug Komik im Spiele war.

Wie nah dies lag, läßt sich unschwer schon aus dem Begriff des Gleichnisses herleiten: eine Ausdrucksform, die dazu dient, eine Vorstellung dadurch anschaulicher oder eindringlicher zu machen, daß ihr eine zweite aus einem anderen, meist sinnlichen Bereich zugeordnet wird. Hinzu kommt, gewissermaßen als drittes Bein des Dreifußes, auf dem das Gleichnis sitzt, das sogenannte Tertium Comparationis, ein wesentliches Moment, in dem beide Vorstellungen so übereinstimmen, daß sie vergleichbar werden. Der Vergleich begnügt sich mit zwei Einzelvorstellungen, das Gleichnis bildet zusammenhängende Vorstellungsketten.

Vorab das Musterbeispiel eines wirklich guten Vergleichs: Des öfteren pflegte Rudolf Steiner das »Ich«, das in der Entwicklung jüngste Wesensglied des Menschen, als »Baby« anzusprechen. Und in der Tat: diese vergleichsweise »Ausdrucksform« ist wie dazu geschaffen, dem näherzukommen, was wir oben erörtert haben: dem »Übersetzen«, das heißt Übertragen von nur in übersinnlichen Zusammenhängen Faßbarem in das Sinnlich-Gedankliche, womöglich in bildhaft-einprägsamer Gestalt. An diesem Beispiel erweist es sich auch, daß der Humor als williger Helfer gleich zur Stelle ist. Es steckt ja im Vergleichen selbst schon ein komisches Element; denn die Inhalte der einander zugeordneten Vorstellungen gleichen sich nur in einem Punkt, der allerdings so wesentlich ist, daß wir die Unstimmigkeit im übrigen in Kauf nehmen, ja erheiternd empfinden, indem wir uns über den Widerspruch, nachdem er durchschaut ist, erheben. Der humorlos-philiströse Pedant kann, selbstredend mit Recht, einwenden, das Ich sei doch »eigentlich« kein Baby. Gerade den »Mangel« an – immer langweiliger – Uniformität empfinden Humorfreunde als lustig und anregend.

Und übrigens und immerhin: stehen »Ich« und Baby nicht gleicherweise auf einer frühen Entwicklungsstufe? Und sind sie nicht auch beide infolge Unreife unbeholfen, ungezogen und, nun ja, bisweilen unsauber?

Die unleugbar scharfe Diskrepanz: Unsichtbarkeit (des »Ich«) – Sichtbarkeit (des Baby) stört uns nicht. Mag er »hinken« der Vergleich, treffsicher ist er dennoch, und so springen wir willig aus der übersinnlichen in die Sinnenwelt. Die Unstimmigkeit gibt sogar dem Bilde Farbe und Leben: Die abstrakte Ich-Vorstellung (vom »Baby« durchschimmert) wird belebt, die sinnlich bestimmte Baby-Vorstellung wird, mit dem »Ich« verglichen, durchgeistigt. Die Phantasie wird ermuntert, die Sache auszuspinnen. Unser Muster eignet sich zur Übung: Das Wickelkind wird von der ein- und entwickelnden Mutter betreut – das Ich entwickelt sich zunehmend selbständig, indem es sich, seine Hüllen säubernd, wandelt ... Der »gute« Vergleich erweist sich eben auch als entwicklungsfähig, und wie gesagt, der Humor hilft dabei gern.

Aber man mache es sich mit dem Vergleichen nicht zu leicht, warnt Rudolf Steiner: »Methodisch kann man alles mit allem vergleichen«, etwa »... eine kleine Wissenschaft aufbauen auf einem Vergleich zwischen dem Heuschreckenschwarm und einer Baßgeige«. Aber »gerade, wenn man Vergleiche anstellt, muß man einen eindringlichen Sinn für die Wirklichkeit haben, sonst wird der Vergleich niemals stimmen«. Und sogleich vergleicht der Geisteslehrer das immer drohende Sichverlieben in eigene Vergleiche mit dem »herben Schicksal« mancher Menschen, die sich in einer Weise in ihrer Jugend verlieben, die sie »blind macht gegen alles, was gegen die Sache spricht«.[257]

Beispiele

Nun einige weitere Vergleiche nach dem Muster »Baby-Ich«: zunächst ein probates, schmerzlinderndes anthroposophisches Hausmittel. Man bedenke: mit einem Strohsack hat Rudolf Steiner die menschliche physische Organisation verglichen, um drastisch zu verdeutlichen, daß der physische Leib keine Schmerzen haben kann, »ebensowenig, wie ein Strohsack leiden kann, wenn man das Stroh herumwirft«.[258]

Im 5. Vortrag des Zyklus »Vor dem Tore der Theosophie« wird

die geistige Seligkeit im Devachan verglichen mit der sinnlichen Empfindung eines Huhnes, das ein Ei ausbrütet und dabei ein »ungeheures Wohlgefühl« erlebt. »Das kann man nun auf das Geistige übertragen und so sich das Devachan ausmalen«. Dazu die Bemerkung: »Es ist ein grotesker, aber sehr passender Vergleich«.[259]

Alltäglich, ja unüberhörbar hausbacken klingt es – und diese bewußte »Trivialität« wirkt komisch –, wenn das Urphänomen der Erdentwicklung, die kosmische Wärme des Alten Saturn, verglichen wird mit der Wärme – eines Backofens.[260]

Im 5. Vortrag dann desselben Zyklus wird das bekanntlich hochbedeutsame und folgenschwere Zurückbleiben gewisser geistiger Wesenheiten in der Entwicklung schlicht mit dem für den Vater so schmerzlichen Sitzenbleiben seines Söhnchens im Gymnasium verglichen.

Die Erde vor dem Sonnen- und Mondaustritt wird verglichen mit einem »in einem riesigen kosmischen Topf«[261] durcheinandergerührten Brei der drei Himmelskörper. Der physische Form- oder Kraftleib (das sogenannte Phantom) und der Stoffesleib werden verglichen mit »Netz« und »Äpfeln« darin: »... die äußeren Stoffe sind im Grunde genommen nichts anderes, als etwas, was hineingeladen wird in das Netz der menschlichen Form, wie man Äpfel auf einen Wagen lädt.«[262]

Im 6. Vortrag von »Zufall und Notwendigkeit« finden sich gleich zwei bedeutsame Vergleiche; »drastisch« nennt Steiner selbst den ersten: Da wird geschildert, wie beim Betreten der imaginativen Welt die bisher gewohnten passiven Gedanken sich so verwandeln und ein Eigenleben zeigen, als ob sie durcheinander »schwirren und wirbeln würden«;[263] der Eindruck entsteht, man habe den Kopf in einen Ameisenhaufen oder in ein Wespennest gesteckt. Mit dem Leben der Insekten werden die verlebendigten Gedanken verglichen – in anderem Zusammenhang wird der lebendige Gedanke mit einer Maus verglichen. – Die auf dem physischen Plane erworbenen, nur diesem zugewandten Gedanken werden im zweiten Vergleich dem Gnomenvolk zugeordnet. Mit welcher Sorgfalt wird das jeweilige Tertium Comparationis herausgearbeitet!

Wer wird es wagen, eines der grundlegenden Werke Rudolf Steiners, die »Geheimwissenschaft im Umriß« mit einem Zündholz zu vergleichen! Der Verfasser selbst tat es, ungescheut und heiter:

»Wenn Sie meine ›Geheimwissenschaft‹ so gelesen haben wie ein anderes Buch, dann kennen Sie nämlich erst das Zündhölzchen. Wenn Sie aber Feuer haben wollen, so dürfen Sie nicht sagen: dieses Zündhölzel ist doch kein Feuer! ... Es wird schon aussehen wie Feuer, wenn Sie das Zündhölzel erst anreiben. Und wenn es das erste Mal nicht geht, reiben Sie es ein zweites Mal und so weiter ... aber wenn Sie es richtig verrieben haben in Ihrem ganzen menschlichen Wesen, ... da zündet es ... Und derjenige, der sagt: Das steht dem, was man eigentlich anstrebt, dem Hellsehen, ganz fern, der will eben das Zündhölzel bloß angucken, nicht anzünden ... man muß schon erst das Zündholz kennen, sonst wird man sich dem Wahn hingeben können, daß man mit der Stecknadel anzünden könnte. Sie können natürlich mit der Stecknadel – das heißt mit der modernen Wissenschaft – nicht anzünden; Sie können nur mit dem ... wirklichen Zündhölzel anzünden!«[264]

In dieser fast kindlich anmutenden Vergleichskomik verbirgt sich die Mahnung, nicht beim passiv-intellektualistischen Studium stehenzubleiben, sondern den befeuernden Enthusiasmus in uns zu wecken, innerlich aktiv zu werden, indem wir das »Zündhölzel«, in dem das Geistfeuer verborgen ruht, nicht bloß angucken, sondern anreiben.

Eine recht lange, zudem bunte Reihe bilden die ins Gleichnisartige übergehenden Vergleiche mit humoristisch-ironischen Spitzchen und Spitzen gegen die zeitgenössische wissenschaftliche Denkart und Methodik materialistischer und agnostizistischer Prägung. Die wenigen Beispiele wollen Wesentliches ins Blickfeld rükken und anregen, ihrer weitere ausfindig zu machen.

Im Vortrag über das Seelenleben Goethes wird die ins »Gaukelgewand logischer Gründe« gekleidete unbewußte Furcht vor dem Geistigen – »eine notwendige Folge der heutigen naturwissenschaftlichen Eindrücke« – mit der Wasserscheu der Hunde treffend verglichen.[265]

Einen im eigentlichen Wortsinne »gewichtigen« Vergleich stellt Steiner an im siebenten Vortrag des Zyklus »Die spirituellen Hintergründe der geistigen Welt«. Als eine Art Symbol des Illusionismus schildert er ein damals offenbar beliebtes scherzhaftes Experiment, das als Zirkus-Clownerie vorgeführt wurde: Athleten heben mit »großer« Anstrengung »Schwergewichte« aus Papiermaché, das Publikum bestaunt die »gewaltige Muskelkraft«, – da tritt ein kleines Kind auf, das dem Spuk ein Ende bereitet, indem es die »Gewichte« durch die Luft wirbeln läßt. – Etwas dieser Enttäuschung Ähnliches wird erlebt, wenn im Lichte der Geisteswissenschaft »geistreich« gestaltete Geschichts- und Lebensbilder plötzlich den erschreckenden Mangel an Geistgehalt, an Geistwirklichkeit erkennen lassen.

Es bedarf des genauen Studiums des ganzen Vortrags, um dessen innezuwerden, wie treffend der Vergleich und wie tiefernst das ist, was zugrunde liegt: Die ganze so selbstbewußte neuere Naturwissenschaft, soweit sie von Anthroposophie unberührt geblieben ist, hat in der Tat etwas von Papiermaché an sich, weil sie eine halbe oder eine Viertelwelt, die sinnenfällige, als eine angeblich universelle, eine »vollgewichtige« hinstellt.[266]

Im letzten, am 13. Oktober 1917 gehaltenen Vortrag des eben erwähnten Zyklus gelingt es Rudolf Steiner auf eigentlich verblüffend einfache Weise, mit Humor und wahrlich angebrachter Ironie die Kurzsichtigkeit und Einseitigkeit der materialistischen Denkweise durch einen Vergleich zu kennzeichnen: das Pferd zieht die Droschke, der Kutscher lenkt es. Der Materialist aber sieht vom Kutscher ab, er sucht die Ursache für das Weiterrollen des Wagens beim Pferd, studiert, was alles beim Wagenziehen im Pferd vorgeht, wobei zwar große Wahrheiten zutage gefördert werden. »Aber ein vollständiges Überschauen des Tatbestandes ist dadurch verdunkelt«, wenn als alter Aberglaube und als Vorurteil erklärt wird, daß »der Kutscher« lenkt. Die Tatsache, daß das Pferd den Wagen zieht, ist nie widerlegbar, darauf pochen die materialistischen Anhänger der »›Pferdetheorien‹, die man – verzeihen Sie das harte Wort – auf Schritt und Tritt in der heutigen Wissenschaft findet«.

Ein seltsames Gebilde, der »Weltenstiefel« aus der von Rudolf Steiner hypothetisch konstruierten Werkstatt Jakob Böhmes, tritt uns in dem im Januar 1914 in Berlin gehaltenen Zyklus »Der menschliche und der kosmische Gedanke«[267] entgegen. An die

Spitze des zweiten Vortrags über die zwölf Weltansichten, in deren Gesamtumfang die Wahrheit zu suchen ist, stellt Steiner eine ins einzelne gehende, urkomisch-phantastische Schilderung:

»Nehmen wir einmal folgendes an. Es hätte in Görlitz einen Schuhmacher namens *Jakob Böhme* gegeben. Und jener Schuhmacher namens Jakob Böhme hätte das Schuhmacherhandwerk gelernt, hätte gut gelernt, wie man Sohlen zuschneidet, wie man den Schuh über den Leisten formt, wie man Nägel in Sohlen und Leder hineintreibt usw. Das hätte er alles aus dem Fundament heraus klar gewußt und gekonnt. Nun wäre dieser Schuhmacher namens Jakob Böhme hergegangen und hätte gesagt: jetzt will ich einmal sehen, wie die Welt konstruiert ist. Nun, ich nehme einmal an, der Welt liegt zugrunde ein großer Leisten. Über diesen Leisten sei einmal das Weltenleder darübergezogen worden. Dann wären die Weltennägel genommen worden, und man hätte die Weltensohle durch Weltennägel in Verbindung gebracht mit dem Weltenlederüberzug. Dann hätte man die Weltenschuhwichse genommen und den ganzen Weltenschuh gewichst. So kann ich mir erklären, daß es am Morgen hell wird. Da glänzt eben die Schuhwichse der Welt. Und wenn diese Schuhwichse der Welt am Abend übertüncht ist von allem möglichen, so glänzt sie dann nicht mehr. Daher stelle ich mir vor, daß irgend jemand in der Nacht zu tun hat, um den Weltenstiefel neu zu wichsen. Und so entsteht der Unterschied zwischen Tag und Nacht. Nehmen wir an, Jakob Böhme hätte dies gesagt. Ja, Sie lachen, weil Jakob Böhme dies allerdings nicht gesagt hat, sondern er hat für die Görlitzer Bürgerschaft anständige Schuhe gemacht!«

Also der wirkliche, weise Jakob Böhme blieb bei seinem Leisten, denn ihm war es klar, daß es der Weltgedanken bedurfte, die er ja auch entwickelt hat, um eine Weltanschauung zu ersinnen. Die Denkverwirrung des *erfundenen* Jakob Böhme nun, die auf Einseitigkeit und unzulässigem Verallgemeinern handwerklicher Kenntnisse beruhte, vergleicht Rudolf Steiner mit der auf philosophischem Felde oft genug anzutreffenden Unart, auf einem Sondergebiet erarbeitete und dort völlig richtige Gedanken auf eine andere Disziplin oder schlechthin auf alles Denkbare anzuwenden. Das Gefährliche dieses Verabsolutierens einer Meinung und Methode wird durch den Vergleich ins Lächerliche gezogen: wer eine allgemeine Weltanschauung auf Grund von Spezialkenntnissen so stur zusammenschustert, bringt eben tatsächlich einen »Weltenstiefel« zustande. Im weitern wird die ernste Sache denn auch ernst erörtert, vorab aber erfrischt die köstliche Verulkung und trägt dazu bei, schwierigen Gedankengängen folgen zu können.

Auf der gleichen Linie liegt es, wenn Rudolf Steiner die Interesselosigkeit der modernen Naturwissenschaft und Philosophie für den Menschen mit folgendem Vorgang vergleicht: »... ich nehme ihm [dem Menschen] nur die Kleider ab und hänge sie an einen Kleiderstock, der oben einen kopfförmigen Knopf hat, und für den Menschen interessiere ich mich nicht weiter ... was geht mich das an, daß in den Kleidern so etwas drinstecken kann? *Das* ist der Mensch [der Kleiderständer]!« – Auf den ersten Akt der »Entmenschung« folgt der Kantianismus, der darüber philosophiert, »was das Ding an sich dieser Kleider sein könnte«, und man kommt scharfsinnigerweise darauf, daß es nicht erkannt werden kann. »Das wird man noch lange nicht zugeben«, daß es notwendig ist, »wieder den Menschen in die Kleider hineinzutun«.[268]

Nun noch der Vergleich mit den Fischschuppen: »Der Naturforscher verfährt heute größtenteils so wie einer, der zuerst sorgfältig den Fisch putzt, so daß keine Schuppen mehr daran sind, und nachher behauptet, der Fisch habe keine Schuppen. So putzt der heutige Naturforscher von den Erscheinungen erst alles dasjenige, was zum Geiste hinweist, weg, weil er kein Interesse daran hat.«[269] Man spricht dann von den Erkenntnisgrenzen, um das Schlafen in bezug auf Geistigkeit zu rechtfertigen; es ist das »Ignorabimus« des Du Bois-Reymond. Ihn vergleicht der Geistesforscher mit dem Hirten Stichl im Oberuferer Christgeburtspiel, der weiterschlafen, die Anthroposophie aber mit dem Gallus, der den Schläfer wecken will.[270]

Das berühmt-berüchtigte Wort »Der Krieg ist die Fortsetzung der Politik mit anderen Mitteln« – diese vom preußischen General Friedrich v. Clausewitz in seinem bekannten Werk »Vom Kriege« (1830) aufgestellte These, führte Rudolf Steiner auf köstliche Weise ad absurdum, indem er – das Eheleben mit der Politik, die Scheidung mit dem Krieg vergleichend – formulierte: Die Ehescheidung ist eine Fortsetzung der Ehe mit anderen Mitteln. Man konnte allerdings nicht schlagender die Abwegigkeit der Clausewitzschen

These ins rechte Licht rücken, die Politik und Kriegführung einfach gleichsetzt.

Der Baugedanke und der Gugelhupftopf

In dem am 15. November 1914 in Dornach gehaltenen Vortrag gebraucht Rudolf Steiner den trivial-komisch anmutenden, aber tiefe Zusammenhänge in sich bergenden Vergleich des ersten Goetheanumbaues mit einer kapuzenähnlichen Backform, die »Gugelhupftopf« genannt wird, weil darin der »Gugelhupf«, ein aus Hefeteig zubereiteter Kuchen, gebacken wurde.

Nun verglich Steiner den Doppelkuppelbau des Goetheanums eben mit einem Gugelhupftopf, aber auch das Prinzip des damals im Bau befindlichen Goetheanums nannte er das eines Gugelhupftopfes – denn »es kommt nicht auf den Topf an, sondern … auf den Kuchen, daß der eine richtige Form bekommt und in der richtigen Weise drinnen (!) gedeiht … Das, was wir bauen, ist die Hülle, die Form«. Bedeutsam ist es, daß Steiner an dem Vergleich festhält, auch nachdem er das aufgezeigte Prinzip des Baugedankens auf das ganze Kunstgebiet und schließlich auf den Evolutionsfortschritt überhaupt ausgedehnt hat. Anstelle einer pathetisch-»geistreichen« Verkündigung heißt es schlicht-anschaulich und nicht ohne einen vernehmlichen humoristischen Unterton: »Das ist der Kernpunkt des Evolutionsfortschrittes, in dem wir darinnenstehen, daß wir wirklich – verzeihen Sie den Ausdruck – aus dem Topf in den Kuchen hineinkommen. Im Topf bleiben, heißt Materialismus, in den Kuchen hineinkommen, heißt bei uns Spiritualismus … Der Mensch muß sich durch den Fortschritt der Geisteswissenschaft herausarbeiten aus dem Topf und muß sich in den Gugelhupf hineinarbeiten!«[271]

Die in zwei Bänden innerhalb der Gesamtausgabe erschienenen 26 von Rudolf Steiner während des Ersten Weltkrieges größtenteils in Dornach gehaltenen Vorträge gingen unmittelbar aus der dramatisch-eurythmischen Darstellung einzelner Szenen hervor. So stellte sich eine besondere Lebendigkeit der Rede ein, und immer wieder sprühten Funken des Humors und der Ironie auf, wie es ja der »Faust«-Atmosphäre entspricht.

Wir haben bereits einiges an Humorig-Ironischem aus den »Faust«-Vorträgen beigebracht; so dürfen wir uns jetzt kurz halten.

Da ist zunächst der in unserer Zeit der Retorten-Babies aktuell gewordene »Fall« Homunkulus (GA 272 / 10. 9. 1916). – Wir lernen Mephisto als entschiedenen »Feind der Liebe der Geschlechter auf der Erde« kennen. Nicht regulär sollen sich die Menschen fortpflanzen; durch ahrimanische Kräfte sollen vielmehr auf dem Wege einer untermenschlichen und untertierischen Evolution manipulierte homunculi entstehen. Um das ungewollt Groteske dieses verruchten Planes deutlich zu machen, führt Steiner die Asketen vor; er nennt sie die »Heiligen, die gegenüber der Liebe der Geschlechter die bekannten langen Gesichter machen«. Sie sind zwar nicht ahrimanisch-mephistophelisch, aber luziferisch inspiriert, »sie fangen an zu beten, finden, daß diejenigen erst das wahrhaft heilige Leben führen, die nichts tun im Sinne der gewöhnlichen Fortpflanzung der Menschheit, ... die davon nichts wissen wollen«. Mephisto entdeckt »in der Engelschar darinnen« die wahren luziferischen Inspiratoren des Asketentums in Gestalt der »zurückgebliebenen ... Mönchsgemeinschaften« mit ihren »Pfaffenmienen« und stellt genüßlich fest: Was diese Asketen anbeten, ist ja gerade das, was er und seine Geschwister beschlossen haben:

> »... wie wir in tiefverruchten Stunden
> Vernichtung sannen menschlichem Geschlecht:
> Das Schändlichste, was wir erfunden,
> Ist ihrer Andacht eben recht.«

Die selbstgerechte, in falscher »Andacht« schwelgende Sentimentalität mit dem »Gesicht bis ans Bauch« verdient es, ironisiert und verlacht zu werden, nicht die von ihr geplagten und betrogenen Menschen, auf die aber diese Situationskomik vielleicht aufweckend wirken kann.[272]

In einem Vortrag zu »Faust »II« werden wir mit dem von Rudolf Steiner so genannten Schusterproblem bekanntgemacht. Das schlechthin Unbegreifliche gewisser Denkirrtümer der Philosophie des 19. Jahrhunderts wird als Lebensfremdheit so gekennzeichnet, daß es komisch wirkt. Der Humor fördert die Wahrheitserkenntnis, indem er die Kraft gibt, sich heiter über den Widerspruch zur Lebenswirklichkeit zu erheben.

Steiner erzählt, er habe einen Menschen kennengelernt, der – philosophisch entsprechend infiziert – sich einbildete, er habe die ganze Welt erschaffen. Steiner gab ihm zu: »Gewiß, als Vorstellung, als ihre Vorstellung haben Sie ja die Welt erschaffen, aber zu der Vorstellung kommt noch etwas hinzu, denn Sie haben auch die Vorstellung Ihrer eigenen Stiefel erschaffen, aber der Schuster hat sie gemacht, diese Stiefel, und Sie können nicht sagen, daß Sie die Stiefel gemacht haben, obwohl Sie die Vorstellung dieser Stiefel gemacht haben!« – »Im Grunde beruht alle echte Widerlegung, sogar der Schopenhauerschen Philosophie von der ›Welt als Vorstellung‹ auf diesem Schusterproblem ...«[273] In anderem Zusammenhang wird der Unterschied zwischen Wahrnehmung und Vorstellung am Beispiel der Limonade deutlich gemacht: Vorstellen kann man die Limonade, aber mit diesem inneren Bild des Getränkes kann ich ebensowenig meinen Durst löschen wie mit den »berühmten« vorgestellten 100 Talern Kants meine Schuld in Höhe von 100 Talern begleichen.

Die Arbeitervorträge

Wenden wir uns nun den sogenannten Arbeitervorträgen zu: es sind die 113, in acht Bänden der Gesamtausgabe (GA 347–354) herausgebrachten Vorträge, die Rudolf Steiner den Arbeitern am Goetheanum auf deren Wunsch hin gehalten hat.

Man bedenke nur, in welcher Zeit es geschah! Der erste Vortrag fand am 2. August des Jahres 1922 statt, das für Rudolf Steiner die höchste Steigerung der nach außen gerichteten Tätigkeit und – in der Silvesternacht – den Brand des Goetheanumbaues gebracht hat. Als Steiner am 5. Januar 1923 die Schreinerei betrat, um das 21. Mal zu den Arbeitern zu sprechen, erhoben sie sich von ihren Sitzen, um ihre Anteilnahme an dem Brandunglück zu bekunden. Ganz schlicht versicherte Steiner: »Sie können überzeugt sein, ich selber werde mich von meinem Wege niemals abbringen lassen; was auch geschieht ... fortfahren in derselben Weise, wie wir es bisher getan haben, müssen wir, das ist einfach eine innere Verpflichtung.«[274] – Was Steiner »selbstverständlich« nannte, die ununterbrochene Fortsetzung der Vorträge, war ein Teil der schier übermenschlichen Arbeitslast, die er auf sich genommen und bis zum Zusammenbruch seiner Leiblichkeit getragen hat. Vier Tage vor der am 28. September 1924 vor den Mitgliedern der Anthroposophischen Gesellschaft gehaltenen »Letzten Ansprache« sprach er das letzte Mal zu den Arbeitern.

»Man kann diese Vorträge auch Zwiegespräche nennen«, schreibt Marie Steiner im Geleitwort zu den einzelnen Bänden, »denn der Inhalt wurde immer, auf Rudolf Steiners Aufforderung hin, von den Arbeitern selbst bestimmt. Sie durften ihre Themen selber wählen.«

Nun fällt es wirklich schwer zu entscheiden, was mehr zu bewundern ist: die Universalität des Wissens und die erstaunliche Fähigkeit, unerwartete, nicht selten anspruchsvolle Fragen sogleich mit einer in alle Einzelheiten gehenden Darstellung zu beantworten, oder das erzieherische Geschick, oft recht schwierige Probleme so klar und packend-humorvoll auseinanderzusetzen, daß auch intellektuell nichtdressierte Hörer verstehend folgen konnten.

Zweifelnd, ob wir dem Weisen oder dem Erzieher die Palme reichen sollen, entscheiden wir uns für einen Dritten: den *heiteren Freiheitsphilosophen und beschwingten Humoristen*. Der Redestil bewahrheitet unser kühn klingendes Wort von der Heiterkeit, mit der er stets vorzutragen pflegte. Vor den Arbeitern wird dies nur in besonderer Weise offenbar: über allem liegt der Glanz von Jugendlichkeit. Gesunde Jugend ist heiter. Das Durchschnittsalter der Arbeiter lag bei 25 Jahren. Das hat auf Anfrage der damals mit seinen 17 Jahren jüngste der Arbeiter bestätigt; es ist derselbe *Viktor Stracke*, dem wir den Bericht »Wie es zu den ›Arbeitervorträgen‹ im Goetheanum kam?« (»E«, S. 197 ff.) verdanken. Er charakterisiert den »ganz besonderen Duktus, wie er zu uns sprach«, so: »Klar, deutlich, einfach, mit fast derb-drastischen Beispielen, aber doch immer die tiefsten Inhalte voll aussprechend, nicht ›populär‹ belehrend.[275] Beschreiben kann man's eigentlich nicht. Bescheiden wie ein Kamerad sprach er, so könnte man es vielleicht nennen. Und doch hatten wir so ungeheuren Respekt, die meisten von uns hatten Herzklopfen; oft wurde tagelang besprochen, wer eine Frage stellen solle und welche.«

»Wie ein Kamerad sprach er«, berichtet Stracke. In einem Brief an den Verfasser heißt es zustimmend: »Ja, Dr. Steiner hat sicher etwas heiter Burschikoses haben können, wenn er zu uns sprach – ›direkter‹, ›unbekümmerter‹, beinahe würde ich sagen, weil endlich keine Damen dabeiwaren …«

In der Tat, jungenhaft, burschikos bisweilen, unphiliströs-heiter, immer darauf aus, ein Späßchen aufleuchten zu lassen. Es ist ja die Zeit zwischen 20 und 30 gerade die, in der der aufgeweckte, seelisch-leiblich gesunde Jüngling ein allseitiges Interesse für die Rätsel der Welt hat, vor denen er fragend und staunend steht. Dieser Seelenlage und -stimmung hat sich Rudolf Steiner nicht nur als der hochbegabte Lehrer äußerlich angeglichen, sondern er hat sich darüber hinaus in einen jugendlichen Menschen verwandelt, seinen Wissensdurst mitgefühlt, seine Verwunderung miterlebt. Er dozierte nicht, er war selbst ein Staunender: wie oft erklingt das »Donnerwetter, meine Herren!« Auch das strotzende Lebensgefühl des jungen Menschen, das sich im Überschwenglichen ausleben will, ist da: Welche Fülle von Superlativen! In seinen sonstigen Vorträgen werden sie eher gemieden – hier aber, vor den Jungen findet der wieder jung Gewordene auf Schritt und Tritt etwas »furchtbar«: »Furchtbar gern hat sich der Mensch«, er ist »furchtbar« oder »ganz furchtbar gescheit«, »schrecklich« oder »verflucht gescheit«, manches ist »furchtbar interessant«, »furchtbar kompliziert«, »furchtbar kurios«. Auch mit anderen Adverbien wird das nicht mehr überbietbar Extreme gekennzeichnet: »sehr sehr merkwürdig«,

»ganz winzig dünn«. Irgend etwas ist »ungeheuer« (hart, groß und dgl. mehr), »von ungeheurer Bedeutung«, ist »riesig« (hart, weich u.s.w.) »ganz ausgezeichnet fein«. »Das embryonale Gehirn, das ist furchtbar weich da drinnen, ganz weich und furchtbar lebendig, ganz lebendig.« [276]

»Ganz wüst« ist das befruchtete Ei, »überhaupt nichts als ein richtiger ›Knatsch‹, wenn ich mich so ausdrücken darf – mehr gebildet ausgedrückt ist es ein Chaos« [277].

Immer wieder werden die weisheitsvollen Leibesvorgänge gepriesen: »... wenn Sie wüßten, was da alles vorgeht, dann würden Sie erstaunen ... Denken Sie – da muß alles, was Sie einatmen, im ganzen Leib verwendet werden. Dazu gehört eine riesige Vernunft, eine ganz riesige Vernunft ... Es ist ganz bewundernswert ... was eigentlich der Leib alles an Gescheitheit leistet. Das ist ganz enorm.« [278]

Köstlich muß es aus dem Munde des Geistesforschers geklungen haben, wenn er – wie es junge Menschen zu tun pflegen, gleichsam das Vernommene überdenkend, hören ließ: »Ach so! aha!«. »So also schaut das aus!« oder »Das ist eine große Kunst!« »Was bedeutet denn das? In der Welt bedeutet alles etwas.«

Bisweilen hört es sich wie ein Märchen an: »Ich werde jetzt damit anfangen, Ihnen einen Zustand der Erde zu schildern, der in sehr früher Zeit, vor vielen Tausenden von Jahren einmal auf der Erde war. Diesen Zustand will ich Ihnen einmal erzählend schildern ... jetzt will ich einfach erzählen, wie es einmal ausgeschaut hat auf der Erde, auf der wir heute herumgehen ... Das war so: ...«

Und nun folgt (Bd. I, 7. Vortrag) eine herrliche Schilderung der Lemuris von einer freudevollen Lebendigkeit und Frische, die den fast wilden Zauber der Jungenhaftigkeit mit sich führt. Auf der Tafel werden Feuerluft und Erdenschlamm gezeichnet. Damals lebten keine Menschen von heutiger Gestalt; die hätten »entweder schwimmen müssen – da wären sie aber fortwährend schlammig, also schrecklich dreckig gewesen – oder sie hätten fortwährend versinken müssen.« In der damaligen Luft »wäre es ... ungemütlich für den heutigen Menschen gewesen, ... in der es ... nach Schwefelsäure roch und in der es recht wärmlich war.« In den Wolken zuckten fortwährend riesige Blitze. »Diese Luft da oben möchte ich

Feuerluft nennen.« Und nun die Tierwelt, die sich in der Folgezeit entwickelt. Merkwürdige Tiere, Schuppenschwänze, Fledermausflügel, sie fliegen im Wetterleuchten und Blitzen, eine elektrische Ausstrahlung um sich verbreitend, kleine Drachenvögel in der Feuerluft. Diese »alten Kerle« waren insgesamt so empfindlich, wie wir es heute mit unseren Augen sind. Im Mondenschein schlugen sie voll Wohlgefühl die Flügel, wie der Hund vor Freude mit dem Schwanz wedelt ... Unten im Schlamm: riesengroße Eidechsen, Ichtyosaurier, Fischsaurier werden sie genannt. Merkwürdige Kerle mit ihren dreieckigen Krokodilszähnen und Walfischflossen an den Riesenkörpern überpatschten die hornartigen, durchschwammen die weicheren Schichten. »Denken Sie sich den Ichtyosaurus mit seinem Riesenauge durch die sehr warme Luft dahinkrabbelnd, fliegend, schwimmend, alles mögliche ... ganz hypnotisiert durch dieses Riesenauge« stürzten sich die Drachenvögel herunter, »und die Ichtyosaurier konnten sie fressen ... Es hat so ausgeschaut, wie wenn da Riesenviecher herumgesaust, herumgeflogen wären und Feuer gefressen hätten, das ihnen aus der Luft zugeflogen wäre.« Die leuchtend-schönen Drachenvögel »hatten ein Wohlgefühl, wenn sie sich in den Rachen eines Ichtyosauriers stürzen konnten. Das haben sie als ihre Seligkeit betrachtet. Geradeso wie die Türken ins Paradies wollten, so haben es diese Vögel als ihre Seligkeit betrachtet, sich in den Rachen eines Ichtyosauriers zu stürzen ...«[279]

Wir müssen innehalten. Es kommt uns ja nicht so sehr auf das Inhaltliche als auf die Art der Darstellung an. Das Wiedergegebene wird genügen, um einen Eindruck davon zu vermitteln, mit welcher Lebendigkeit, Frische und Unmittelbarkeit im Tone eines jungen Menschen, ganz unpathetisch, mitunter derb im Ausdruck, immer wieder mit Humor durchsetzt, Rudolf Steiner aus Geistheiterkeit vortrug. Und dabei blieb es, auf welchem Gebiet auch immer die Improvisationskunst des Geistesforschers durch die Wißbegierde der Arbeiter auf die Probe gestellt wurde.

Als am 4. August 1924 Rudolf Steiner aufmunternd fragte, ob noch jemand etwas »auf dem Herzen habe«, rückte Herr Erbsmehl mit seiner vermeintlich »verworrenen Frage« heraus nach den verschiedenen Gerüchen der Pflanzen oder der Menschenrassen[280]; ob da wohl ein »geistiger Zusammenhang« bestehe? Diesem Fragen verdanken wir einen der schönsten Vorträge: Was ist der *Geruch*? Aus dem Stegreif kam die Antwort: tiefgründig-wissenschaftlich, humorig-poetisch und aus heiterer Frömmigkeit: »... Und so duftet uns aus den Pflanzen in Wirklichkeit der Himmel entgegen.« Was duftet, ist ein feines »Gas«, das von den Sternen ausgeht und von den Pflanzenblüten gesammelt wird; sie sind – köstlicherweise! – kleine Näschen, die den Weltenraum riechen. Das Veilchen z. B. »hat eine feine Nase. Es ist ganz Nase«: es nimmt »sehr schön wahr gerade dasjenige, was ... ausströmt vom Merkur, und danach bildet es sich seinen Geruchskörper, während der Stinkasant, ›Teufelsdreck‹, sehr fein wahrnimmt dasjenige, was vom Saturn ausströmt«. Für das, was die Venus ausduftet, haben die Blüten der Linden und Roßkastanien eine besonders feine Nase. »Die Pflanzen sind eigentlich feine Geruchsorgane der Erde.«

Die Menschennase »wächst« zwar »auch so wie eine Blüte aus dem Menschen heraus« – fürwahr, eine frohe Kunde! – aber sie ist gröber geworden: uns duftet es nicht mehr von allen Seiten zu, unser Riechgehirn ist verkümmert; dafür haben wir den Verstand, unser *Gehirn* ist ein *umgewandeltes Riechorgan*. Deshalb riechen wir schlechter als der Hund, er ist uns mit seiner feinen Nase hochüberlegen. Man könnte auf den Gedanken kommen, das von Morgenstern besungene »Nasobem« sei nicht etwa – wie es im Brockhaus nunmehr steht, – ein Fabeltier, sondern eine ziemlich exakte Charakteristik des Hundes als Nasentier, eben »Nasobem«. (Im Schlußkapitel werden wir noch auf den Hund kommen – will sagen: zurückkommen.)

Zum Schönsten und »Heitersten« der Mitteilungen Rudolf Steiners an die Arbeiter gehören die über das Geheimnis des Bienenstockes. Dem Einfluß des Planeten Venus ganz hingegeben, entwickeln die Bienen in ihrem äußeren Tun unbewußte Weisheit. Die einzelnen Bienen verzichten – die eine Bienenkönigin ausgenommen – auf Liebe und entwickeln sie im ganzen Bienenstock, der von Liebesleben ganz durchzogen ist. Die Bienen saugen ihre Nahrung aus dem Blütenstaub; so bringen sie gewissermaßen das Liebesleben von den Blumen in den ganzen Bienenstock hinein. Man kann zwischen den Zeilen lesen: das von selbstloser Liebe getragene Bienenleben hat in gewisser Hinsicht Vorbildcharakter auch für das menschliche Sozialverhalten.[281] Noch so manches dieser »Goldkörner« könnten wir den acht Bänden entnehmen. Aber wir wollen uns mit dem Gebotenen begnügen. Man spürt deutlich heraus, welche Freude es Rudolf Steiner machte, den Vortrag immer wieder durch Humoresken und ironische – den Materialismus treffende Bemerkungen aufzulockern. So heißt es einmal: »›Instinkt‹ kann jeder sagen; das ist ein Wort. Solche Worte sind Säcke, in die man alles dasjenige hereinfügt [oder ›hineinfegt‹? H. E.], worüber man nichts weiß.«[282]

So ist es auch erfrischend deutlich, wenn Steiner bemerkt, der Gegenwartsmensch wolle »neue Gedanken über das Übersinnliche nicht aufnehmen«, und schließt: »Wenn die Menschen immer so gewesen wären«, – ohne Ringen um religiöse Überzeugung – »wären sie heute noch Viecher.«[283] Bleiben wir bei den Viechern! Auf sie kommt ja Steiner des öfteren zu sprechen.

So schildert er das Wesen und Leben des Bibers so köstlich, ein wenig burschikos-humorig, dabei spannend, daß es eine Freude ist.[284] Wir dürfen wohl ein wenig ausführlicher referieren –: Der einzelne Biber wird als plump und so außerordentlich phlegmatisch beschrieben, »daß man nichts Rechtes mit ihm anfangen kann«. Wenn der Frühling kommt, gräbt er – desgleichen die Biberfrau – eine Erdhöhle, wo sie ein einsiedlerisch-phlegmatisches Leben führen. »Also«, faßt Steiner zusammen, »der Biber ist schon furchtbar dumm! ... Donnerwetter, dieser Biber – dumm und phlegmatisch ist er im höchsten Grade!« Wenn aber der Herbst kommt, ereignet sich etwas Wunderbares: plötzlich verlieren die Biber ihre »Phlegmatischheit«: familienweise versammeln sie sich, 200 bis 300 an der Zahl und beginnen mit unglaublicher Schnelligkeit des nachts auf dem Grunde der kanadischen Flüsse oder Seen mit dem Bau ihrer Biberhütten, ja ganzer Biberdörfer. Wie so eine Hütte oder »Villa« für den Winteraufenthalt und zur Aufbewahrung der Nahrungsvorräte zustande kommt, wird ganz ausführlich geschildert. Ihre Vorderpfoten und spitzen Zähne wissen die kluggewordenen Tiere viel gescheiter zu gebrauchen, »als irgendein Mensch Instrumente gebrauchen kann«. Der österreichische Dichter Rosegger hat – vom Menschen allerdings – eine volle Wahrheit so ausgesprochen:

>Oaner is a Mensch – Zwoa san Leit –
San's mehra, san's Viecher.«

Das will besagen: In der Masse machen die Menschen einen durchaus dummen Eindruck, und es sind doch einzelne sehr gescheite
darunter ... Die *Biber nun kehren diese Wahrheit ins Gegenteil um:*
Das ausgeprägt dumme Einzelexemplar wird en masse zum gescheit-
en Architekten. Das geht so zu: Den ganzen Sommer über saugt
der Biber Sonnenlicht und -wärme auf. Und im Herbst ... fängt er
an, seinesgleichen zu suchen und mit denen gescheit zu werden. Er
wendet eine Gescheitheit an, die er als einzelnes Tier gar nicht hat.
Was der Biber sommerlang sammelte, war der aus dem Kosmos
zuströmende Verstand. Sein merkwürdiger, kunstvoll ausgearbeite-
ter Schwanz dient ihm nicht als physisches Werkzeug, sondern als
Speicher, und mit dem angesammelten Verstand dirigiert er sich.
»Das heißt er wird eigentlich durch Sonnenwärme und Sonnenlicht
dirigiert. Die stecken da drinnen [in den Schwänzen! H. E.] und
sind Verstand geworden. Das ist eigentlich das gemeinschaftliche
Gehirn, das diese Biberkolonie hat.

Alle diese Schwänze sind also dasjenige, durch was Sonnenlicht
und Sonnenwärme ... geradeso wirkt, wie wenn Sie irgendeinen
Trupp haben, und dahinten treibt einer den gesamten Truppenver-
band an ... *So ist es die Sonne,* welche durch die Biberschwänze im
Winter noch nachwirkt und *die Biberdörfer baut.*« Wie kommt
man zu diesem Ergebnis?

Steiner formuliert es in einer paradox-komisch klingenden
These: »... der allererste Grundsatz ist der, daß man eigentlich
nicht viel nachdenken soll«. Das »Brüten« über Naturerscheinung-
en führt zu nichts Neuem: der Materialist ersinnt eine materialistische, der Idealist eine idealistische »Erklärung«. »Das Nachdenken
ist gar nicht das besonders Wichtige. Man soll denken (erst) dann,
wenn einen die Tatsachen dazu auffordern, aber man soll ja nicht
sein Hauptaugenmerk darauf verwenden, wenn man irgend etwas
beobachtet hat, nachher (sogleich) darüber zu brüten, um heraus-
zubekommen, wie sich die Geschichte eigentlich verhält, *sondern
man soll andere Tatsachen anschauen und soll* sie damit *vergleichen,*
soll *einen Zusammenhang* suchen. Je mehr Zusammenhang man in

verschiedene Tatsachen hineinbringt, desto mehr lernt man über die Natur ... erkennen.«[284]

Ohne eine Spur von Lehrhaftigkeit wird in heiterer Stimmung der Grund gelegt zum Verständnis gleich zweier hochbedeutsamer Erkenntnisse: Gruppenseele und Goethesche Phänomenologie!

Damit beschließen wir den Bericht über die Arbeiter-Vorträge. Wieder mußten wir uns mit einer beschränkten Auswahl von Beispielen begnügen und sind uns durchaus nicht sicher, ob dies zureicht, um in etwa eine Vorstellung von der besonderen Art des Vortrags zu vermitteln. Die Frage, wie das Dargebotene von den Zuhörern aufgenommen wurde, bleibt offen. So aufschlußreich die eingangs wiedergegebenen Sätze Viktor Strackes auch sind, sie kommen doch aus dem Munde einer Persönlichkeit, der im Laufe des weiteren Lebens die Anthroposophie Lebensinhalt geworden ist. Wie mag es in andersgelagerten Fällen gewesen sein?

Bald nach dem Zweiten Weltkrieg machte sich *Fritz Götte* auf, um Teilnehmer an den Arbeitervorträgen zu besuchen und auf das Echo zu lauschen, das Rudolf Steiners Worte und sein menschliches Verhalten bei ihnen hinterlassen hatten. Das Ergebnis seiner Bemühungen, über die Fritz Götte in den »Mitteilungen« (Jg. 1973, S. 39 ff.) berichtet hat, gibt in der Tat eine verblüffend »einfache« Antwort auf unsere Frage.

Hier ein Auszug aus dem seinem ganzen Inhalte nach lesenswerten Bericht:

»Als ich an einer Wohnungstür im Dorfe Dornach geläutet hatte, erschien eine ältere Frau, und als ich sie nach ihrem Manne fragte, berichtete sie, dieser sei vor einiger Zeit gestorben. Was ich denn von ihm gewollt hätte? Ich antwortete, ich wollte so gern von ihm hören, wie er während seiner Arbeit am Bau den Dr. Steiner erlebt hätte. Da ging ein freudiges Aufleuchten über ihr Gesicht, und sie sagte in ihrer Mundart: ›Ach, der Doktor Steiner ... isch des emol e liabe Ma gsi!‹

Dann ging ich in eine etwas weiter von Dornach entfernte Schreinereiwerkstatt. Der frühere Gartenarbeiter am Goetheanum – damals etwa achtzehn Jahre alt – war inzwischen ein Meister in seinem Fache geworden. Wir setzten uns nieder, und ich versuchte auf alle Weise, ihm irgendwelche Erinnerungen aus jener Zeit zu entlocken. Es war unmöglich. Wir saßen lange, und als ich einsah, daß ich ihm die Zunge nicht würde lupfen können, erhob ich mich zum Aufbruch. Als ich ihm ... die Hand zum Abschied reichen wollte, überkam es mich, und ich redete ihn auf das Eindringlichste an: ›Aber Herr Schreiner (nennen wir ihn so) ich bin erst Ende 1925 in die Gesellschaft gekommen und habe Rudolf Steiner nie gesehen, sagen Sie mir doch um alles in der Welt, wie *war* er denn?‹ Da leuchtete der Schreiner auf, gerade wie die zuvor besuchte Witwe. Er stellte sich breitbeinig vor mich hin: ›*Uf alli Fäll emol aifach!*‹ Es hatte etwas wahrhaft Großartiges, wie diese Aussage aus dem schlichten Volksmanne geradezu herausbrach. – Mein Gott, dachte ich, dieser umfassende Geist, der Rudolf Steiner war, dieser Menschheitsführer, und worüber hat er den Arbeitern gegenüber doch gesprochen! Die Wirkung auf den guten Schreiner aber war: er war *einfach!*«

Den Endabschnitt des Kapitels mögen einige Humoristika bilden, die ohne systematische Einordnung das Ganze abrunden sollen.

Zunächst sei berichtet, wie es Rudolf Steiner gelang, mit der Zauberrute seiner Humorphantasie am deutschen Philosophenhimmel eine prächtige Nova erstehen zu lassen. Zwei bisher in Opposition stehende Sterne wurden kühn und mit erstaunlichem Erfolg zur Einheit verschmolzen: Johann Gottlieb Hegel und Arthur Schopenhauer.

Zunächst wird die krasse Gegensätzlichkeit der beiden Weltansichten drastisch-humorvoll geschildert: Für den »Gedankenphilosophen« Hegel ist die Welt »die Offenbarung der weisesten Vernunft«, für den »Willensphilosophen« Schopenhauer ist sie – nach Steiner – »eine Dummheit Gottes« [285].

Nicht nur über Schopenhauer macht sich Rudolf Steiner lustig; er habe »wie ein Waschweib« in seinen Werken über Hegel geschimpft. Für ihn sind die Gedanken »Schaumblasen«, die das unvernünftige Willensmeer aufwirft, und die Menschen sind »kleine Schäffchen« (Gefäße), in die ein Teil des Weltenwillens »hineingeschüttet ist«. [286] Auch der hochverehrte Hegel bleibt nicht ungeschoren: Von den »Gedankenspinnennetzen« ist die Rede (sie werden auf die Tafel gezeichnet), in die Hegel die Menschen wie Automaten eingespannt sein läßt.

Eine Zwischenbemerkung sei festgehalten, weil sie einmal mehr beweist, wie ernst Steiner den Humor und die Ironie genommen hat.

»Ich weiß ja allerdings, daß manche Leute es sonderbar finden, daß wenn einer so ein Hegelverehrer ist wie ich, er auch eine solche Zeichnung hinsetzen kann, weil ... sich die Leute vorstellen, man müsse unbedingt, wenn man irgend etwas als groß empfindet, immer das lange Gesicht bekommen, das bekannte.«[287] Der sentimental übersteigerte autoritätsgläubige Ernst ist es, den der Geistesforscher mit Ironie dämpfen will.

Er bedient sich eines durch Paradoxie belustigenden Bildes, um einsehbar zu machen, daß die beiden Sterne zur Nova verschmolzen werden müssen, weil beides in der Welt da ist: Wille *und* Gedanke. Nun aber verwirklicht sich das Bild: »Und eine in bezug auf den Kosmos dienliche Weltanschauung wäre zustande gekommen, wenn das Paradoxon hätte eintreten können, daß das Geschimpfe des Schopenhauer ihn endlich so weit gebracht hätte, daß er aus seiner Haut gefahren wäre, und, trotzdem Hegels Seele in Hegel geblieben wäre, er in Hegel hineingefahren wäre, so daß Schopenhauer in Hegel drinnen gewesen wäre. Dann hätte der den Weltgedanken und den Weltenwillen gesehen, der da aus Schopenhauer und aus Hegel zusammengewachsen wäre! Das ist in der Tat dasjenige, was in der Welt ist: Weltgedanke und Weltenwille. Und sie sind in sehr verschiedenen Gestalten vorhanden.«[288]

Das Geschimpfe Schopenhauers steigert sich derart, daß er aus der Haut fährt und mit seiner willengeladenen Seele geradewegs in die gedankenschwere Seele Hegels hineinsegelt, so daß »Schopenhauer in Hegel drinnen ist«. Die Nova ist zustande gekommen! Das humorige Bild gibt genau den evolutionären Vorgang wieder: »Es entwickelt sich der Wille allmählich in den Gedanken hinein. Was zuerst Wille ist, wird später Gedanke.«[289]

Bleiben wir noch ein wenig bei dem, was in der Zwischenbemerkung angeklungen ist: – Es ist bekannt, mit welcher Verehrung Rudolf Steiner zu Goethe aufblickte. Dennoch ließ er sich nicht zu kritikloser Schwärmerei hinreißen.

In einem »Faust«-Vortrag bespricht Rudolf Steiner die Schwierigkeit des Problems der Homunkulus-Erzeugung. Ein kleiner

Dichter wäre damit rasch fertiggeworden. »Aber Goethe war eben kein kleiner Dichter, daher ist ihm das Dichten schwer und sauer geworden.«[290]

Mehr noch – Steiner scheute sich nicht, Goethe als Beispiel typisch deutscher Genialität hinzustellen, die zwar Stoßkraft, aber keine Durchhaltefähigkeit hatte. Die Geistigkeit Goethes sei so stark gewesen, daß sie »eine Welt hätte revolutionieren können«; aber sie sei gewissermaßen steckengeblieben. »Die äußere Persönlichkeit dieses genialen Menschen [brachte es] nur so weit, daß er in Weimar Fett ansetzte und ein Doppelkinn hatte, ein dicker Geheimrat wurde, der ungemein fleißig war auch als Minister, aber der doch genötigt war, fünfe grad sein zu lassen, wie man sagt, gerade im politischen Leben.«[291]

An einem im Grunde tragischen Tatbestand wird hier einmal die komische Seite herausgeleuchtet, heraus-ironisiert, könnte man sagen. Sentimentalität kommt nicht auf, nur der Widerspruch wird deutlich sichtbar, es ist ein leises Trotzdemlachen, Tragikomik, ein Humor, der an Novalis erinnert, der einmal vom »Humor auf dem Grunde der Verzweiflung« gesprochen hat.

Abschließend werfen wir einen kurzen Blick auf den das Vortragswerk krönenden Teil: die achtzig »Esoterischen Betrachtungen karmischer Zusammenhänge«, die in sechs Bänden der Gesamtausgabe vorliegen (GA 235–240). Obwohl alle Vorträge von dem tiefen Ernst gekennzeichnet sind, der dem Karmageschehen eignet, ergab sich doch oft genug Gelegenheit, Humor einfließen zu lassen; so in dem letzten Vortrag vom 23. September 1924 (GA 238). Rudolf Steiner schildert die tiefergreifende Verkörperungstragik, die der Individualität verhängt war, die sich im 5. Jahrhundert vor Chr. als Platon, im 10. Jahrhundert als Nonne Roswitha von Gandersheim und in der zweiten Hälfte des 19. Jahrhunderts als jener Professor Karl Julius Schröer inkarnierte, der sein Lehrer geworden ist. Das Leitmotiv der drei Lebensläufe ist das Ringen einer ganz von Spiritualität erfüllten Seele um Verwirklichung im Erdenleben. Sie erweist sich als zu schwach, voll und ganz in die Leiblichkeit einzudringen; aus Mangel an Aktivität zuckt sie immer wieder vor Hindernissen zurück. Im Mittelalter ist es die römisch-christliche Zivilisation, im 19. Jahrhundert der Intellektualismus, der einer

Entfaltung des Platonismus entgegensteht. Von Schröer sagte Rudolf Steiner, er habe von allem Anfang an eigentlich ganz platonisch geredet, habe sich aber, »ich möchte sagen, mit frauenhafter Zimperlichkeit vor dem Intellektualismus« gehütet, »da, wo er ihn nicht brauchen« konnte. Steiner hatte immer das Gefühl: »Der Kopf [Schröers] kann eigentlich nicht ganz das ausprägen, was da an Platonismus herauswill.«[292] Das mußte dazu führen, verkannt zu werden. – Auch in diesem Falle machte die verehrende Liebe nicht blind gegenüber dem Mangelhaften. Aber gegen die Verständnislosigkeit der Gegner verteidigte Rudolf Steiner mit ironischer Schärfe das Werk Schröers: »Als diese [Schröers] Literaturgeschichte erschienen ist, oh, da haben alle literarischen Knöpfe die Hände über dem Kopf zusammengeschlagen! Ein ganz berühmter Knopf war dazumal Emil Kuh. Der sagte: Diese Literaturgeschichte ist überhaupt nicht von einem Kopf geschrieben, sondern bloß aus einem Handgelenk herausgeflossen.« Eine Schröersche Faust-Ausgabe erfuhr von seiten eines Grazer Professors eine so »abscheuliche Rezension, … daß, ich glaube, zehn Duelle unter den Grazer Studenten pro und contra Schröer ausgefochten worden sind«. Es entbehrt nicht der grotesken Komik, wie versucht wurde, eine derartige Kontroverse beizulegen. – In Weimar mußte Steiner erleben, wie Schröer geradezu als Katalysator für Torheit, bzw. Gescheitheit mißbraucht wurde. Von einer großherzoglichen Tochter meinte der damals hochangesehene Erich Schmidt, sie »ist keine kluge Frau, denn sie hält den Schröer für einen großen Mann«.

Zusammenfassend schloß Steiner: »In Schröer zeigte sich das Zurückschrecken vor der Intellektualität. Hätte er die Intellektualität erreicht und sie vereinigen können mit der Spiritualität des Plato: Anthroposophie wäre gekommen.« So aber blieb es dabei, daß Schröer ein glühender Goethe-Verehrer war.

»Was konnte man denn eigentlich anderes tun«, fährt Steiner fort, »wenn man, ich möchte sagen, von Schröer angeregt ist, als weiter fortzuführen den Goetheanismus in die Anthroposophie hinein! Es blieb einem ja sozusagen nichts anderes übrig.«

Wie eine heitere, ungemein liebenswerte Geste der Bescheidenheit wirkt der letzte Satz – aber wir dürfen sicher sein, die Weltenlenkung wußte wohl, daß nur eine ganz bestimmte Individualität berufen war, der Menschheit Anthroposophie zu verkünden, wenn es an der Zeit war.

14. Steineriana – Anekdoten

>... soweit Anekdoten wahr sind,
> nämlich wahrer als wahr ...
> Aus dem Vortrag: »Skizze eines Lebensabrisses«

Dürfen wir sie »Anekdoten« nennen, die nun zum Abschluß gesammelt dargebotenen Steineriana?

Angesichts der von literaturtheoretisch-sachverständiger Seite zugegebenen verwirrenden Vielfalt von Beschreibungen des Anekdotischen braucht uns diese Frage nicht zu beunruhigen. Auch stört es uns nicht, daß unsere Kurz- und Witzgeschichten, Episoden oder sagen wir lieber »Früchte«, keine Anekdoten sind im ursprünglichen und eigentlichen Sinne des Wortes (»anekdota« = inedita – Nichtherausgegebenes); denn wir ernteten zu allermeist auf »herausgegebenen«, will sagen zubereiteten Feldern.

Vom Thema her ergab es sich, daß innerhalb des Anekdotisch-Biographischen das Humoristische oder Heitere die Auswahl bestimmte; es ist ja ein Element, in dem sich die Anekdote oft und gern bewegt. Dennoch sind – zumindest in der überwiegenden Zahl – unsere Stücke mehr als bloße »Kinder des Scherzes und der Laune« (Johann Peter Hebel); sie wollen auch ernst genommen werden und als unscheinbare, aber bisweilen treue Spiegelbilder der Wahrheit nachdenklich machen. Sind sie »wahrer als wahr«? Es lohnt sich, der Frage nachzusinnen. Denn das vorangestellte, von Rudolf Steiner seinerzeit im Erzählton eingestreute Wort, weist ja auf Bedeutsames hin: auf die nur in dichterischer Gestaltung realisierbare, selten verwirklichte Idealform der Anekdote, in der sich Überindividuell-Wahres in kurzem Erzählton offenbaren will. –

Rudolf Steiner liebte die Anekdote. Oft, fast leidenschaftlich gern pflegte er zu erzählen, sich selbst und anderen zur Freude. Alle Zeitgenossen, die das Glück hatten, ihm nahe zu sein oder auch nur gelegentlich mit ihm zu verkehren, bekunden dies so einhellig, daß es langweilen müßte, wenn wir beginnen würden zu zitieren. Oft waren Anekdoten die Gefäße, in die sich der schier unversiegliche Strom seines geistvollen, anmutigen, wahrhaft »goldenen«, nie verletzenden Humors ergoß. Meisterhaft verstand er es dann, zu fabulieren, mit ernster Miene, lachenden Auges. Nach endlosen, ermüdenden Beratungen und Aussprachen diente die Anekdote der Entspannung, nicht nur der eigenen. – So war es auch bei den Mahlzeiten; da mied er problematische Themen. Hierfür gleich ein Beispiel aus den Koberwitzer Tagen im Juni 1924: Graf Keyserlingk hatte sich angewöhnt, Steiner ein wenig über die politischen und wirtschaftlichen Aussichten auszufragen. Einmal, als ihm dies zuviel geworden war, stoppte er mit Humor die Fragen: Er wolle nun lieber eine kleine Geschichte erzählen; wandte sich dem damals jungen Kurt von Wistinghausen über die halbe Tafel weg zu, ob er die Geschichte kenne, und nun folgte eine harmlose Anekdote.

Bisweilen traten Anekdoten anstelle erwarteter Postulate oder moralischer Imperative, indem Steiner die betreffende Frage durch eine Erzählung bildhaft erläuterte. In diesen Fällen stand das Anekdotenerzählen im Dienst der Erziehung, sicher auch der Beruhigung und insofern auch der Heilung etwa aufkommender Erregungszustände. Welche Rolle es bei der Vortragsgestaltung spielte, ist schon ausgeführt worden.

Es bleibt dem Leser überlassen, für diese Charakteristika in der nun folgenden Sammlung Beispiele zu finden.

Es kam ja hier wie in dieser ganzen Schrift entscheidend darauf an, das Bild der Persönlichkeit Steiners zeichnen zu helfen, in etwa auch das Bild der anthroposophischen Bewegung, wie es sich zur Zeit seiner letzten Lebensjahre in blitzartiger Erhellung für Augenblicke darbot.

Es wird hoffentlich nicht enttäuschen, daß unsere Blütenlese nicht in ein System gebracht wurde, sondern sich – abgesehen von der Anordnung in kleine Gruppen – in zwangloser Buntheit darbietet. In den vorangegangenen Kapiteln haben wir reichlich »Stoff« verbraucht; dennoch blieb die Anekdotenreihe lang genug, wiewohl die fast unübersehbare Fülle den Verzicht auf Vollständigkeit erzwang. Dies wird leider zur Folge haben, daß so mancher manches vermissen wird, das ihm besonders ans Herz gewachsen ist. Er möge verstehend verzeihen!

Zum Großteil sind die nun folgenden Anekdoten den zwei Erinnerungssammelwerken entnommen, die im einleitenden Kapitel erwähnt und schon bisher des öfteren als Zitatenquellen herangezogen worden sind: die »Erinnerungen an Rudolf Steiner« (»E«) und »Wir erlebten Rudolf Steiner« (»W«). Beide sind im Verlag Freies Geistesleben, Stuttgart, erschienen.

Zum Geleit und als Gruß an den Leser:

> *Eine Kurzanekdote*
> »Das Erste ist ein Diebeszeichen,
> Das Zweite ist ein I;
> Das Dritte ist ein Liebeszeichen,
> Das Ganze, das sind ... Sie.«
>
> (Pfiffikus)

Nach einer nicht nur von Anthroposophen getragenen Überlieferung war es Rudolf Steiner, der dieses Worträtsel ersonnen hat.

Um das eventuelle Nachschlagen des jeweiligen Zusammenhanges zu erleichtern, wurden die Seitenzahlen der Zitate für die Anekdoten-Quellen schon im Text angegeben.

»Der Onkel kann alles«

Erna van Deventer-Wolfram ist eine der wenigen Persönlichkeiten, die das Glück hatten, mit ihrer Familie »viele Jahre im Schatten Rudolf Steiners« leben zu dürfen, »der von meinem neunten Lebensjahre an als eine Art ›Getreuer Eckhart‹ durch mein Kinderleben ging«. In der Neunjährigen hatte sich der Glaube gefestigt, »›Onkel Doktor‹ kann alles«, obwohl »glücklicherweise meine Mutter nie versucht [hatte], uns die Größe von Rudolf Steiners Wesen begreiflich zu machen«.

Eines der Erlebnisse, das die kleine Erna in der Überzeugung von der Omnipotenz des »Onkels« bestärkte, war »unser sehr geliebtes Spiel Diabolo«, das »der neue Onkel mit uns auf der Straße vor dem

Hause spielte. Die Kunst war: wer kann den Kreisel am höchsten schleudern? Rudolf Steiner und wir Kinder versuchten es abwechselnd – und mein Kreisel flog höher als der seine! Ein Indianergeheul von uns Kindern ging auf, und Rudolf Steiner lachte sehr vergnügt mit uns. Viel, viel könnte man aus diesen Jugendjahren erzählen. Dinge, die gerade beweisen, daß wir Geschwister nicht wußten, wer als geistige Persönlichkeit vor uns stand, aber wir wußten etwas anderes: Dr. Steiner weiß auf alle unsere Fragen Antwort, die wir begreifen, während wir Antworten von Mutter und Lehrern oftmals nicht begriffen oder, was schlimmer war, wir dachten: die großen Leute verstehen *uns* nicht.«

»Onkel« Steiner verstand es sogar, wenn die Kinder Streiche aufführten. »So geschah folgendes: Rudolf Steiner hielt im Jahre 1906 (in Leipzig) einen Vortragszyklus ... Nebenher gingen interne Vorträge, die sich in unserem Salon abspielten.« Die Kinder wurden, um nicht zu stören, in die Küche verbannt. »Da erfanden wir etwas Herrliches«: die Kinder verhängten die im Korridor hängenden Garderobestücke der Zuhörer. »Der Vortrag war vorbei: mit tief feierlichen Gesichtern kamen die Menschen aus dem Salon, – und keiner fand seinen Mantel oder Hut am rechten Platz. ... Wir hatten eine riesige Freude an dem entstandenen Chaos ... Schließlich kam auch Dr. Steiner mit Frl. von Sivers heraus, aber deren Mäntel und Dr. Steiners hohen Hut und schönen, weißseidenen Schal hatten wir nicht verhängt! Ein großes Hallo! Jedes klagte Dr. Steiner sein Leid, und dieser ging den Damen helfen, ihre »Hüllen« zu finden. Er sah gar nicht böse aus, und an der Küchentür vorbeikommend schaute er einen Moment zu uns herüber und sagte kein Wort. Wir schlossen sehr sanftmütig die Küchentür und haben niemals danach einen Tadel von ihm gehört. Aber wir wußten: *der* Onkel begreift uns!«

(Erna van Deventer-Wolfram, »E«, S. 120ff.)

Ideen aus Freude

»Uns, seine Schüler, sprach er bei der Monatsfeier so an: ›Seht ihr, wenn ich so zur Waldorfschule hinaufgehe, da spüre ich immer eine große Freude, – und wenn einer eine Freude hat, da kommen ihm auch Ideen. Und da ist mir denn heute so eine komische Idee gekommen ...‹ Er erzählte die Geschichte, die später in Caroline von Heydebrands Lesebuch Aufnahme gefunden hat, die Geschichte von zwei Kindern, die um die Wette Blumen pflückten. Als die beiden ihre Sträuße verglichen, hatte das eine Kind auch Disteln

zwischen den Honigblumen. ›Warum denn das?‹ fragte das andere.
– ›Damit auch die Eseln etwas zu fressen haben ...‹

Aber eine gelesene Geschichte ist nicht dasselbe wie eine erzählte.
Man muß gehört haben, wie Rudolf Steiner ›Eseln‹ sagte, das ›l‹ so,
wie nur die Österreicher es sprechen; wie er das ›o‹ breit und rund
machte, als er sagte: so eine komische Idee ...; und man mußte die
Augen der Kinder sehen, wie sie an seinem Munde hingen, denn es
war seine Kunst, die Aufmerksamkeit der Kleinsten wie der Größten zu wecken. Kunst? Es war das Natürlichste auf der Welt. Er
hatte ja selbst gesagt: er freute sich, wenn er zu uns auf Besuch kam.
Und alle Kinder freuten sich. Wenn er über den Schulhof ging, hingen die Kinder an ihm wie die Beeren an einer Weintraube.

(Karin Ruths-Hoffmann, Aus der Waldorfschülerschaft, »W«, S. 203)

Ahnungsvolle Berliner

Ein Mann, der vor vielen Jahren an den Vorträgen teilnahm, die
Rudolf Steiner als Dozent der Berliner Arbeiterbildungsschule gehalten hatte, erzählte Herbert Hahn nach einer von diesem abgehal-
tenen Dreigliederungsversammlung:

»›Wir Arbeiter haben ihn gern gehört – sagte er – wiewohl das,
was er uns brachte, so völlig verschieden war von dem, was die
anderen sprachen. Und oft haben wir damals unter uns gesagt: Gebt
acht, aus dem Dr. Steiner wird noch einmal etwas Großes ... Und
so war ich heute Abend besonders glücklich. Ich glaube, daß sich
jetzt erfüllt hat, was wir damals ahnten!‹

Rudolf Steiner lachte, als ich ihm einige Tage später diese kleine
Episode erzählte. Doch er freute sich auch sichtlich, daß noch ein so
begeisterter Zeuge aus jenen Jahren lebte, die für ihn Jahre eines
harten Geisteskampfes gewesen waren.«

(Herbert Hahn, Die Geburt der Waldorfschule, »W«, S. 94)

Vom Schimpfen

Anna Samweber erzählt: Da Rudolf Steiner aus inneren Gründen Menschen seines Umkreises nicht schelten konnte, wenn sie Fehler begingen, um das Verhältnis von Schüler zu Lehrer nicht zu stören, übertrug er öfters solch unbequeme Pflichten Marie Steiner, die er scherzhaft dann auch seine »Reinemachefrau« nannte oder sogar einmal den Ausspruch gebrauchte: »Sie muß mein eiserner Besen sein.« –

Nun geschah es einmal, daß Dr. Steiner in Gegenwart von Frau Dr. Steiner mich wieder etwas schimpfte. Da sagte Frau Doktor: ›Aber warum schimpfen Sie die Sam immer?‹ Darauf antwortete Herr Doktor: ›Ich muß auch einmal schimpfen dürfen, und dann muß ich es bei Menschen tun, von denen ich weiß, daß sie es vertragen!‹ Daraufhin sagte ich: ›Und ich bin froh, wenn der Doktor mich schimpft; denn dann weiß ich, daß ihm etwas an mir und meiner Arbeit liegt.‹«

(Anna Samweber, Aus meinem Leben – Erinnerungen an Rudolf Steiner und Marie Steiner-von Sivers, Basel 1981, S. 23)

Der Lehrer, der nicht schimpfte

Unter obigem Titel berichtet Dr. Walther Bühler in den Stuttgarter »Mitteilungen« (Weihnachtsheft 1974) von einer »jetzt 87jährigen« Frau Hedwig Denekamp, die als Teilnehmerin an einem Lehrgang auf der Rüspe folgendes erzählt habe: Sie sei mit 15 oder 16 Jahren zu Anfang des Jahrhunderts in Berlin in einer Mädchenschule Schülerin von Dr. Rudolf Steiner gewesen. Es handelte sich um eine in der Motzstraße 8 unweit der berühmten Motzstraße 17 untergebrachte Fortbildungsschule für Mädchen. Rudolf Steiner gab wöchentlich eine Stunde Kulturgeschichte. »Frau Denekamp erinnert sich genau, wie sie ... in der ersten Schulbank saß und Rudolf Steiner vor den Mädels – unterrichtend – stets« – als einziger unter allen übrigen Lehrern – »auf und ab ging ... Als sanguinisches Kind habe sie schwer längere Zeit aufmerksam zuhören können und habe –

stets zu allerlei Faxen aufgelegt – ihre ›Nachbarinnen mit irgendeinem geflüsterten Unsinn angesteckt‹, was ihr viele Ermahnungen seitens der anderen Lehrer eingetragen habe. Nur Dr. Steiner tat immer, als ob er gar nichts merkte, und sprach ruhig weiter, bis sie wieder Interesse zeigte. Während die Schülerin von dem Inhalt der Stunden gar nichts mehr erinnert, habe sich ihr diese Seelenhaltung tief ... eingeprägt. Sie hat also ihre erzieherische Wirkung offenbar nicht verfehlt und bestätigt die Auffassung, daß der Lehrer vor allem auch durch das wirkt, was er ist.«

Die pflaumenweiche Dreigliederung ...

In der Diskussion über einen Vortrag über die soziale Dreigliederung warf ein biederer Schwabe Rudolf Steiner vor, seine Ausführungen seien »pflaumenweich« gewesen.

»In größter Sammlung und Ruhe«, so berichtet Herbert Hahn, »saß Rudolf Steiner ... da; er trug nur einige wenige Worte in sein Notizbuch ein. Dann antwortete er summarisch. Als ... die Reihe an den eben erwähnten Vorwurf gekommen war, äußerte er sich etwa so: ›Nun hat mir einer der werten Vorredner auch vorgehalten, meine Ausführungen seien pflaumenweich gewesen. Was soll ich nun dazu sagen, meine sehr verehrten Anwesenden? Vielleicht dieses, daß ich es immer sehr genau mit allen Naturbeobachtungen genommen habe. So sollte man, meine ich, sich auch die Pflaume recht genau anschauen. Und da will mir vorkommen, daß die weichen Pflaumen saftig, süß und reif seien, die harten aber geschmacklos, unreif und ...‹ Er kam nicht mehr dazu, das Wort ›unverdaulich‹ für alle vernehmbar auszusprechen, denn schon brauste ein jubelnder Beifall der großen Versammlung los. Auf die liebenswürdigste Art war der ›werte Herr Vorredner‹ erledigt, und mit den Herzen der Zuhörer waren auch ihre Ohren für diesen ganzen Abend weiter geöffnet.«

(Herbert Hahn, Die Geburt der Waldorfschule, »W«, S. 93)

Am ehesten

»Wieder ein andermal wies Rudolf Steiner eine ihm zu billig erscheinende Anerkennung ab, wie er denn überhaupt gewöhnt war, Huldigungen aller Art konsequent zurückzuweisen. Da ließ sich der leitende Ingenieur eines größeren Werkes zu den Worten hinreißen: ›Ja, Herr Doktor, Sie haben so Bedeutendes zur Überwindung unserer Kulturkrise zu sagen, weil Sie eben – ein so großer Philosoph sind!‹ Rudolf Steiner entgegnete ganz sachlich: ›Die Philosophie hat mit diesen Dingen wenig zu tun. Wenn ich heute etwas Brauchbares beitragen kann, so möchte ich das am ehesten dem Umstand zuschreiben, daß ich von frühester Jugend an gelernt habe, mir meine Schuhe selber zu putzen!‹«

(A. a. O., S. 93 f.)

Ein wunderbarer Schnitt

Am 13. Oktober 1921 kam Rudolf Steiner im Rahmen des sogenannten Orientierungskurses für Redner darauf zu sprechen, daß die Liebe zum Beruf abhanden gekommen sei, weil der Mensch durch das moderne technisierte Wirtschaftsleben von dem Produkt seiner Arbeit getrennt worden ist. Vor der Mitte des 15. Jahrhunderts war das noch anders: »Jakob Böhme hat ganz gewiß ebenso gerne seine Stiefel gemacht wie seine philosophischen Werke ... geschrieben, ... oder Hans Sachs zum Beispiel.«

Um Berufsfreude zu finden, müsse man »nach dem Osten hinübergehen – heute wird es vielleicht auch nicht mehr möglich sein, aber vor Jahrzehnten war es so ... Ich muß gestehen, ich war tief entzückt, geradezu ergriffen, als ich vor Jahrzehnten in Budapest einen Haarschneider, den ich in Anspruch nahm zum Haarschneiden, kennenlernte, und der immer herumtanzte um mich und, nachdem er wiederum etwas mit der Schere heruntergekriegt hatte, sagte, indem er den Spiegel nahm: ›Ein *wunderbarer Schnitt*, den ich da mache! Ein wunderbarer Schnitt, den ich da mache!‹ – Bitte, suchen Sie sich heute in der eigentlichen

Zivilisation noch einen solchen begeisterungsfähigen Haarschneider!«

(Rudolf Steiner, Anthroposophie, soziale Dreigliederung und Redekunst – Orientierungskurs. GA 339, 2. Aufl., Dornach 1971, S. 57 f.)

Blindes Vertrauen

Karin Ruths-Hoffmann berichtet aus ihrer Stuttgarter Waldorf-Schulzeit: ihr damaliger Geschichtslehrer Dr. W. J. Stein habe einmal erzählt, wie er in der Zeit nach dem Ersten Weltkrieg mit Rudolf Steiners »Aufruf an das deutsche Volk und an die Kulturwelt« an einige führende österreichische Persönlichkeiten, darunter auch an den Schriftsteller Hermann Bahr herangetreten sei. »›Vom Steiner Rudi?‹ sagte Bahr, noch ehe er den Aufruf gelesen hatte. ›Was von dem kommt, das unterschreib ich.‹ Und als er dann gelesen hatte: ›Das hätt ich auch unterschrieben, wenn's nicht vom Steiner Rudi wär.‹ Man fühlte, durch dieses Persönliche spricht das objektiv Wahre selbst.«

(Karin Ruths-Hoffmann, Aus der Waldorfschülerschaft, »W«, S. 205 f.)

Wie die Weleda zu ihrem Namen kam

Dr. Zeylmans berichtet vom abendlichen Zusammensein mit Rudolf Steiner in kleinem Freundeskreis; es war im Juli 1924 in Arnheim (Holland). »Es handelte sich darum, daß die ›Internationalen Laboratorien‹, die Heilmittelerzeugung in Arlesheim, endlich einen richtigen Namen bekommen sollte. Wir saßen um den Tisch herum, und einer nach dem anderen machte Vorschläge, witzige, geistreiche und auch weniger geistreiche. Dr. Steiner saß mit seinem Schreibblock vor sich, den Bleistift in der Hand und hörte mit einem leisen, beinahe verschmitzten Lächeln zu. Er begann mit dem Bleistift über dem Block zu spielen. Plötzlich machte er eine wellenartige Bewegung, die dem Schreibblock immer näher kam, und schließlich sagte er, indem er aufschrieb: ›Welle – da … Nicht wahr, das ist die germanische Priesterin der Heilkunst.‹ So erhielt die ›Weleda‹ ihren Namen.«

(F. W. Zeylmans, Rudolf Steiner in Holland, »W«, S. 270.)

Pünktlichkeiten

Zu Pfingsten 1922 fand im Haag ein medizinischer Hochschulkurs statt.

»Rudolf Steiner hielt eine Reihe sehr eindrucksvoller Abendvorträge, und ich hatte mehrmals Gelegenheit, mit ihm zu sprechen, meist über medizinische Fragen. Damals wünschte er von den Ärzten, daß sie ein medizinisches Vademecum herausbrächten, ein direkt ins Praktische gehendes Handbuch; das tiefste Esoterische und die handgreiflichste Praxis standen bei ihm immer im Gleichgewicht. So war es auch, als er einmal zu mir sagte, wenn das Biodoron, – das Mittel der ›Weleda‹ gegen Migräne –, geschickt vertrieben würde, könnte man allein davon das Goetheanum finanzieren. In bezug auf das Vademecum fragte einer von uns, wann der letzte Termin sei, zu dem es erscheinen sollte. Er entgegnete: ›Letzter Termin? Juni 1921!‹ (Wir schrieben bereits Mai 1922!).«

Zum ersten Vortrag des zweiten Ärztekurses im »Glashaus« zu Dornach kamen einige Teilnehmer um einige Minuten zu spät.

»›Pünktlichkeit ist eine Zier, doch später kommt man ohne ihr‹, bemerkte Rudolf Steiner, worauf von da ab zur angegebenen Minute niemand mehr fehlte.«

(F. W. Zeylmans, a. a. O., S. 257. f.)

Die ertappte Unpünktliche

Eine Eurythmistin »kam zu spät zur Probe, und so wollte sie sich möglichst unbemerkt zur Tür hinter der Bühne hereinschleichen. Als sie aber zaghaft einen Spalt öffnete, merkte sie, daß gerade in diesem Augenblick Dr. Steiner im Gang stand. Da schloß sie, wie sie glaubte unbemerkt, noch einmal die Tür und wartete ein paar

Minuten. Sie dachte, er würde inzwischen in den Saal gehen. Als sie nach einer kleinen Weile dann die Tür wieder öffnete und vorsichtig hineinspähte – da sah ihr Dr. Steiners lachendes Gesicht entgegen. Er hatte sie das erste Mal wohl bemerkt und *auch* hinter der Tür gewartet!«   (Annemarie Dubach-Donath, »E«, S. 176)

Die Gutverträglichkeit

»Die Arbeiter (am Goetheanumbau) waren einst um gewisser Schwierigkeiten willen in einen Konflikt gekommen. Um die Sache zu bereinigen, ließ Dr. Steiner sie alle im Vortragssaal am Morgen zusammenkommen, damit sie sich frei über ihre Probleme aussprächen. Zum Schluß trat ein Schreiner aufs Podium und sagte mit salbungsvollem Ton: man müßte sich doch eigentlich schämen, wenn man sähe, daß sich so wenig Menschen, wie in diesem Kreise, nicht einmal vertragen könnten ... Worauf Dr. Steiner erwiderte: ›Das ist doch nicht so wunderbar, wenn selbst *zwei* Menschen sich nicht miteinander vertragen können, wie es in der Ehe doch vorkommen soll ...‹«

(Fred Poeppig, Schicksalsweg zu Rudolf Steiner, 2. Aufl., Basel 1955, S. 63 f.)

Auf dem Standesamt

»Beim Abendessen wurden die Vorbereitungen besprochen zu einer am nächsten Tag stattfindenden Trauung ... Man kam dabei auch auf den standesamtlichen Akt zu sprechen. Marie Steiner fragte: ›Was hat man dort eigentlich zu tun?‹ – ›Nun‹, sagte Rudolf Steiner, ›man muß sagen, daß man sich lieb hat.‹ Marie Steiner machte große Augen. Sie war ganz erstaunt und sagte: ›Aber, das haben wir doch nicht getan!‹ – Rudolf Steiner legte seine Hand auf die ihre, streichelte sie zärtlich und sagte ganz langsam und mit einschmeichelnder Stimme: ›Doch, das haben wir auch getan!‹«

(Emil Leinhas, Aus der Arbeit mit Rudolf Steiner, Basel 1950, S. 153)

Begabte Söhne

»Eine Mutter, deren beide Söhne ihr ganzer Stolz waren, fragte ihn einst: ›Können Sie mir nicht sagen, wer meine Söhne im früheren Leben gewesen sind?‹ – Mit dem Ausdruck der größten Selbstverständlichkeit antwortete Dr. Steiner: ›Schiller und Goethe!‹«

(Fred Poeppig, a. a. O., S. 77)

Die endgültige Absage

Im Vortrag vom 1. März 1924 erzählte Rudolf Steiner: »Im Anfange des anthroposophischen Wirkens kam es einmal vor, daß eine Dame auftrat, die hörte von den wiederholten Erdenleben und erklärte: Nein, das andere an der Anthroposophie gefiele ihr zwar, aber die wiederholten Erdenleben wollte sie nicht mitmachen, sie habe genug an dem einen; die wiederholten Erdenleben, die wolle sie nicht mitmachen. – Nun, es waren ja dazumal auch schon sehr wohlmeinende Anhänger da, die haben sich auf alle mögliche Weise bemüht, der Dame klarzumachen, daß das doch eine richtige Idee ist und daß jeder Mensch die wiederholten Erdenleben eben mitmachen muß. Der eine hat links, der andere rechts in sie hineingeredet. Sie ist dann abgereist. Mir aber hat sie eine Postkarte geschrieben nach zwei Tagen, sie wolle nun doch nicht noch einmal auf der Erde geboren werden!«

(1. Karma-Band, GA 235, 6. Aufl., Dornach 1975.)

Alle fühlten sich verstanden

Mitunter gab es Reibereien zwischen den Arbeitern am Goetheanum und ihren Vorgesetzten. Rudolf Steiner schlichtete alles. »Ich würde als Arbeiter lieber einen Hitzkopf als Vorgesetzten haben, der aber ein Kerl ist, als einen, der nichts Rechtes kann‹, beruhigte Rudolf Steiner den einen. ›Ich habe auch eine laute

Stimme<, tröstete er den ›Hitzkopf‹. So fühlten sich alle verstanden.«

(Assja Turgenieff, »E«, S. 207)

Möglichst wenig Regierung!

Ein aus dem zaristischen Rußland emigrierter Sozialist fragte Rudolf Steiner, der ihn durch den Goetheanumbau führte:»›Wie würden Sie Ihre politische Einstellung charakterisieren?‹ – ›Ja, wenn ich es bezeichnen sollte‹, war die Antwort, ›würde ich mich am liebsten Anarchist nennen, doch mit diesem Namen ist zu viel verbunden, was ich nicht bejahe. So würde ich mich besser als *Nearchist* bezeichnen.‹ Und er fügte hinzu: ›Das heißt ich bin für möglichst wenig Regierung, möglichst viel persönliche Initiative, Freiheit.‹«

(Assja Turgenieff, a. a. O., S. 206)

Ein lehrreicher Schafskopf in seiner ganzen Herrlichkeit

In einem Brief vom 12. Juli 1892 an Pauline Specht in Wien berichtet Rudolf Steiner aus Weimar, er habe Goethes Schädelsammlung besichtigt.

»Dabei ging mir sogleich folgender Gedanke durch den Kopf. Als Goethe die für die damalige Zeit wichtige Entdeckung von der Wirbelnatur der Schädelknochen machte, wird er gewiß den Schöpsenschädel, an dem er den Fund tat, vom Lido in Venedig mitgenommen und sich aufbewahrt haben. Ich stellte sofort die Hypothese auf: besagter Schöpsenkopf sei unter diesen Schädeln. Gleich schrieb ich Bardeleben nach Jena von meiner Vermutung. Bardeleben ist nämlich der Bearbeiter des Anatomischen. Und so machten wir uns denn auf die Suche nach besagtem Schöpsenkopf: Geheimer Hofrat Ruland, Professor Bardeleben aus Jena und ich. Nach längerem Forschen stellte sich uns denn auch besagter Kopf in seiner ganzen Herrlichkeit vor. Wir haben nun die Befriedigung, jenen Schafskopf gefunden zu haben, an dem Goethe eine seiner wichtigsten Ideen aufgegangen ist. Also geschehen zu Weimar Ende Juni 1891, *hundertundein Jahr nach besagter Entdeckung.«*

(Aus dem I. Band der Briefe Rudolf Steiners (1881–1891), Dornach 1955, S. 194)

Historische Tintenklekse

In seinem Beitrag über die Neubegründung der Heilpädagogik am 18. Juni 1924 erzählt Albrecht Strohschein, wie sich bei der Unterhaltung während des Mittagessens »zeigte, daß Rudolf Steiner Jena besser kannte als wir; er war es, der uns auf das Phänomen des Turmes aufmerksam machte, in dem man die Sterne am hellen Tage sehen konnte. Aber auch Scherze und Witze erzählte er, darunter den Vorfall, der eben in Koberwitz passiert war. Nachts, bereits liegend, habe er etwas geschrieben, da sei von seiner Füllfeder ein Tintenkleks auf das Kopfkissen gefallen. Doch die Gräfin Keyserlingk, die Herrin des Hauses, sei zum Glück gar nicht spießig; als er sich am Morgen entschuldigte, habe sie erfreut gesagt, dieses Kopfkissen werde man aufheben. Dr. Wachsmuth beugte sich vor: hoffentlich werde es mit diesem Tintenkleks nicht so gehen wie mit jenem anderen auf der Wartburg, der von Luther stammen sollte, aber jeweils für die Besucher immer wieder nachgefärbt werde.«

(Albrecht Strohschein, Entstehung der antroposophischen Heilpädagogik, »W«, S. 222)

»Wenn es anginge ...«

1. Januar 1924, Dornach – Mitgliederversammlung im Rahmen der Gründungsversammlung der Allgemeinen Anthroposophischen Gesellschaft.

Rudolf Steiner hatte stundenlang den Vorsitz geführt und Vortrag gehalten. Trotzdem ließ er es sich nicht nehmen, in aller Ruhe und mit liebenswürdig-höflichem Humor auf eine ganze Reihe technischer Einzelheiten einzugehen: Da war von nicht verbrauchten Eßmarken die Rede und von den abzugebenden Wolldecken, »weil wir sie ... wohl wieder gebrauchen«, und die Freunde wurden gebeten, ihre Pässe abzuholen, »weil wir sie nicht brauchen können. Wir würden ja gerne für jeden Gast wegreisen, wenn es anginge ...«

(Aus »Die Weihnachtstagung zur Begründung der Allgemeinen Anthroposophischen Gesellschaft«, GA 260, 3. Aufl., Dornach 1963.)

»Es schlug mein Herz, geschwind zu Pferde!«

»Auch seinen Humor durften wir oft erleben. Als er kurz nach dem Ende des Ersten Weltkrieges von Dornach nach Deutschland fuhr, sagte er uns Mitgliedern zum Abschied, am Schluß des Vortrags in der Schreinerei, daß er hoffe, bald wieder zurückzukommen, trotz der chaotischen Zustände, die draußen herrschten: denn Dornach sei für ihn ein so wichtiger Ort der Arbeit, daß er im Notfall auch auf einem Pferd reitend zurückkehren werde.«

(Annemarie Dubach-Donath, Aus der eurythmischen Arbeit mit Rudolf Steiner, »E«, S. 175)

»Alles relativ?«

Während des Stuttgarter Hochschulkurses 1921 kam es zu einer Diskussion über die Relativitätstheorie Einsteins, dem Rudolf Steiner vorwarf, er arbeite mit »unvollziehbaren Vorstellungen«.

»Da hieß es, man könne vom rein physikalischen Gesichtspunkt nicht sagen, ob ein Eisenbahnzug über die Erde in einer Richtung fährt oder die Erde sich unter ihm in entgegengesetzter Richtung bewegt.

Rudolf Steiners Antwort: ›Fragen Sie den Lokomotivführer, welche von beiden [die Erde oder seine Lokomotive] er heizt.‹«

(Ernst Lehrs, Gelebte Erwartung, S. 83)

»Das war in Holland im Verlaufe einer Diskussion nach einem Vortrag Rudolf Steiners. Zum Zwecke der Demonstration, daß man sich der Absolutheit eines Bewegungsvorganges wohl bewußt werden könne, setzte er sich auf einen Stuhl und tat, als ob er Kaffee mahle. ›Was tue ich?‹ fragte er. Antwort: ›Sie mahlen Kaffee.‹ Er: ›Da sind Sie doch ganz sicher, daß ich das tue und daß es nicht die Erde ist mit allem, was darauf ist, die sich um die Mühle dreht.‹«

(Ernst Lehrs, a. a. O.)

Die liebe Höflichkeit

Der Andrang zu einer Veranstaltung während der Weihnachtstagung 1923 war groß. Ein solider Schweizer beklagte sich heftig protestierend beim Saaldiener, der ihm einen schlechten Platz im Winkel zugedacht hatte. Der Betroffene, der kurzerhand abgewiesen wurde, stürmt nun »im Bewußtsein seiner verletzten Würde geradewegs zu Rudolf Steiner, um sich bei ihm zu beschweren. Dem heftig Polternden streckte dieser lachend beide Hände entgegen: ›Ja, ja, – die liebe Höflichkeit!‹ Darauf begann der Polternde auch zu lachen und ging befriedigt auf seinen Platz zurück.«

(Fred Poeppig, a. a. O., S. 76)

Die Genauigkeit

Eines Tages trat Steiner aus seinem Atelier und fragte nach Frl. M. »Ein Wächter eilte herbei und sagte dienstbeflissen: ›In *einer* Minute ist sie hier!‹ Dr. Steiner zog seine Uhr und wartete ... eine

Minute, worauf er wieder in sein Atelier verschwand, da sich bis dahin niemand gezeigt hatte.«

Ein Beispiel war es, so Fred Poeppig, wie Dr. Steiner gebräuchliche, doch inhaltlose Phrasen korrigierte.

(Fred Poeppig, a. a. O., S. 76)

Die Klassiker

Eine der anmutig-liebenswürdigen Anekdoten, die Rudolf Steiner so meisterhaft zu erzählen wußte, ist diese:

»In der Dorfschule des Kroatenlandes fragt der Lehrer die Buben: ›Nun sagt mir, wer waren Goethe und Schiller?‹ – Tiefes Schweigen ... – ›Sepperl, wer waren's? Aloys, Naz? – Ihr Ochsen, ihr Esel, du Schaf!!! ... Das sind ja die zwei Gipsfiguren ...!‹«

(Marie Steiner, Stimmen aus Weimar, »Goetheanum«, 7. Jg. Nr. 14)

Die liebenswürdige Pedanterie

Wien ist schon seit jeher ein Ort für große Lehrerpersönlichkeiten gewesen. Hier konnten sie sich entfalten, denn Österreich war empfänglich für die geistige Befruchtung durch viele außerordentliche und bisweilen exzentrische Menschen. Rudolf Steiner schätzte diese Eigenschaft seines Vaterlandes. Er machte einmal die Bemerkung, daß Österreich das Land sei, in dem Pedanterie immer zu *Schlamperei* gemildert werde.

(W. J. Stein, Der Tod Merlins. Dornach 1984, S. 32)

Soll ich, oder soll ich nicht?

Eine Dame kam zu Rudolf Steiner, um sich Rat zu holen: »»Herr Doktor, soll ich nach Amerika fahren? Ich habe große Lust dazu.‹ – ›Ja, dann fahren Sie nur‹, lautete die lakonische Antwort. Am nächsten Tage erschien sie wieder: ›Ich habe es mir anders überlegt, ich möchte lieber doch nicht fahren.‹ ›Dann fahren Sie lieber nicht.‹«

(Fred Poeppig, a. a. O., S. 74)

Niemals Mitglied »von dera Gesellschaft«

»Als der Schreinermeister, Herr L., der verdienstvolle Mitarbeiter am ersten und zweiten Bau, sich einst bei Dr. Steiner über einige Arbeiter beschwerte, die, nachdem sie Mitglieder der Gesellschaft geworden, nur noch Flausen im Kopfe hätten und ihre Arbeit vernachlässigten, weshalb er selbst, obwohl er Dr. Steiner und seine Vorträge sehr schätze, niemals Mitglied ›von dera Gesellschaft‹ werden wollte, streckte ihm Dr. Steiner beide Hände entgegen und erwiderte lachend: ›Aber mein lieber Herr L., ich bin doch auch nicht Mitglied von dieser Gesellschaft!‹«

(Fred Poeppig, a. a. O., S. 64)

Die angemessene Mitgliederkarte

Walter Johannes *Stein* war von Wien nach München gekommen, um an den Uraufführungen der Mysteriendramen teilzunehmen. Als er bei der Zweigleiterin, der Gräfin Kalkreuth, deshalb vorsprach, wurde er gefragt:

»›Sind Sie Mitglied?‹ – ›Nein.‹ – ›Dann können Sie die Spiele nicht anschauen.‹ – ›Ja, aber ich habe bereits mit Dr. Steiner gesprochen; ich bin sogar sein Schüler geworden.‹ ›Schon möglich, aber diese Aufführungen sind nur für Mitglieder.‹ Ich war eben im Begriff, voller Verzweiflung wegzugehen, als sich die Türe öffnete und Rudolf Steiner erschien. Er trat sofort auf mich zu, streckte mir die Hand entgegen und sagte: ›Da sind Sie ja!‹ Ich machte ihm meine unglückliche Lage klar. Ich wollte zwar die Dramen sehen, aber ich wollte nicht Mitglied werden, um so weniger nach dem, was eben vorgefallen war. Rudolf Steiner blickte fragend zur Gräfin hinüber, doch diese verzog keine Miene. Schließlich sagte er: ›Ich will für Herrn Stein eine Mitgliederkarte machen lassen. Sie soll jedoch erst von dem Moment an gültig sein, in dem er den Theatereingang passiert, und ihre Gültigkeit wieder verlieren, sobald er das Gelände wieder verläßt. Das wird in diesem Fall wohl das Angemessene sein, nicht wahr, Gräfin?‹ Natürlich war es das; alles, was er gesagt hätte, wäre angemessen gewesen, aber ich konnte nicht ganz begreifen, weshalb er sich diesen Formalitäten unterzog.

So besuchte ich also, mit dieser Karte ausgerüstet, die Aufführungen. Tief beeindruckt von dem, was ich gesehen und gehört hatte, ging ich nach den Aufführungen auf Rudolf Steiner zu. ›Nun, Herr Stein‹, sagte er, ›haben Sie sich gut unterhalten?‹ – ›Ich weiß nun, was für ein Esel ich war‹, gab ich zur Antwort, ›und ich habe nicht mehr den Wunsch, die Gesellschaft zu verlassen.‹ Und so blieb ich darin.«

(W. J. Stein, Der Tod Merlins. Dornach 1984, S. 44 f.)

Zuviel der Ehre

Als Generalsekretär der Deutschen Sektion der Theosophischen Gesellschaft nahm Dr. Steiner mit Frl. v. Sivers an einer spiritistischen Veranstaltung teil, zu der er eingeladen war.

»Dabei ereignete es sich, daß eine der führenden Persönlichkeiten aufs Podium trat und seiner Freude darüber Ausdruck verlieh, daß Dr. Steiner den Vorsitz des Klubs übernommen habe. Entsetzt wandte sich Frl. v. Sivers zu Dr. Steiner und fragte: ›Um Gottes willen, was tun wir denn da?‹ – Lächelnd gab Dr. Steiner zur Antwort: ›Ganz einfach, wir gehen nicht wieder hin!‹«

(Fred Poeppig, a. a. O., S. 77)

Eine fröhliche Versammlung

»Es ist mir nicht bekannt, ob es mehrere Generalversammlungen innerhalb der Anthroposophischen Gesellschaft gegeben hat, wo man in heller Freude fortwährend das Lachen hören konnte der Anwesenden. Ich habe nur eine miterlebt, und das war die Gründungsversammlung der niederländischen anthroposophischen Gesellschaft am 18. November 1923 in Anwesenheit und unter Mitwirkung Rudolf Steiners. Es war gerade diese Anwesenheit und Mitwirkung, welche auf der einen Seite tiefen Ernst mitbrachte, aber auf der anderen Seite diese ungewöhnliche Freude, die so selten ist in ernsten Zusammenhängen.«

(Max Stibbe, Rudolf Steiner bei der Begründung der Anthroposophischen
Vereinigung in den Niederlanden, »E«, S. 418)

Wert der Exklusivität

»Ein pädagogischer Kurs für Basler Lehrer, die noch nicht Mitglieder waren, sich aber für die anthroposophische Pädagogik interessierten, sollte beginnen. Der Kreis dieser Lehrer und Lehrerinnen schien sehr viel Wert auf Exklusivität zu legen, und die Dornacher hatten eigentlich keinen Zugang zu diesen Vorträgen. Ich befand mich zufällig in der Nähe, als Dr. Steiner noch hinter dem blauen Vorhang stand und ab und zu einen Blick in den sich langsam füllenden Saal tat. Da trat Fräulein Mitscher, die alles Organisatorische besorgte, von hinten an ihn heran und sagte leise: ›Herr Doktor, draußen stehen Herr und Frau X (das waren Dornacher Mitglieder) und fragen, ob sie nicht auch hereinkommen dürften.‹ Dr. Steiner drehte sich gar nicht herum, sondern bemerkte nur ebenso leise rückwärts über die Schulter: ›Sagen Sie ihnen, ich will froh sein, wenn ich selber herein komme.‹«

(Annemarie Dubach-Donath, Aus der eurythmischen Arbeit mit Rudolf Steiner,
»E«, S. 175)

Falsche Bescheidenheit

Es gab – so berichtet Gümbel-Seiling – bei den Münchener Uraufführungen der Mysteriendramen 1910 Mitspielende, die sich zunächst der Mitwirkung entziehen wollten, um eine ihnen sympathi-
schere Rolle zu erhalten. »So fuchtelte die für die Felicia Balde Aus-
ersehene verzweifelnd mit den Armen, versichernd, daß sie keiner
Gebärde fähig wäre. Worauf Dr. Steiner sagte, für diese Rolle seien
so viele Gebärden, wie sie eben gemacht habe, gar nicht nötig.«

(Max Gümbel-Seiling in den Stuttgarter »Mitteilungen« 1960,
Weihnachtsnummer, S. 190)

Autós (griech. selbst)

Sommer 1910. Stuttgart. Rudolf Steiner betrat die Wohnung des
ihm befreundeten Mitglieds Dr. U., als dieser, den kleinen G. am
Arm, am offenen Fenster stand. – »Da donnerte über unsere Dächer
ein … Zeppelin.« Ganz aufgeregt rief der Kleine: »Auto, Auto,
Auto!« Er wird auf den Boden gestellt, und nun »hockte sich
Dr. Steiner zu ihm hin und sprach, ihm dabei … die kleine Brust im
Takt betupfend: ›Du – *selbst* – bist – ein – Auto – du *selbst*!‹«

(Aus den Stuttgarter »Mitteilungen«, Ostern 1965, S. 51)

Eurythmie – lebenslänglich

Ich werde oftmals gefragt, wann man aufhören soll damit. Ich sage
gewöhnlich: jedenfalls nicht vor dem 80. Lebensjahr. Aber eigentlich sollte man sie bis zum Tode treiben.

(Rudolf Steiner im Vortrag in Bern vom 14. 4. 1924, GA 277, 2. Aufl. Dornach 1980)

Eurythmie der Ätherleiber – wunderbar, wenn auch nicht schön

Fortwährend eurythmisiert jeder Mensch. Doch nicht allen Menschen gelingt es, die Eurythmie künstlerisch zu gestalten. Dies mußte Rudolf Steiner am Weihnachtsabend 1889 erleben. Er war von Freunden eingeladen worden, in Hermannstadt (Siebenbürgen) einen Vortrag zu halten. Unterwegs dahin war er genötigt, in einem Grenznest zwischen Ungarn und Siebenbürgen zu übernachten. Als er die halbe Nacht im Wartesaal saß, wurde er Zeuge einer »Eurythmieaufführung«, die er später (Fragenbeantwortung, Dornach 20.9.1920, GA 283, 3. Aufl. Dornach 1983, S. 82f.) humorvoll und packend geschildert hat.

Eine aus allen möglichen Nationalitäten zusammengewürfelte Gesellschaft war da, die Karten spielte: eine »außerordentlich interessante eurythmische Gruppe« war es. »Nun, ich stellte mich auf den Beobachtungsstandpunkt. Es war kein angenehmer Beobachtungsstandpunkt, denn der Tisch, an dem ich mein Abendbrot essen sollte, der verlockte dazu, daß man erst sein Taschenmesser herausnahm und den Dreck abschabte. Und ähnliche Dinge mehr waren da wahrzunehmen. Aber – ich schaute zu. Der eine spielte die Karten aus. Nun hätten Sie die Eurythmie sehen sollen, die aus den Augen der andern sprang. Der zweite spielte die Karten aus, – da lagen zwei von der Gesellschaft schon oben auf dem Tisch. Dann spielte der dritte die Karten aus, dann lagen die zwei unter dem Tisch dazu. Und als die weiteren Karten ausgespielt wurden, da ging alles bunt durcheinander: eine ganz wunderbare, aber nicht schöne Eurythmie, die da diese Ätherleiber ausführten!

Aber es läßt sich so viel studieren ... wenn man ... solche Szenen beobachtet, wo der astralische Leib des Menschen in eine so furchtbar wütende Bewegung kommt, alle Leidenschaften eben zum Ausdruck bringt und dann den Ätherleib beherrscht. Und dann dieses Quietschen des Ätherleibs beim Schreienden! Sie können sich denken, daß die durcheinander geschrien haben. Und eben dieses Schreien war es, das dann in der Eurythmie sich auslebte.« Doch schön war sie nicht. Denn man »muß diese Bewegungen erst etwas runden, ins Schöne übersetzen«.

Der Hase im Mond

»›Geübt muß werden!‹ rief er uns (Eurythmie-Schülern) zu, aufmunternd, energisierend. Seiner Freude über das arbeitsame Streben gab er des öfteren auch dadurch Ausdruck, daß er die letzten,
die noch spät abends auf der Bühne übten, beglückte durch das
Vorlesen von humoristischen Gedichten. Unvergeßlich sind diese
Stunden! Er las mit einer solch natürlichen Einfalt vor, erfüllt mit
der goldenen Heiterkeit seines Wesens, daß wir nicht aus dem Lachen kamen, und sein Lachen klang mit. Er war dabei menschlich
einfach, verstehend und helfend.

Wenn jemand betrübt war, konnte er kommen und mit einigen
Worten das Schwere von der Seele wegnehmen. So erinnere ich
mich, daß Dr. Steiner plötzlich vor mir stand, als ich etwas traurig
hinter der Bühne saß.

›Haben Sie den Hasen in dem Mond noch nicht gesehen?‹ frug
er mit einer ungemeinen Frische. Meine Seele war in Staunen verwandelt. Er lachte, ich auch. ›Ja, haben Sie den Hasen in dem
Mond noch nicht gesehen?‹ wiederholte er schelmisch. Ich guckte
etwas ratlos, nicht wissend, was ich sagen sollte. Da lachte er herzlich, durchstrahlte mein ganzes Wesen mit so viel Liebe-Wärme
und Mut, daß alle Traurigkeit weg war. ›Ja, Sie müssen gut
schauen, dann werden Sie schon den Hasen im Monde sehen‹,
sagte er, nickte freundlich und ging. In der Seele blieb unauslösch-
lich der Sonnenkeim dieser Begegnung. (Viel später fand ich den
Hinweis in einem Vortrage von ihm, daß der sich zur Speise hin-
reichende Buddha als sich opfernder Hase im Monde erblickt
wurde«.)

(Nora von Baditz-Stein, Aus der eurythmischen Arbeit in Dornach
und in der Waldorfschule in Stuttgart, »E«, S. 276f.)

An einem schönen Aprilmorgen 1921 erschien Rudolf Steiner zu einem Vortrag im Rahmen des zweiten Mediziner-Kurses, wie immer pünktlich im schwarzen Mantel und wie stets – mit Regenschirm.

Manfred von Kries, einer der damaligen Teilnehmer berichtet: »Nach dem Vortrag gab es eine Pause mit lebhaften Gesprächen vor der Tür im Sonnenschein. Wir waren eine ›gemischte‹ Gesellschaft, von alten Praktikern bis zum sehr jungen Medizinstudenten, und vom alten Anthroposophen bis zum ganz neuen Mitglied. Soviel ich mich erinnere, war sogar ein Vertreter der Bayer A. G. dabei, der nur Interessent und nicht einmal Mitglied war. Und unter den Jungen gab es auch einige, die sozusagen ›ganz ohne Hemmungen‹ gegenüber Rudolf Steiner waren. Einer von diesen muß es gewesen sein, der plötzlich mit der Frage herausplatzte: ›Herr Doktor, warum sind Sie bei diesem schönen Tag mit einem Regenschirm gekommen? Wenn jemand wissen kann, wie das Wetter wird, dann müssen doch Sie als Eingeweihter darüber im Bilde sein!‹ Allgemeine peinliche Betroffenheit und Herzklopfen über solche Impertinenz –, aber Rudolf Steiner erwiderte lächelnd und mit funkelnden Augen: ›Nun, ich habe ja öfter davon gesprochen, daß hinter der Natur eine Wesenheit wirksam ist, die man die ›Göttin Natura‹ nannte, oder wenn Sie wollen, auch Persephone. Auf jeden Fall ist sie eine Göttin – also eine Dame! Und bei den Damen kann auch ein Eingeweihter nicht voraussagen, von welcher Laune sie im nächsten Augenblick ergriffen wird!‹«

(Manfred von Kries, Der Regenschirm, »E«, S. 497)

»Den lieb ich, der Unmögliches begehrt« (Goethe, Faust)

Ehrenfried Pfeiffer »mußte während seines Hochschulstudiums in jedem Semester bei Rudolf Steiner antreten, seinen Lehrplan vorlegen und wurde weitgehend in der Auswahl der Fächer von ihm beraten. Dabei kam es vor, daß Rudolf Steiner zwei, ja drei chemische, analytische, physikalische und botanische Vollpraktika (d. h. jedes sechs Stunden pro Tag) zu gleicher Zeit vorschlug. Auf den Einwand, daß das gleichzeitig nicht möglich sei, antwortete er nur: ›Oh, Sie werden das schon bewältigen.‹«

(Ehrenfried Pfeiffer, Rudolf Steiners landwirtschaftlicher Impuls, »W«, S. 180)

Das Furchtbarste

»Die Zeit des Schulabschlusses nahte ... und wir alle hätten lieber erst angefangen anstatt schon aufzuhören.«

Das von der Klasse erbetene Abschluß-Gespräch wurde zugesagt. »Ein Menschheitsführer – er nahm uns, eine Handvoll schulentlassener Jugend, so ernst, daß er jeden einzelnen anhörte ... Dann sollten wir sagen, was wir werden wollten ... Dann wandte er sich zu uns, die wir uns über unsere ›hohen geistigen Zukunftsaufgaben‹ die Köpfe zerbrachen. ›Überhaupt, meine lieben jungen Damen, es wäre ja das Furchtbarste, was der Waldorfschule passieren könnte, wenn aus ihr lauter alte Jungfern hervorgingen, – Sie werden doch hoffentlich auch heiraten wollen.‹

Beinahe empört rief ich aus: ›Aber, Herr Doktor, heiraten ist doch kein Beruf!‹

›Wieso denn nicht? Sogar ein behördlich anerkannter!‹«

(Karin Ruths-Hoffmann, Aus der Waldorfschülerschaft, »W«, S. 207f.)

Selig lächelnd wie ein satter Säugling ...

Die erste nach dem Ritus der Christengemeinschaft in Gegenwart Rudolf Steiners von Dr. Rittelmeyer zelebrierte Taufhandlung hatte ein humorvolles Nachspiel. Der Sohn Ilona Schuberts wurde auf die Namen Christward Johannes getauft. Zum Kummer der Mutter fing das Kind während der Taufe an zu schreien. Nach der Taufe konstatierte Dr. Steiner:

»›Ja, es hat halt Hunger gehabt.‹« Die Mutter widersprach, aber

Steiner beharrte darauf: »»Und er hat doch Hunger, machen Sie ihm sofort noch so ein Fläschchen bereit.«« Die junge Mutter war ein bißchen sorgenvoll, weil im Spital die Schwester gesagt hatte, sie solle dem Kind nicht zu viel zu trinken geben. »Aber als der Schoppen gemacht war, nahm Dr. Steiner das Kind, setzte sich mit ihm bequem auf einen Sessel und gab ihm selbst die Flasche, die dann auch im Nu leer war. ›Sehen Sie, jetzt ist er zufrieden und lacht, diesen Schoppen geben Sie ihm nun täglich extra von mir.‹ Es ist dem Kleinen ausgezeichnet bekommen, und er gedieh prächtig.

Nach einigen Tagen ließ Steiner telephonieren, ich möge ihm das Kind bringen. Kaum war ich dort, nahm er es auf den Arm und trug es fort auf sein Zimmer. Es dauerte lange, bis sie wiederkamen, und dann strahlten alle beide, Dr. Steiner und Christward Johannes, und immer wieder ließ Dr. Steiner sich das Kind bringen.

Wie gern hatte Steiner die Kinder überhaupt, wie schön war es, wenn er mit ihnen scherzte, sie neckte oder auch sich ganz ernsthaft mit ihnen unterhielt. Er gab ihnen oft Rätsel auf und hatte seine Freude daran, wenn sie sie errieten.«

(Ilona Schubert, Selbsterlebtes im Zusammensein mit Rudolf Steiner
und Marie Steiner, 2. Aufl., Dornach 1970, S. 108 f.)

Dem Bericht von Willy Kux (»E«, S. 431) über diese denkwürdige Taufe entnehmen wir noch die folgende Einzelheit: »Nachdem das Ritual beendet war, dem alle konzentriert und still – bis auf den kleinen Erdankömmling – gelauscht hatten, trat Rudolf Steiner auf die junge Mutter zu, die das Kind auf den Armen trug, und schaute beide liebevoll an. Plötzlich lächelte er und fragte die Mutter schelmisch: ›Ist Ihnen nichts aufgefallen während der Taufhandlung?‹ Die Befragte überlegte einen Augenblick überrascht und meinte dann zögernd: ›Ja, das Baby hat geschrien!‹ Rudolf Steiner: ›Richtig – und bei welcher Stelle?‹ Die Mutter: ›Als das Vaterunser gesprochen wurde.‹ Rudolf Steiner: ›So ist es – und bei welchem Wort?‹ Schweigen. Rudolf Steiner darauf: ›Als der Priester sprach: ›und gib uns unser täglich Brot‹, das Kindchen hat nämlich Hunger!‹«

Rudolf Treichler erzählt, wie zu den ersten Tagungen der neuen Erziehungskunst idealistische Erzieher von fern und nah anreisten.

»Sogar aus der Tschechoslowakei kam ein Vertreter, ein lernbegeisterter jüngerer Mann, der den merkwürdigen Namen Jan-Eliasch trug (Johannes-Elias) und der öfter mein Gast war. Er war so begeistert von Rudolf Steiner, daß er ihm ein Buch schenken wollte, und zwar ›Das grüne Gesicht‹ von Gustav Meyrink; das werde Rudolf Steiner sicher interessieren, meinte er. Er habe auch eine Widmung hineingeschrieben, die er mir vertrauensvoll zeigte. Sie lautete: ›Zur freundlichen Erinnerung auf Ihre Menschenwürde‹ (wörtlich). Ich verstand sein gut gemeintes Deutsch nicht ganz, aber die gute Absicht – und so brachte ich ihn wenigstens dazu, das ›auf‹ in ›an‹ zu ändern, und stellte ihn Rudolf Steiner vor, ein wenig neugierig, was dieser dazu sagen würde. Dabei konnte ich mich nicht enthalten, auf die Widmung hinzuweisen. Rudolf Steiner las sie mit mühsam unterdrückter Heiterkeit und bedankte sich mit herzlichem Händedruck bei dem glücklichen Spender.«

(Rudolf Treichler d. Ä., »E«, S. 268)

»Feiger Gedanken bängliches Schwanken ...« (Goethe)

Das Weihnachtsspiel sollte beginnen.

»Kurz vor dem Auftreten sagte der Baumsinger zu Dr. Steiner: ›Herr Doktor, mir ist ganz schwarz vor den Augen, der Boden schwankt unter meinen Füßen!‹ Da legte Dr. Steiner die Hand fest auf seinen Rücken: ›Ach was, Sie sind gesund!‹ sagte er, gab ihm einen Stoß, und der Baumsinger mußte auftreten.

Wer immer so einen Stoß braucht, der möge sich wenden an Dr. Steiner, er wird ihn bekommen.«

(Karl Schubert, Die Weihnachtsspiele, »E«, S. 157)

»15. Juli 1908 ... Dr. Steiner fragte mich, ob ich morgen um 12 Uhr zu ihm kommen wolle. ›Wird es nicht zu früh für Sie sein?‹ meinte er. ›Sie werden geneckt‹, sagte Fräulein von Sivers: ›Dr. Steiner weiß, welche Spätaufsteher die Russen sind.‹«

(Margarita Woloschin, Aus Tagebuchaufzeichnungen, »E«, S. 52)

Umgang mit den Dämonen

»Seltsame Erlebnisse waren jene Vorträge [Rudolf Steiners] in einem großen Berliner Konzertsaal, die fast von Anfang bis zu Ende nicht gesprochen, sondern geschrien wurden. Er sagte gelegentlich zur Erklärung: ›Dämonen muß man anschreien, sonst weichen sie nicht.‹«

(Rudolf von Koschützki, Erinnerungen eines Priesters, »E«, S. 315)

Angewachsen ...!

Und nun ein mehrfach inhaltsgleich bekundeter Tatbestand aus dem Grenzgebiet von Humor und Ernst: Emil Leinhas (»Aus der Arbeit mit Rudolf Steiner«) berichtet: »In guter Erinnerung sind mir noch die Empfänge und Verabschiedungen Rudolf Steiners am Hauptbahnhof in Hamburg. Mit peinlicher Sorgfalt achtete er bei der Ankunft auf seine Gepäckstücke und deren Übernahme durch einen Gepäckträger. Er begrüßte jeden einzelnen der erschienenen Freunde herzlich, ließ es aber in keiner Weise zu, daß man ihm selbst etwas abnahm. Besonders hütete er eine kleinere Aktentasche älterer Machart, die er meist mit Schriftstücken und dergleichen gefüllt an einem Riemen über den Hals hängend vor sich trug. Wenn man ihn um dieses altertümliche Stück erleichtern wollte, pflegte er nur zu sagen: ›Angewachsen!‹«

(Rektor Moritz Bartsch, Ein Schlesier berichtet, »E«, S. 473)

»Einmal holten Stadtbibliothekar Dr. Dedo und ich Dr. Steiner vom Bahnhof in Breslau ab. Dr. Steiner trug eine verhältnismäßig große Ledertasche, die so an einem Riemen hing, daß die Tasche auf den Magen drückte. Dr. Dedo und ich bemühten uns um die Tasche; es war nicht möglich, sie zu erhalten. Dr. Steiner gab sie nicht aus der Hand. Warum ein scheinbar so nebensächliches Erlebnis erzählt wird? Weil wir Grund hatten, den Inhalt dieser Tasche für sehr wichtig zu halten. Zu seinen Vorträgen bedurfte Dr. Steiner dieser Tasche nicht.« Sogar in der Brandnacht (Silvester 1922) trennte sich Rudolf Steiner nicht von der seltsamen Ledertasche.

(Erna van Deventer-Wolfram, Ein Leben und Schicksal im Schatten Rudolf Steiners, »E«, S. 127)

Auch Alexander Strakosch (»Lebenswege mit Rudolf Steiner«) kommt im Rahmen einer Schilderung seines Zusammenseins mit Rudolf Steiner im Sommer 1912 in Veldes auf die bewußte Ledertasche zu sprechen: »... Er hatte – wie gewöhnlich auf Reisen – eine große schwarze Ledertasche umgehängt, wie sie Briefträger zu tragen pflegen. Darin waren immer die Manuskripte der Werke, an denen er gerade arbeitete, und sonstige wichtige Schriftstücke. Die Tasche gab er kaum je aus der Hand. Als ich sie bei einer späteren Gelegenheit tragen durfte, machte mich Frl. von Sivers darauf aufmerksam, daß ich dies Zeichen seines Vertrauens auch richtig würdigen solle. Sie nannte mich damals auch scherzhaft den ›Leib-Spediteur‹.«

Ein Wiedersehen nach 40 Jahren

Im gleichen Jahr 1912 – erzählt Alexander Strakosch – »... war es mir möglich gewesen, die Vorträge in Wien zu hören und dann von dort mit Rudolf Steiner und einigen Freunden nach Klagenfurt zu fahren. Als wir auf der Südbahnstrecke die Station durchfuhren, auf welcher er als Knabe einige Zeit gelebt hatte, [es könnte sich um

Inzersdorf, Pottschach oder Neudörfl handeln, wo Steiner nacheinander – in den Jahren 1864–1879 – lebte] deutete er auf eine ganz
alte Rangiermaschine, die wichtig hin- und herschnaufte, und sagte
heiter: ›Die kenne ich noch von meiner Kindheit her!‹«

(Alexander Strakosch, Lebenswege mit Rudolf Steiner, I. Bd.)

Eine richtige Zeitung

»Während eines Adria-Aufenthaltes im Jahre 1912 las Rudolf Steiner gern das in italienischer Sprache erscheinende Triester Lokal-
blättchen ›Piccolo‹, das ihn oft sichtlich amüsierte. Einmal rief er
lustig aus: ›Sehen Sie, das ist eine richtige Zeitung!‹ und mit einem
freundlichen Blick auf unsere erstaunten Gesichter fuhr er fort: ›Ja,
die schreibt auf der vierten (letzten) Seite das Gegenteil von dem,
was auf der ersten steht. Sie weiß, daß sie sich darauf verlassen kann,
der bei der letzten Seite angelangte Leser habe längst vergessen, was
er auf der ersten gelesen.‹«

(Alexander Strakosch, a. a. O.)

Der Seidenschal

Der Stil der Villa Hansi in Dornach, in dem Rudolf Steiner mit Frau
Marie Steiner und Frl. Waller in Dornach wohnte, war schwer zu
beschreiben.

»Er hatte« – so sah es Andrei Belyj – »etwas vom Stil des Doktors
selbst; und sein Stil – das war die Kombination eines prachtvollen,
üppigen Seidenschals, den er statt einer Krawatte trug, mit einem
billigen Regenschirm und einem bejahrten Gehrock. Dieser Seiden-
schal hatte folgende Vorgeschichte: von Jugend an stand der Doktor
mit der Kunst des Krawattenbindens auf Kriegsfuß, was ihm oft
von den Damen vorgehalten wurde, bis endlich eine von ihnen ein
Seidentuch (vielleicht die eigene Schleife) nahm und es dem Doktor
umband: die Lösung war gefunden, die unglückseligen Krawatten

für immer verbannt, der widerspenstige Knoten eliminiert, und er trug Zeit seines Lebens eine seidene Schleife. Stellen Sie sich vor: ein Gehrock, eine prächtige wehende Schleife, ein alter Schirm, schwarzer, breitkrempiger Hut und ... hohe Stiefel, die fast bis zum Knie reichten – an manchen Tagen war auf der Baustelle in Dornach vor Matsch nicht durchzukommen, und er mußte hohe Stiefel tragen. Ein seltsamer, ungewöhnlicher Aufzug, aber als Ganzes wirkte er originell, elegant, ungekünstelt, schlicht und liebenswert.«

(Andrej Belyj, Verwandeln des Lebens – Erinnerungen an Rudolf Steiner, Basel 1975, S. 137)

Eine religiöse Familie

Günther Wachsmuth, der langjährige Sekretär Rudolf Steiners, erzählt: Die langen Eisenbahnfahrten mit Steiner seien für seine Begleiter immer dieses gewesen: »... die schönsten Zeiten des persönlich-menschlichen Kontaktes mit dem Wesen dieser großen Persönlichkeit, die doch so verständnisvoll, herzlich und menschlich aufgeschlossen auf jeden einzelnen Menschen eingehen konnte. So ist mir die gemeinsame Rückreise von Wien nach Dornach am 4. Oktober 1923 mit ihrem Stimmungsgehalt noch in lebendiger Erinnerung. Rudolf Steiner hatte während der langen Fahrt in dem Schlafwagencoupé des Arlberg-Expreß eine kleine Feier für meinen gerade an diesem Tage fälligen 30sten Geburtstag veranstaltet; bei solchen Gelegenheiten kam die unerschöpfliche menschliche Güte und Herzlichkeit seines Wesens so recht zum Erlebnis. In dem engen Coupé saßen wir an jenem Tag stundenlang um einen kleinen Gabentisch zusammen, und er ging im lebendigen Wechselgespräch bald auf heitere Erinnerungen seines eigenen Lebens ein, um dann wieder tiefste Fragen des esoterischen Lebens, wie sie heute vor dem einzelnen und vor der Gemeinschaft stehen, zu beantworten und aus großen Zusammenhängen zu deuten. – Diese seltsame kleine Gruppe von so verschiedenartigen Menschen in jenem Arlberg-Expreßzug muß auch die Mitreisenden irgendwie beschäftigt haben: Rudolf Steiners markante Gestalt, in den schwarzen Gehrock gekleidet, daneben wir anderen mit unserem oft recht ausgelassenen und weltlichen Habitus, der zwischen Heiterkeit und langen ernsten Gesprächen wechselte. So hörte einer unserer Freunde am Morgen vor der Ankunft des Zuges im Basler Bahnhof einen Mitreisenden an den Schlafwagenschaffner die Frage stellen, was das wohl für Leute seien. Der Schaffner dachte einen Moment nach und gab dann dem Fremden die Antwort: ›C'est une famille religieuse.‹«

(Günther Wachsmuth, Die letzten Jahre, »W«, S. 234 f.)

Die letzte Frage

Ein recht exaltierter Russe hatte sich seit Jahren wahllos mit okkulten Problemen herumgeschlagen. Er sprach das Deutsche, wenn auch mit starkem Akzent, ziemlich geläufig. Dieser exaltierte Mann schleuderte eines Tages, als er endlich Rudolf Steiner gegenüber saß, atemlos und mit pathetischer Gebärde die Frage heraus:

»Herr Doktor, Sie sind ein Meister der Weisheit, können Sie mir sagen die Antwort auf die letzte Frage?« – Rudolf Steiner besann sich einen Augenblick und sagte dann in aller Liebenswürdigkeit: »Ja, wenn Sie so freundlich sein wollen, mir Ihre vorletzte Frage zu nennen.«

Der Besucher sah ihn konsterniert und merklich ernüchtert an. Er kam ins Grübeln und schließlich in eine gewisse Verwirrung. Dann stand er auf und bat um Urlaub, um das Problem der »vorletzten Frage« erst lösen zu können. Daß er noch einmal bei Rudolf Steiner erschienen ist, habe ich nie gehört.

(Nach Herbert Hahn, Der Weg, der mich führte, Stuttgart 1969)

Christologische Arbeitsteilung

Rudolf Steiner sah sich veranlaßt »immer wieder und wiederum auf ein kleines Erlebnis hinzuweisen«, das er durch eine Begegnung mit zwei katholischen Priestern hatte. Diese traten, nachdem sie seinen

Vortrag über »Weisheit und Christentum« mitangehört hatten, an Steiner heran und sagten – so schildert es dieser selbst (in den Abschiedsworten zum Abschluß der anthroposophischen Hochschulkurse am 16. Oktober 1920 in Dornach):

»Ja, Sie haben ja eigentlich dem Christentum nicht widersprochen, wir können ja nicht viel einwenden gegen dasjenige, was Sie gesagt haben; aber sehen Sie, dasjenige, was Sie sagen, das kann ja doch nur gesagt sein für diejenigen, die vorbereitet sind dazu, für diejenigen, bei denen gewisse Voraussetzungen erfüllt sind. Wie *wir* aber das Christentum vertreten ... das ist für *alle* Menschen, wir vertreten es für alle Menschen. Höflich muß man immer sein, daher sagte ich: Hochwürden, das glaube ich Ihnen, daß dasjenige, was Sie sagen, Ihre subjektive Meinung ist; aber das meint ja schließlich jeder, daß, wenn es alle Menschen so machen würden, wie er es macht, es dann auch zum Heil von allen Menschen ausschlagen würde. Aber ob *ich glaube,* daß ich es für alle Menschen richtig mache, oder ob *Sie glauben,* daß Sie es für alle Menschen richtig machen, darauf kommt es durchaus nicht an, sondern es kommt darauf an, daß wir mit Außerachtlassung unserer Vorempfindungen«, – [man beachte, bitte, diese treffliche Wortbildung »Vorempfindung«, ein Gegenstück zu den gebräuchlichen Vorurteilen] – »unserer Sympathien und Antipathien uns ein geistiges Ohr aneignen für dasjenige, was die Zeit von uns fordert, was die Entwicklungsgeschichte der Menschheit selber spricht. Und da will ich Ihnen etwas sehr Einfaches sagen: Sie predigen ja selbstverständlich jeden Sonntag von Ihrer Kanzel, so wie Sie meinen, daß alle Menschen es hören können ... Aber ich frage Sie nur um die Kleinigkeit: Kommen heute noch alle Menschen zu Ihnen? – Da konnten Sie allerdings nicht sagen: Ja! – Nun, sagte ich, sehen Sie, Sie müssen konstatieren, daß gewisse Menschen draußenbleiben; *die* sind nun diejenigen, für die *ich* rede, denn für die muß auch gesprochen werden über die christliche Entwicklung.«

(Rudolf Steiner, Die Kunst der Rezitation und Deklamation,
Ausgabe Dornach 1928, S. 115 f.)

Die Steinchen des Anstoßes

Unterwegs am Dornacher Hügel hielt Rudolf Steiner plötzlich – und erklärte seinem Begleiter: »Ich muß doch die Steinchen aus meinem Schuh heraustun, sonst hinkt morgen ganz Dornach.«

(Mündlich überliefert.)

Leichte Konfusionen

Belyj (»Verwandeln des Lebens«) schildert eindrucksvoll das von rastloser Arbeit erfüllte Leben in der Berliner Wohnung – »äußerste Einfachheit, äußerste Genügsamkeit!« – Rudolf Steiners, »der im Alltag sehr zerstreut sein konnte«. »Einmal«, so berichtet Belyj, »legte er einen Hausschuh statt eines Buches in den Bücherschrank und bedauerte, daß er neue Pantoffeln kaufen müßte.«

(A. Belyj, a. a. O., S. 125 ff.)

In einem Brief an Freund Friedrich Lemmermayer vom 1. 9. 1889 (Brief-Band I, S. 91) schilt sich Steiner selbst überstreng einen »fürchterlichen Konfusionsrat«, weil er einen schon versandfertigen Brief nicht auf den Weg gebracht hatte.

Auf einem Bein

Während einer Diskussion mit einem Schüler entdeckte Rudolf Steiner, »daß sich ihm ein Schnürsenkel geöffnet hatte. Stehend hob er den Fuß, um eine neue Schleife zu binden. Der Begleiter wollte ihn stützen, doch Steiner meinte: ›Lassen Sie nur!‹ Und nach einer kurzen Pause: ›Eigentlich wäre es eine ganz gute Gleichgewichtsübung, wenn man morgens immer seine Schuhe zubinden würde, ohne sich dabei zu bücken.‹ Und nach einer weiteren Pause …:

›Aber bitte erzählen Sie das nicht weiter. Sonst stehen ab morgen alle Anthroposophen auf einem Bein.‹«

(Stuttgarter »Mitteilungen«, Michaeli 1980, S. 121)

»Auf, Schüler, übt von Zeit zu Zeit
um Mitternacht Einbeinigkeit!«

Die nun folgende zählt zu den seltenen Anekdoten, die Rudolf Steiner im Rahmen eines Vortrages von sich selbst erzählt hat. Es bleibe dahingestellt, ob ihre Authentizität die der nur mündlich überlieferten Schnürsenkel-Episode in Frage stellt; es gibt bedrückendere Probleme, und – amüsant sind doch beide Geschichtchen.

Im Vortrag vom 17. 4. 1920 (GA 201) lesen wir:

»So zum Beispiel ist es einmal geschehen – es war noch in Berlin –, als eine Anthroposophiestunde zu Ende war, daß ich einen gewissen Wert darauf legte, daß ich mich nicht erst niederzusetzen brauchte, um Gummischuhe anzuziehen, wenn es regnete, sondern daß ich das auch im Stehen machen konnte, wobei man auf einem Bein stehen muß für kurze Zeit; und ich sagte, der Mensch muß doch auch auf einem Bein stehen können. Das faßten einige Anthroposophen so auf, daß ... man in der Anthroposophischen Gesellschaft den Mitgliedern als esoterische Übung aufgibt, um Mitternacht eine Weile auf einem Bein zu stehen. Nun sehen Sie, solche tiefen Gründe haben manche Dinge, die über uns gesagt werden.«

(Rudolf Steiner, Entsprechungen zwischen Mikrokosmos und Makrokosmos, GA 201, 2. Aufl., Dornach 1970)

Was ist eine Metamorphose?

Rudolf Steiner trat einmal zu einer Gruppe von Engländern, die am Ende einer Führung durch das Goetheanum noch einige Fragen stellten. »Einer von ihnen konnte offenbar mit der Erklärung des Metamorphosenbegriffes nicht recht zu Rande kommen. Da griff Rudolf Steiner ein: Er hatte einen alten Filzhut einfach in die Jakkentasche gesteckt, als er kurz zuvor in den Raum getreten war. Den zog er nun hervor und knüllte und beulte mit dem alten Stück herum und zeigte, lebhaft schildernd, Verwandlungen der Formen daran; ja, er drehte ihn auch so, daß man, was außen geschah, nun von innen betrachten konnte, bis der wißbegierige Engländer befriedigt versicherte, nun wisse er doch schon recht viel davon, was Metamorphosen seien. Dann zeigte Rudolf Steiner noch an einigen Beispielen an den Kapitälen und Architraven die fortschreitende Verwandlung der Formen.«

(Heinz Müller, Lebenswege zu und mit Rudolf Steiner, »E«, S. 360)

Reichet euch die Hand zum Gruße!

Heinz Müller schildert in seinen Erinnerungen ausführlich »eine kleine merkwürdige Begebenheit«: »Wie an jedem Vormittag begrüßte Rudolf Steiner jeden einzelnen der am Sprachkurs Teilnehmenden mit Handschlag und verabschiedete sich ... auf die gleiche ... Weise. Meiner Gewohnheit gemäß ging ich eines Tages zu Beginn der Mittagspause ... in die Schreinerei, um nach Post zu sehen. Als ich wieder herauskam, begegnete ich Rudolf Steiner ... Mit einem Gruß wollte ich vorübereilen. ›Der Doktor‹ aber ... reichte mir sofort erneut die Hand zur Begrüßung. Ein gleiches geschah, als ich nach dem Mittagessen wieder heraufging zu einem kleinen Archiv ... Auf den letzten Schritten vor der Schreinerei begegnete mir Rudolf Steiner wieder und reichte mir erneut die Hand. Nach mehreren Stunden begab ich mich am Glashaus vorbei den Berg hinab; auf der anderen Seite des Weges kam Rudolf Steiner den Berg herauf. Ich wollte, selbstverständlich grüßend, an ihm vorbeigehen. Er aber kam die paar Schritte über den Weg herüber, um mir zum fünften Male die Hand zu reichen. Dabei bemerkte er lächelnd etwa: ›Sie werden nicht glauben, daß ich nicht wüßte, daß wir uns jetzt zum fünften Male die Hand reichen. – Sie waren ja gestern bei der Führung im Goetheanum dabei und haben gehört, wie ein fremder Architekt sich darüber verwunderte, warum wir den Eingang so gebaut haben, daß die Hereinkommenden, wenn sie ihre

Garderobe ablegen wollen, sich begegnen müssen mit denen, welche die ihre gerade abgelegt haben. Es sei doch sonst üblich, daß man solche Gegenbewegungen vermeide. Ja, sehen Sie, unter Anthroposophen muß so etwas anders sein. Ihnen muß man Gelegenheit geben, sich so oft wie möglich *zu begegnen und freudig zu begrüßen*. Deshalb führen wir auch die Treppen so, daß oben die Ankommenden von zwei Seiten aufeinander zugehen. Die eine Gruppe geht vielleicht schneller, die andere langsamer, und so haben wiederum andere Menschen die Gelegenheit, einander zu begrüßen.‹ – Lächelnd fügte er dann hinzu: ›Anthroposophen sollten sich eben viel begrüßen‹, und reichte mir zum Abschied erneut die Hand.«

(Heinz Müller, a. a. O., S. 364 f.)

Luziferische Gestik

Heinz Müller erzählt, wie er einmal während eines Besuches Rudolf Steiners im Atelier vor der Figur des Menschheitsrepräsentanten stand, an der Steiner arbeitete, und versuchte, mit Händen und Fingern die Gesten Luzifers nachzuahmen.

»Da kam er mir auf folgende Weise zu Hilfe. Er griff nach einer Kaffeetasse, die dastand, faßte sie mit Daumen und Zeigefinger ganz zierlich am Henkel, ließ die beiden Mittelfinger ein wenig herabfallen und spreizte in unnachahmlich charmanter und koketter Art den kleinen Finger seitlich nach oben ab. Dabei fragte er mit einem vergnügten Blinzeln in den Augen, wo und bei wem man diese Handhaltung oft beobachten könne. Das veranlaßte den jungen Wandervogel zu der etwas frechdachsigen Antwort, daß man solches bei manchen Damen in der Kantine durchaus sehen könne. Rudolf Steiner quittierte zunächst diese Bemerkung mit sichtlichem Vergnügen, schwächte sie aber sofort ab und sagte, er meine eben den richtigen Kaffeeklatsch der Kaffeeschwestern, die über alles und jedes mit sich übersteigernder Kritik herfallen könnten. Dann fügte er gütig hinzu, daß so etwas im Umkreis des Goetheanum doch wohl kaum zu finden sein werde ...«

(Heinz Müller, a. a. O., S. 367)

P. S. Der Gerechtigkeit willen und der Gleichberechtigung wegen ...: Im Vortrag vom 21. Februar 1915 lesen wir: »Es gibt schwatzende Leute in der Welt, die Schwatzstündchen veranstalten. *Das soll es sogar unter Männern geben,* die zum Dämmerschoppen gehen. Wenn sie gefragt werden, warum sie schwatzen, haben die Leute allerlei wichtige Gründe dafür. Aber wenn wir mit der Hand über Samt oder Seide streichen, so haben wir ein Gefühl des Wohlgefallens. Wenn man schwatzt, stößt sich der Ätherleib fortwährend an der in Bewegung gesetzten Luft, er wird dadurch gestreichelt. Das ist nichts Böses. Man versteht das, was beim Schwatzen vorgeht, nur, wenn man weiß, daß der Mensch einen Ätherleib hat.«

(Rudolf Steiner, Das Geheimnis des Todes, GA 159, 2. Aufl., Dornach 1980, S. 65)

Ein sehr günstiges Verhältnis

Im Zusammenhang mit den von Rudolf Steiner über »Das Wesen des Musikalischen« gehaltenen Vorträgen wurde eine Reihe von Fragen gestellt. Eine dieser Fragen ist nicht ihrer Tiefgründigkeit, sondern der treffenden Antwort wegen erwähnenswert.

In der »Fragenbeantwortung« vom 30. September 1920 ist zu lesen:

»Nun noch die Frage wegen der Männerstimme; vielleicht würde es doch eine Enttäuschung sein, wenn ich sie ganz unberücksichtigt ließe: Kann für eine Männerstimme auch eine Frau als Bildnerin wirken? Da ich schon gesagt habe, daß es im wesentlichen mit auf das persönliche Imponderable ankommt, so möchte ich das natürlich auch ausdehnen auf die Beantwortung dieser Frage, und ich glaube ja allerdings, daß unter gewissen Umständen das sogar ein sehr günstiges Verhältnis sein könnte, daß sogar dieser Mann dabei sehr viel lernen könnte, viel mehr, als wenn er sich – insbesondere dann, wenn die Dame sogar noch schön oder sonst intakt ist – von einem Manne unterrichten ließe.«

(Rudolf Steiner, Das Wesen des Musikalischen und das Tonerlebnis im Menschen,
GA 283, 3. Aufl., Dornach 1981, S. 68)

268

Wer ist eigentlich ein Junker?

Mr. Harry Collison, Rechtsanwalt und Kunstmaler, von Rudolf Steiner als ›Graduierter der Oxforder Universität in Talar und Barett‹ erwähnt im »Pädagogischen Jugendkurs«, war Freimaurer, gehörte zur vornehmen Gesellschaft und war in seinen sozialen Anschauungen ganz und gar konservativ.

Die folgende Anekdote erzählte Mr. Collison unserem Gewährsmann selbst:

»Während des Weltkrieges war ausgiebig über das ›preußische Junkertum‹ hergezogen worden, ungeachtet dessen, daß wohl die wenigsten eine klare Vorstellung hatten, worum es sich dabei handelte. Collison frug nun Dr. Steiner während einer Autofahrt: ›Dr. Steiner, was ist eigentlich ein Junker?‹ Rudolf Steiner sah ihn lächelnd an. ›Sie, Mr. Collison, Sie sind ein Junker‹. Die völlig unerwartete Wendung machte dem alten Herrn Spaß; er lachte vergnügt, da die Pointe sich gegen ihn selbst wandte.«

(George Adams, Rudolf Steiner in England, »W«, S. 19)

Das Löwenmaul dem braven Dolmetscher

George Adams oblag es, die Vorträge, die Rudolf Steiner 1921– 1922 in England hielt, ins Englische zu übersetzen; etwa 110 Vorträge hat er von da ab bis zum Tode Rudolf Steiners verdolmetscht. Aus einer gewissen Scheu Steiner gegenüber habe ihm dieser auch auf unerwartete Weise immer herauszuhelfen versucht.

»So ging ich z. B. an einem warmen, friedlichen Sommernachmittag in Oxford im Jahre 1922 über den Hof des College, als Dr. Steiner mit etlichen Begleitern in entgegengesetzter Richtung daherkam. Wir blieben einen Augenblick stehen. Dann bückte er sich, pflückte aus einem der Blumenbeete ein Löwenmaul und stülpte es mir freundlich lächelnd auf die Nase.«

(George Adams, a. a. O., S. 21)

Wie schade ...!

Als einmal während der Besprechungen über die Gründung der Holländischen Anthroposophischen Gesellschaft Rudolf Steiner meist schweigend und abwartend dasaß, nahm er den Tabaksbeutel, den Dr. Zeylmans versehentlich aus der Tasche gezogen hatte, diesem aus der Hand, betrachtete eingehend die damals neue Erfindung des Reißverschlusses und meinte: »Wie schade, daß unsereiner so etwas nicht erfunden hat!«

(F. W. Zeylmans van Emmichoven, Rudolf Steiner in Holland, »W«, S. 264)

Bei Tische

Rudolf Steiner »liebte es, sich durch Scherz und Humor bei den Mahlzeiten zu entspannen, wobei er mit seiner Ansicht über Zeitgrößen sowie Vorgänge aus dem Kreise der Mitglieder nicht zurückhielt. Frau Clara Walther, die unerschöpfliche Quelle intimer Erinnerungen an Rudolf Steiner, die an der engeren Tafelrunde in Berlin durch Jahre teilnehmen konnte, erzählte, wie er das Tischtuch als Grundlage für seine Karikaturenzeichnungen gern benutzte, weshalb Marie von Sivers immer einige Blätter neben seinem Platz bereit legte, die er aber gern übersah.

(Fred Poeppig, a. a. O., S. 71)

»Physiognomisches – Karikaturen«

ist der Titel der von Marie Steiner 1940 (3. Auflage 1971) in einem Heftchen herausgebrachten Zeichnungen von Steiners Hand. Sie nennt sie »kleine Scherze, Spielereien« und berichtet im Vorwort, wie sie ... »in Augenblicken der Entspannung – etwa zur Teestunde oder nach dem Mittagsmahl, anläßlich eines zufälligen Gesprächs über manche Kulturverzerrungen unserer Zeit – leicht hingeworfen wurden auf ein gerade zur Hand liegendes unbeschriebenes Blatt oder gar auf eine Papierserviette.

Ein Liebhaber solcher Kostproben, der Gelegenheit hatte, diese Karikaturen zu sehen, hatte den Einfall, sie als Lichtbild auf die Leinwand zu bringen, und sie wirkten in ihrer Vergrößerung so stark und so erheiternd auf die Zuschauer, daß das Verlangen laut wurde, sie in der eigenen Mappe nach Hause nehmen zu können, als allfällige Arznei in einer Stunde des Trübsinns. Entdeckte man doch auch in ihnen den genialischen Funken, der in alles einschlug, was Rudolf Steiner sprach oder was seine Hand formte.«

Starker Kaffee

»Nach jeder Mahlzeit trank Rudolf Steiner einen außergewöhnlich starken Kaffee, woran ich mich spät abends nur selten beteiligte, weil ich danach nicht zu schlafen vermochte. Nachdem ich dies einmal geäußert hatte, fragte Rudolf Steiner mich später regelmäßig ›Wollen Sie Kaffee oder wollen Sie schlafen?‹ – Von sich sagte er, daß er nicht schlafen könne, wenn er keinen Kaffee getrunken habe.«

(Emil Leinhas, Aus der Arbeit mit Rudolf Steiner, S. 152)

Wiener Existenzbedingungen

»Womit kann ich Ihnen dienen?« waren die ersten Worte, die Rudolf Steiner an Rudolf Treichler d. Ä. richtete.

»So konnte ich zunächst wenig sagen, stammelte etwas von meinem Studium und seinem unbefriedigenden Abschluß mit dem Doktorat – worauf er mich sofort mit ›Herr Doktor‹ anredete. Er meinte, als ich erzählte, ich sei schließlich von Wien ›geflohen‹: ›Ja, in Wien muß man ein Gigerl (Geck) sein, um was zu gelten.‹ Ein anderes Mal sagte er übrigens – zugleich wie eine Warnung an mich: ›In Wien kann man nicht passiv leben.‹

Im Jahre 1910 veranstaltete die Berner Loge eine Vortragsreihe. Steiner sprach über das Matthäus-Evangelium. Rudolf Treichler berichtet, auf der abendlichen Runde habe »eine festlich gedämpfte, ja etwas schwere und gehemmte Stimmung, den schwerblütigen Bernern entsprechend, gelastet. Nur Rudolf Steiner, vom Ehepaar Treichler flankiert, war gesprächig, munter und aufgeräumt, pries die wunderbare Natur des Landes und seine Kultur. Dann wandte er sich plötzlich zur Seite meiner Frau und fragte sie: ›Sie kommen doch von Wien, können Sie schon wienerisch sprechen?‹ Verlegen verneinte sie, da meinte er: ›Ja, dann sollten Sie schon Sprachübungen in Wienerisch machen wie‹: ›A Müllimadl hat a Mülli-Ladl und a Mülli-Radl a‹.« (Ein Milchmädchen hat ein Milch-Lädchen und ein Milch-Rädchen auch.) Ich lachte – aber als einziger –, sonst blieb alles still. Da fing Steiner etwas ungeduldig an, eine Anekdote vom alten Kaiser Franz Josef zu erzählen, die bei der Einweihung des Schillerdenkmals in Wien passiert war, wo es auch langweilig und stimmungslos zugegangen sein mochte. Ein eisig-verlegenes Schweigen auch hierauf, nur ein mißglückter Versuch zu lächeln und allseitige Verlegenheit. Ich war wohl der einzige, der – als geborener Wiener – den österreichischen Humor verstehen konnte.«

(Rudolf Treichler d. Ä., Wege und Umwege zu Rudolf Steiner, »E«, S. 258 ff.)

Der junge Asket

In der Annahme, man »solle« kein Fleisch essen, versuchte ein Schüler Rudolf Steiners, »es abrupt zu unterlassen, obwohl er natürlich noch starke Neigungen dazu hatte. Stolz auf seine Leistung sagte er eines Tages zu Rudolf Steiner: ›Herr Doktor, ich aß bisher so gern Schinken. Ich esse jetzt keinen mehr, ich muß aber noch oft daran denken.‹ Statt des erwarteten Lobes erhielt er die Antwort: ›Besser Schinken essen als Schinken denken!‹«

(Guenther Wachsmuth, Rudolf Steiners Erdenleben und Wirken, 2. Aufl., Dornach 1964, S. 217)

Die zurückgehängte Höflichkeit

Das Ehepaar Belyj-Turgenieff war zu Gast in der Villa Hansi. Nach dem Abendessen verabschiedete es sich.

»Rudolf Steiner« so erzählt Frau Assja »nahm meinen Mantel vom Kleiderständer, ihn mir zu reichen, merkte aber, daß der Mantel nur am Kragen hing, da der Aufhänger abgerissen war – und hängte ihn wieder zurück. ›Dafür (!) mußt du dir nun selber in den Mantel hineinhelfen‹, sagte mir sein spöttischer Blick.

Das Ganze war aber so charmant gemacht, daß ich beinahe hell auflachte.«

(Assja Turgenieff, Erinnerungen an Rudolf Steiner und die Arbeit am Goetheanum, Stuttgart 1972, S. 72)

Petrinchen

Manche Anekdote hat Sofie Bauer erzählt.

Während eines Vortrags »spazierte plötzlich eine Katze namens Petrinchen mit senkrecht erhobenem Schwanz auf blauem Hintergrund von einem Ende der Bühne zum anderen gravitätisch hinter dem Rücken Dr. Steiners entlang. Dr. Steiner sprach ohne Unterbrechung weiter.

Was würde nachher kommen? Sofie Bauer entschuldigte sich gleich nach dem Vortrag, eine Rüge erwartend. Aber Dr. Steiner sagte nur: ›Macht nichts, ist schon lange Mitglied!‹«

(Aus dem Totengedenken für Sofie Bauer von Marie Kleiner in den Stuttgarter »Mitteilungen«, Ostern 1959, S. 47)

Freundschaft mit dem Hund

Ludwig Kleeberg (»Wege und Worte – Erinnerungen an Rudolf Steiner – aus Tagebüchern und Briefen«) erinnert sich, wie besonders liebenswürdig sich Steiner mit »Tell«, dem Hund des Hauses unterhielt; so sagte er zwischen Humor und Ernst: ›Nicht wahr, Tell, du warst einmal eine Katze?‹

Einem kleinen, struppigen Hund, dem ständigen Begleiter Dr. Ita Wegmans, gab Steiner den Namen Mussolini.

(Grete Kirchner-Bockholt, Die Erweiterung der Heilkunst, »W«, S. 113)

Die Hunde-Sophie

»Und hier noch eine niedliche Anekdote vom ›Doktor-Hund‹, wie der getreue Pschulek, der Hund eines Mitgliedes in Dornach genannt wurde, da er den ›Doktor‹ stets begleitete und das Auto nur dann betrat, wenn er sich erst davon überzeugt hatte, daß Dr. Steiner darin saß. Zu diesem treuen Gefährten sagte Rudolf Steiner einmal: ›Nicht wahr, Pschulek, du wirst einmal eine *Hunde-Sophie* begründen?‹«

(Fred Poeppig, a. a. O., S. 79)

Dem Vortrag vom 8.8.1924 über Gerüche – gehalten vor Arbeitern am Goetheanumbau – entnehmen wir einen schönen Beleg für die auch von Humor durchwobene Phantasie Rudolf Steiners. Das zentrale hundesophische Thema einer Weltansicht aus der Hundeperspektive müßte in Analogie zu Schopenhauers »Die Welt als Wille und Vorstellung« dieses sein: »›Die Welt als Wille und Geruch‹. Da würde so vieles drinnenstehn, was der Mensch nicht wissen kann, weil der Mensch das Ding sich vorstellt, und der Hund riecht es. Ich glaube sogar, daß das Buch, das der Hund schriebe, viel interessanter sein würde, wenn der Hund ein Schopenhauer wäre, als das Buch, das Schopenhauer geschrieben hat ...«

(Rudolf Steiner, Die Schöpfung der Welt und des Menschen, GA 354, 2. Aufl., Dornach 1977)

Als Rudolf Steiner den Grundstock zur späteren Naturwissenschaftlichen Sektion legte, kam zur Sprache, wer die Leitung und Geschäftsführung der neuen Arbeitsgruppe übernehmen solle.

»Nun schlug Dr. Steiner Dr. Wachsmuth vor und meinte lächelnd, er werde sich sicher ›wie ein Schießhund‹ auf diese neue Arbeit stürzen. Es entstand allgemeine Heiterkeit. Dr. Wachsmuth lehnte zunächst etwas verlegen ab. Darauf fügte Rudolf Steiner hinzu: ›Ich habe nicht gemeint, Sie *sind* ein Schießhund, Dr. Wachsmuth, sondern: ›Sie werden sich gewiß *wie* ein Schießhund auf diese Arbeit stürzen.‹ Es lag in dieser scherzhaften Form doch zugleich eine Anerkennung der Aktivität und Einsatzbereitschaft von Dr. Wachsmuth, die sich in der weiteren Arbeit voll bestätigen sollte.«

(René Maikowski, Schicksalswege auf der Suche nach dem
lebendigen Geist, Freiburg i. Br. 1980)

Der hellseherische Hund

Dr. Steiner und der ihn begleitende Maikowski waren zu Gast im Hause des Berner Nationalrates Hirter. Um den alten Herrn aufzuheitern, fragte Steiner plötzlich seinen Begleiter: »»Kennen Sie eigentlich die Geschichte vom hellsehenden Hund? ... Also Hirters hatten einen Hund, der oft plötzlich aufstand, in eine Ecke starrte und heftig zu bellen begann.‹« Als er dies einmal auch in Gegenwart Steiners tat, klärte dieser den Nationalrat auf: »»Ja sehen Sie denn nicht, Herr Nationalrat, da sitzt doch in der Ecke ein Elementargeist, den hat der Hund gesehen, – ja, das war die Geschichte vom ›hellsehenden Hund‹.«

(René Maikowski, a. a. O., S. 72 f.)

Das dritte Geschlecht

Nach einem in der Studentensozietät von Delft gehaltenen Vortrag wurden Rudolf Steiner und die zwei Herren seiner Begleitung – einer von ihnen war René Maikowski – zum Essen eingeladen. »Rudolf Steiner nahm gern an und meinte dann auf Dr. Vreede weisend, die mit zum Gefolge gehörte: ›Aber Fräulein Dr. Vreede kommt doch auch mit!‹ Der Sprecher meinte etwas verlegen, Damen seien dort nicht zugelassen. Da sagte Rudolf Steiner in scherzhaft entrüstetem Ton: ›Aber Fräulein Dr. Vreede ist doch keine Dame, sie ist doch ein Doktor!‹ Da wußte man nichts zu erwidern, und so kam sie mit.«

(René Maikowski, a.a.O., S. 68)

Mit Schwanz voran!

»Einmal stand er auf dem Podium in der Schreinerei und sprach darüber, wie die Menschen ihre Lasten fortbewegen. Er illustrierte das an der Wandtafel mit einem beladenen Wagen, der nicht von der Stelle zu bringen war, bis ein Pferd zu Hilfe geholt wurde. Der Wagen stand schon bereit; nun zeichnete er mit ein paar schnellen Strichen das Pferd dazu. Als er zurücktrat, stand das Pferd mit dem Kopf in den Wagen blickend, den Schwanz vorn an der Deichsel. Und die Zuschauer mochten sich fragen, wann sie zum letzten Mal ihr Pferd so sinnvoll angespannt hatten.«

(Rudolf von Koschützki, Erinnerungen eines Priesters, »E«, S. 315)

Eine Examenshilfe

Aus dem Kreise der Hochschulstudenten wurde in den zwanziger Jahren die Frage an Dr. Steiner gerichtet, »ob er es für möglich halte, daß neben den Anforderungen, die das Einprägen des großen Wissensstoffes heute an den Studierenden stellt, das Studium der Anthroposophie aufrecht erhalten werden könne; ob es nicht notwendig sei, dieses wenigstens bis zum Examen zurückzustellen? Rudolf Steiner ließ das nicht gelten. Er sagte: »Wenn Sie ihr Kollegheft so einrichten, daß Sie immer auf die linke Seite das schreiben, was der Professor sagt, und auf die rechte Seite das, was die Anthroposophie dazu sagt, dann werden Sie sich das, was der Professor gesagt hat, sehr viel besser merken, und Sie können sicher sein, daß Sie Ihr Examen ausgezeichnet bestehen werden.«

(Wilhelm Rath, Studentensorgen in den zwanziger Jahren, »E«, S. 240f.)

Eine heikle Frage

»Damen mit kurz geschnittenen Haaren gab es vor fünfzig Jahren noch nicht. Welch ein Mut gehörte damals zu Mieta Wallers Entschluß, sich für die Rolle des Johannes Thomasius die schönen langen Haare abzuschneiden! Frau Poolman tat es ihr nach, als sie sich zur Darstellung des fünften Bauern in ›Die Prüfung der Seele‹ bereitgefunden hatte. Diese beiden saßen in einem öffentlichen Vortrage Rudolf Steiners in der ersten Reihe nebeneinander, und als nach der Pause Rudolf Steiner die Fragezettel auf der Ecke des Rednerpults las, lautete eine Frage so: ›Es haben sich Damen Ihres Kreises die Haare abgeschnitten. Ist dies empfehlenswert für okkulte Entwicklung?‹ Sachlich klang die Antwort: ›Es haben sich die betreffenden Damen erst seit kurzer Zeit die Haare abgeschnitten, so daß sich okkulter Forschung das Resultat noch nicht ergeben konnte. (Große Heiterkeit). Wir wollen es aber für die betreffenden Damen von Herzen wünschen!‹ (Schallendes Gelächter).«

(Max Gümbel-Seiling, Münchener Uraufführungen der
Mysteriendramen, »E«, S. 84)

Wehen wohl windige Windeln entweihend?

Belyj schildert eine Kollision zwischen der Gruppe der jüngeren Künstler und Holzschnitzer am Goetheanumbau und den würdi-

gen Älteren in Dornach. Eigentlich ging es um den Bau des »gut-
bürgerlichen« Wohnhauses des Zahnarztes Dr. Grosheintz.

In der durch den Kriegsausbruch 1914 gespannten Atmosphäre
beschloß eine Holzschnitzer-Versammlung: Um das Goetheanum
dürften keine Privatbauten errichtet werden.

»Wir können nicht dulden, daß rund um den Kulturtempel die
Wäsche auf der Leine trocknet!«

Als Rudolf Steiner von einer Reise zurückgekehrt von dieser eigentlich urkomischen Geschichte hörte, öffnete er den Protestie-
rern gehörig die Augen: »eine Wäscheleine sei keine Entweihung
des Goetheanums«. Es mangele an Verständnis »für die Aufgabe
des Goetheanum …, den Tempel und das Leben zu vereinen«. Es
sei »nichts als Sentimentalität«, den Tempel aus dem gewöhnlichen
Leben ausschalten zu wollen. »Ich glaube«, so Belyj, »er sagte damals: ›Gerade hier müssen Windeln an der Leine flattern!‹ Er küm-
merte sich bei dieser Geschichte nicht um ›Politik‹; bei allen Unterschieden im sozialen Detail dienten das ›junge Volk‹ und solche
Menschen wie Dr. Grosheintz mit großer Selbstlosigkeit der gemeinsamen Sache. Dr. Grosheintz hat seinen Beitrag geleistet: er
opferte Grund und Boden; die Jugend den ihren: sie opferte ihre
Zeit, ihre Kräfte und ihre Gesundheit.

Die Intrige der ›Politiker‹ war gescheitert.«

(A. Belyj, a. a. O., S. 397 f.)

Ein sanguinischer Salat

Im Rahmen des ersten Seminarkurses für Lehrer im Sommer 1919
referierte Dr. Treichler über ›Temperamente‹ von Pflanzen. Rudolf
Steiner bemerkte heiter, »als ich dem Salat ein sanguinisches Temperament zuschrieb, ›meinen sie da etwa den Heringssalat?‹«

(Rudolf Treichler d. Ä., Wege und Umwege zu Rudolf Steiner, »E«, S. 265)

»Einer Dame, die meinte, das allabendliche Glas Wein könne ihr doch nicht schaden, erwiderte Rudolf Steiner: ›Es ist dies in seiner Wirkung dasselbe, als wenn Sie jeden Tag ein Haus bauen und es am Abend wieder niederreißen!‹ –

Daher konnte er auf die Frage: ›Welche Wirkung hat der Alkohol auf den Geistesschüler?‹ antworten: ›Keine ... denn der Geistesschüler trinkt keinen Alkohol!‹«

(Fred Poeppig, a. a. O., S. 79)

Memoiritis

Während der Mahlzeiten im Hause Emil und Berta Molt herrschte während der Mahlzeiten, an denen Rudolf und Marie Steiner teilnahmen, eine fröhliche Stimmung. Als ihm ein »gemischter Salat« angeboten wurde, lehnte Dr. Steiner mit den Worten ab: »Das kann ich ja nicht in meinem Magen unterscheiden.«

Als die Sprache darauf kam, daß Henry Ford (der Autofabrikant) eben seine Autobiographie veröffentliche, bemerkte Steiner: » – Es war im Februar 1924 – Viele Leute haben jetzt Memoiritis.« Darauf Frau Doktor: »Das kann man auch von Ihnen sagen.« Rudolf Steiner schrieb zu jener Zeit seinen »Lebensgang«. Und nun berichtet Lisa Dreher-Monges (Spring Valley), die Nichte Emil Molts, die an den Mahlzeiten teilnehmen durfte, weiter:

»Als Frau Doktor diese Bemerkung machte, änderte sich der Gesichtsausdruck Dr. Steiners zu tiefem Ernst. Wie in weite Fernen schauend sagte er mit seiner tiefen, wohlklingenden Stimme: ›Ja, es soll nur schlicht und wahr sein.‹ – Nach einer kleinen Pause meinte Emil Molt: ›Man sollte auch Frau Doktors Biographie schreiben‹, worauf Dr. Steiner erwiderte: ›Das kann man ja nicht, Frau Doktor ist ein kosmisches Wesen.‹«

(Stuttgarter »Mitteilungen«, Michaeli 1980, S. 220)

Der Kompaß

Organisationsfragen betreffende Sitzungen, die in Stuttgart tagten, waren oft lang und ermüdend. Bei einer dieser Sitzungen – so erzählt René Maikowski – »saß ich dicht neben Rudolf Steiner. So sah ich, wie er einen Zettel in Druckbuchstaben schrieb: »Molt schläft« und diesen Frau Marie Steiner zuschob. Sie schaute sich suchend um, darauf nahm Rudolf Steiner seinen Stift, drehte ihn lächelnd so, daß er auf Molt hinwies und zeigte dies Marie Steiner.«

(René Maikowski, a. a. O., S. 85)

Der Schlaf weiterer Gerechter

René Maikowski schildert die erste mit Dr. Steiner in Bern unternommene Autofahrt so: »»Passen Sie auf! In dieser Stadt schlafen die Leute alle!«« rief Steiner. »Gleich darauf lief uns jemand fast ins Auto. ›Habe ich es Ihnen nicht gesagt?‹ sagte darauf Rudolf Steiner. Das geschah noch einige Male. Für die Chauffeure war das nicht leicht. Rudolf Steiner gab ihnen jeweils ein recht hohes Trinkgeld.«

(René Maikowski, a. a. O., S. 74 f.)

»Das Alter verklärt oder versteinert«

Dieser schöne, von Ebner von Eschenbach ersonnene Aphorismus, der eine Alternative aufzeigen will, scheint doch widerlegbar zu sein, wie die folgende Steiner-Schirm-Anekdote beweist.

An einem Abend im November 1922 bezog Dr. Steiner mit Gattin und Begleitern das Haus von Pieter de Haan in den Haag, wo übernachtet werden sollte; die Damen im oberen Stockwerk, Dr. Steiner zu ebener Erde.

»Da ergriff Pieter de Haan den schon *recht alten* und ehrwürdigen Schirm Steiners und meinte: ›Na, Herr Doktor, da haben Sie aber einen richtigen Philosophenschirm.‹ Da rief dieser die Treppe hinauf zu Frau Steiner: ›Haben Sie gehört, was Herr de Haan gesagt hat? Ich habe einen richtigen Philosophenschirm – und Sie wollen, daß ich mir einen neuen kaufe!‹«

(René Maikowski, a.a.O., S. 66)

»In der Dreizehn – die Wahrheit! so was merkt man doch …!«

Im Gespräch mit Dr. Steiner beklagte sich ein holländischer Professor der Elektrizitätswissenschaft über die wachsende Fülle der Zeitschriften.

»Auf seinem Fachgebiet allein gäbe es 13 Fachzeitschriften, man habe aber … nicht die Zeit, alle zu lesen, und wenn man 12 gelesen hat, dann stehe vielleicht das Wichtigste in der 13ten, die man nicht mehr lesen konnte. Er fragte Rudolf Steiner, was man da wohl machen solle. Dieser erwiderte lächelnd, daß, wenn ihn gelegentlich Studenten danach fragten, die noch jung wären, aber wirklich jung (man könne aber auch alt sein und trotzdem jung), dann sage er ihnen: Ja, warum lesen Sie denn all diese 12 Zeitschriften, lesen Sie doch *gleich* die 13te. So was merkt man doch, das sticht einen doch, wenn man solch eine Zeitschrift aufschlägt.«

(René Maikowski, a.a.O., S. 69)

Optimismus fehl am Örtchen

Aus seinen »Erinnerungen an meine Baupraktikantenzeit auf dem Baubüro in Dornach 1914/15« berichtet Alfred Hummel in »Mensch und Baukunst« 21. Jg. 1972, Heft 1:

»Des Doktors Anweisungen und Korrekturen waren wundersam; einfach alles beherrschte der Meister, auch in technischen Einzelheiten … Und dabei zeigte sich der Meister von einer völlig neuen, unbekannten Seite: Er konnte nämlich scharfe Witze machen. Hatte da doch einmal ein Planzeichner die Toiletten viel zu eng zusammengelegt. Der Doktor sagte: ›Aber das geht doch nicht! Da sieht man ja immer, ob-die-Miß-muß!‹ Der Kritisierte, der nach seiner Herkunft ohnedies harte und weiche Konsonanten nicht zu unterscheiden pflegte [vermutlich war er ein Schlesier oder Sachse? H. E.], schaute erstaunt und hilflos drein; er schien zu meinen: Was hat das alles mit Optimismus zu tun? Erst das Lachen seiner Kameraden ließ ihm ein Licht aufgehen.« –

Alles ging ausgezeichnet!

Als Rudolf Steiner am 15. Mai 1922 in München eintraf, wo am Abend der von einem Konzertbüro veranstaltete Vortrag stattfand, wurde er von Hans Büchenbacher am Bahnhof abgeholt und davon unterrichtet, daß mit einem Angriff auf seine Person während des Vortrags gerechnet werden müsse. Darauf meinte »Rudolf Steiner ganz freundlich: ›Also Sie meinen, man will mich abmurksen?‹ Ich: ›Jawohl, davon bin ich überzeugt.‹ Rudolf Steiner ruhig: ›Ja, das wird schon so sein.‹«

Büchenbacher, Frontoffizier des Ersten Weltkriegs, hatte Polizeischutz angefordert, die Konzertbürodirektion Boxer und Ringer als Saalschutz engagiert und Büchenbacher eine aus Anthroposophen zusammengestellte »Leibwache« organisiert. Als dieser für den Abend einen Schlachtplan entwarf, stand Rudolf Steiner ohne sich zu äußern neben ihm und »schmunzelte lächelnd«. »Der Vortrag ... verlief ohne Zwischenfall, so daß die Leibgarde bereits dachte: ›Das war blinder Alarm.‹ Nach der zweiten Verbeugung des Redners« – so berichtet Büchenbacher weiter – »begann der Sturm aufs Podium mit Stinkbomben und Trillerpfeifen. Kolisko, in der ersten Reihe, stürzte; ich selber war rechts eingekeilt. Die Verfolger versuchten Rudolf Steiner zu erreichen, wurden aber von den links kommenden Freunden Dr. Noll und Prof. Beckh zurückgeworfen, so daß Rudolf Steiner das Künstlerzimmer erreichen konnte. Nachdem er in Sicherheit war, erschienen die Boxer und Ringer, und die Saalschlacht begann. Es gab einige Leichtverletzte; aber nach kurzer Zeit war das Podium wieder in unserer Hand. Die Polizei half uns nicht. Auf dem Gang zum Zimmer fragte ich: ›Wie finden Sie, daß alles gegangen ist?‹ Rudolf Steiner: ›Ausgezeichnet.‹«

(Hans Büchenbacher, München 1922, »E«, S. 223 ff.)

Tiefstill verweht der Worte Klang –
Stilltief west »Fisches Nachtgesang« ...

Alexander Strakosch schildert einen Mitgliederabend der Wiener Anthroposophen im Mai 1918. Rudolf Steiner war mit Gemahlin gekommen und hatte zwei öffentliche Vorträge gehalten. An einem Abend hatte man sich im Maleratelier von Frau Marie Strakosch versammelt, um die Malereien eines Mitgliedes zu einzelnen Gedichten aus Morgensterns »Galgenliedern« zu betrachten. Nach einer kleinen Eurythmieaufführung – es war die erste in Wien – rezitierte Frau Marie Steiner die »Galgenlieder«.

»Die Anwesenden, vor allem Dr. Steiner, waren in bester Stimmung, als so eines nach dem andern der bekannten und geliebten, köstlichen Gedichte zum Vortrag kam. Es hat kaum eines gefehlt; aber es ist selbst dem besten Rezitator unmöglich, ›Fisches Nachtgesang‹ zum Ertönen zu bringen. Diese Lücke füllte aber Rudolf Steiner selbst aus. Man hatte sich schon erhoben und er stand im Vorraum, selbstverständlich umringt von vielen Mitgliedern. Da sagte er heiter: ›Ja, es fehlt ja noch ›Fisches Nachtgesang!‹, den will ich noch beitragen.« Und nun klappte er genau im Rhythmus des Originals die Augenlider auf und zu und war sehr belustigt über die Heiterkeit, die er damit hervorrief ...«

Fisches Nachtgesang

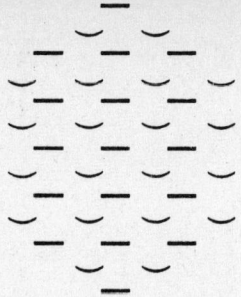

Anmerkungen

Einleitung

1 Die mit »W« oder »E« gekennzeichneten Zitate sind mit freundlicher Genehmigung des Verlages Freises Geistesleben Stuttgart den beiden dort erschienenen Erinnerungswerken entnommen: »W« = »Wir erlebten Rudolf Steiner«, herausgegeben von M. J. Krück von Poturzyn. Stuttgart 6. Aufl. 1980, »E« = »Erinnerungen an Rudolf Steiner« – Gesammelte Beiträge aus den »Mitteilungen aus der anthroposophischen Arbeit in Deutschland« (1947–1978), herausgegeben von Erika Beltle und Kurt Vierl. Stuttgart 1979.
»L« = »Mein Lebensgang« von Rudolf Steiner. 8. Aufl. Dornach 1982.
Bei Anmerkungen mit Titelangabe ohne vorangestellten Autorennamen handelt es sich um Werke oder Vorträge Rudolf Steiners, erschienen innerhalb der Rudolf Steiner Gesamtausgabe (im folgenden abgekürzt GA), Dornach. Bei einmaliger Vortragsnennung wird nur die GA-Nummer und das Vortragsdatum angegeben. –

2 Die geistig-seelischen Grundkräfte der Erziehungskunst. GA 305. 2. Aufl. Dornach 1979. 22.8.1922.

3 Der übersinnliche Mensch, anthroposophisch erfaßt. GA 231. 3. Aufl. 1982.

4 Wahrspruchworte. GA 40. 5. Aufl. 1981. S. 198.

5 Assja Turgenieff, Erinnerungen an Rudolf Steiner und die Arbeit am ersten Goetheanum. 3. Aufl. Stuttgart 1982.

1. Kindheit und Jugendzeit

6 Mein Lebensgang, GA 28. 8. Aufl. 1982. Im folgenden mit »L« abgekürzt.

7 Briefe, Bd. 1, Dornach 1948. S. 3 ff. Die Lebensskizze ist im folgenden mit »S« abgekürzt.

8 »L«, S. 12.

9 a. a. O., S. 9 f.

10 Geschichtliche Symptomatologie. GA 185. 2. Aufl. 1962. 1. 11. 1918.

2. Die Wiener Hochschulzeit (1879–1890)

11 Kunst und Kunsterkenntnis. GA 271. 3. erw. 1985. 9.4.1921.

3. Komik- und Humortheorie

12 Siehe Anm. 11. Die Wiener Vortrag und die Abhandlung über das Komische haben einen engen inneren Zusammenhang.

13 Siehe Anm. 11, »Goethe als Vater einer neuen Ästhetik«.

4. Weimar (1890–1896)

14 Fred Poeppig, Rudolf Steiner, der große Unbekannte – Leben und Werk. Wien 1960. S. 98 f.
15 In: Geschichtliche Symptomatologie. GA 185. 2. Aufl. 1962.
16 Abgebildet in Fred Poeppigs Biographie Rudolf Steiners, siehe Anm. 14, nach S. 96.
17 In: Metamorphosen des Seelenlebens – Pfade der Seelenerlebnisse, 2. Teil. GA 59. 1984.
18 Enthalten in: Briefe, Bd. II. Dornach 1955. S. 176.
19 Ernst Lehrs, Gelebte Erwartung. Stuttgart 1979.
20 Emil Bock, Rudolf Steiner, Studien zu seinem Lebensgang. 2. Aufl. Stuttgart 1967.

5. Die ersten Berliner Jahre

21 Friedrich Eckstein, Alte unnennbare Tage. Wien/Leipzig/Zürich 1936.
22 Siehe Anm. 20.
23 Marie Steiner, Erinnerungen II. Dornach 1952. S. 22 f.
24 J. Mücke, A. A. Rudolph, Erinnerungen an Rudolf Steiner und seine Wirksamkeit an der Arbeiterbildungsschule in Berlin 1899–1904. 2. Aufl. Basel 1979.
25 Siehe Anm. 17. Vortrag vom 3.2.1910.

6. Lachen und Weinen

26 Siehe Anm. 25. Die für das Thema dieses Kapitels wichtigsten Fundstellen im Vortragswerk Rudolf Steiners sind: Geisteswissenschaftliche Menschenkunde. Vortrag vom 27.1.1909, GA 107; Metamorphosen des Seelenlebens II, Vortrag vom 3.2.1910, GA 59; Exkurse in das Gebiet des Markus-Evangeliums, Vortrag vom 28.2.1911, GA 124; Gegenwärtiges und Vergangenes im Menschengeiste, Vortrag vom 20.5.1916, GA 167.
27 Geisteswissenschaftliche Menschenkunde. GA 107. 4. Aufl. 1979, 27.4.1909.
28 Siehe Anm. 17. 3.2.1910.
29 Siehe Anm. 27.
30 Gegenwärtiges und Vergangenes im Menschengeiste. GA 167. 2. Aufl. 1962. 23.5.1916.
31 Siehe Anm. 17. 3.2.1910.
32 a.a.O. – »Wenn wir das Kind beobachten, wie es geboren wird, so finden wir, daß es in den ersten Tagen weder lachen noch weinen kann (ebd.)«. – Auch Aristoteles (De generatione animalium, 5,1) beobachtete, daß der Säugling die Eltern darauf warten läßt, bis er tatsächlich lächelnd die Schranken durchbricht, die den Menschen vom tierischen Ernst trennen. Bis dahin heißt es: »Incipe, parve puer, risu cognoscere matrem!« (Frei übersetzt: »Kleines Kerlchen, erkennst du dein Mütterchen schon? Fange zu lächeln nur an, so zeigst du es ihr!«)
33 Das Hereinwirken geistiger Wesenheiten in den Menschen. GA 102. 1974. 16.5. und 1.6.1908.
34 Zufall, Notwendigkeit und Vorsehung. GA 163. 1975. 6.9.1915.
35 Max. Gümbel-Seiling, Münchener Aufführungen der Mysteriendramen, in »E«, S. 90.
36 Siehe Anm. 27. 27.4.1909.
37 Siehe Anm. 30.

38 Menschenerkenntnis und Unterrichtsgestaltung. GA 302. 4. Aufl. 1978. 12.6.1921.

39 Siehe Anm. 27. 27.4.1909.

40 Siehe Anm. 19. S. 327 ff.

41 Das Problem des Gekitzeltwerdens und das im Text später behandelte des zwerchfellerschütternden Lachens hat Aristoteles ebenfalls beschäftigt. Dazu Wilhelm Süss: Lachen, Komik und Witz in der Antike. Daß das Lachen eine spezifische Äußerung des Menschen ist, begründet Aristoteles folgendermaßen: »das Zwerchfell ist die Brücke von der oberen Zone des Leibes zur unteren; ebenso ist das Lachen beheimatet in der hohen, edlen Zone des Geistes wie auch in den niederen Gebieten des Trieblebens. Es gibt auch ein körperlich bedingtes Lachen, wenn jemand gekitzelt wird. Warum kann der Mensch sich nicht selbst kitzeln? Weil das Lachen auf einer Überraschung beruht. Überraschen aber kann man sich nicht selbst.«

42 Siehe Anm. 17. 3.2.1910.

43 a.a.O.

44 a.a.O.

45 Exkurse in das Gebiet des Markus-Evangeliums. GA 124.3. Aufl. 1963. 28.2.1911

46 Siehe Anm. 17. 3.2.1910.

47 Siehe Anm. 45.

48 a.a.O.

49 Siehe Anm. 17. 3.2.1910.

50 Siehe Anm. 27.

51 a.a.O.

52 Siehe Anm. 17.

53 Die Geheimwissenschaft im Umriß. GA 13. 26. Aufl. 1977. Kapitel »Die Erkenntnis der höheren Welten«, S. 334.

54 Esoterische Betrachtungen karmischer Zusammenhänge. GA 236. 5. Aufl. 1977. 10.5.1924.

55 Siehe Anm. 27.

56 a.a.O.

57 Siehe Anm. 17.

7. Vom Lachen Rudolf Steiners

58 Andrej Belyj, Verwandeln des Lebens. Basel 1975. S. 74.
Dem ausführlichen Nachwort Wenzel Michael Göttes ist u. a. zu entnehmen, daß die westliche Literaturwissenschaft Belyj als Romancier neben Gogol und Dostojevskij gestellt hat. Für Belyj selbst war Steiner der Vollender des Symbolismus, indem er leistete, was diesem versagt blieb: das Übergehen von der Weltanschauung zur Weltverwandlung. In der alle Lebensgebiete verwandelnden Anthroposophie erblickte Belyj jene geistige Revolution, die zur Schaffung einer neuen Kultur führen könnte. – *Der Text dieses Buches hält sich im folgenden an das wohl gelungenste 2. Kapitel des Werkes von Andrej Belyj: »Der Mensch Rudolf Steiner«*
Belyj war in dringender Angelegenheit nach Deutschland gekommen, für wenige Tage und blieb vier Jahre. Es fügte sich, daß er 1912 bis 1916 in Dornach, in unmittelbarer Nähe Rudolf Steiners, leben durfte. Er stand mit ihm in ununterbrochenem Verkehr, reiste überallhin, wo er vortrug. 400 Vorträge hat er ge-

hört. Er hat sich im Sinne der Anweisungen Steiners als dessen Schüler meditierend geschult, ein Buch über Goethe und Steiner geschrieben, hat – oft schweißtriefend und staubbedeckt – als Glied einer aus 19 Völkern zusammengesetzten Familie am Bau des ersten Goetheanums als Holzschnitzer mitunter bis zur Erschöpfung mitgearbeitet. 1916 kehrt er nach Rußland zurück. 1921 zieht es ihn wieder nach Deutschland, für zwei Jahre nach Berlin. Es sind wirre, unselige Jahre. Es kommt zur Trennung von der Gattin Asja, geborene Turgenjew. Auch das Verhältnis zu Rudolf Steiner wird gestört; doch war es nur eine vorübergehende Trübung.

Im Roman-Text erscheint Belyjs Gattin unter der Chiffre »A. A. T.«. Sie bedeutet: Anna Aleksejeva Turgenjeva-Bugajeva (Asja), 1890–1966. Graphikerin und Schnitzerin am Ersten Goetheanum. Als ihr Hauptwerk betrachtete sie ihre Arbeiten in der Hell-Dunkel-Technik und die Glasfenster im Zweiten Goetheanum. Sie lebte in Arlesheim bei Dornach.

59 Margarita Woloschin war Malerin und Übersetzerin. Sie schrieb den Memoiren-Band »Die grüne Schlange« (Stuttgart 6. Aufl. 1982).

60 Friedrich Rittelmeyer, Meine Lebensbegegnung mit Rudolf Steiner. Stuttgart 1953.

61 a. a. O., S. 80.

62 a. a. O., S. 41.

63 a. a. O., S. 130.

64 a. a. O., S. 32.

65 a. a. O., S. 31.

66 a. a. O., S. 30.

67 Ilona Schubert, Selbsterlebtes im Zusammensein mit Rudolf Steiner und Marie Steiner. 2. Aufl. Basel 1977.

68 a. a. O., S. 71 f.

69 a. a. O., S. 75.

8. Eurythmie

70 Eurythmie als sichtbarer Gesang. GA 278. 3. Aufl. 1975. 19. 2. 1924.

71 Siehe Anm. 67. S. 32.

72 a. a. O., S. 18 f. und 34.

73 Siehe Anm. 70. 20. 2. 1924.

74 Der von M. J. Krück von Poturzyn herausgegebene Band »Wir erlebten Rudolf Steiner – Erinnerungen seiner Schüler« (6. Auflage. Stuttgart 1980) enthält den ausführlichen Beitrag Lory Maier-Smits: »Die Anfänge der Eurythmie«. Weitere wesentliche Berichte sind abgedruckt in dem von Edwin und Eva Froböse mit liebevoller Genauigkeit zusammengetragenen großformatigen Sammelwerk »Die Entstehung und Entwickelung der Eurythmie« (GA 277a). Von besonderem Wert ist es, daß die sechs von Rudolf Steiner gedichteten Humoresken mit Eurythmieformen faksimiliert dem Werk einverleibt worden sind.

Der Vollständigkeit halber seien die übrigen Bände der Gesamtausgabe genannt, die auf dem Gebiet der Eurythmie erschienen sind:

GA 277: »Eurythmie. Die Offenbarung der sprechenden Seele. Eine Fortbildung der Goetheschen Metamorphosenanschauung im Bereich der menschlichen Bewegung.«

GA 278: »Eurythmie als sichtbarer Gesang.« Ton-Eurythmie-Kurs.

GA 279: »Eurythmie als sichtbare Sprache«. Laut-Eurythmie-Kurs.

75 Der in GA 59 abgedruckte Vortrag »Lachen und Weinen« wurde im 6. Kapitel behandelt. Der Zusammenhang gerade unserer Thematik mit dem, was den Anstoß zur Entstehung der Eurythmie gab, ist der Beachtung wert.

76 Die Entstehung und Entwicklung der Eurythmie. GA 277a. 2. Aufl. 1982. S. 25 ff.

77 a. a. O., S. 36 f.

78 Eurythmie als sichtbare Sprache. GA 279. 4. Aufl. 1979. 30. 6. 1924.

79 Siehe Anm. 76. S. 46 ff.

80 Siehe Anm. 78. 26. 6. 1924.

81 Siehe Anm. 78. 27. 6. 1924.

82 Eurythmie – die Offenbarung der sprechenden Seele. GA 277. 2. Aufl. 1980. 15. 5. 1920.

83 Siehe Anm. 67. S. 64.

84 Tatiana Kisseleff, Eurythmie-Arbeit mit Rudolf Steiner. Basel 1982. S. 87 f.

85 Fred Poeppig, Schicksalswege zu Rudolf Steiner. 2. Aufl. Stuttgart 1955. Kap. »Die Eurythmie«.

86 Siehe Anm. 84.

87 Hier unterlief vielleicht ein durch einen Hörfehler bedingtes Mißverständnis: Die Humoreske von der »Gebratenen Flunder« schrieb Paul Scheerbarth, von dem im 3. Kapitel die Rede war.

88 Siehe Anm. 76. S. 144 ff.

89 Siehe Anm. 82. Ansprache vom 15. 1. 1916.

90 Siehe Anm. 84. S. 83. -Tatiana Kisseleff wird (im Begleitwort zu ihren »Erinnerungen«) als durch ihre »unvergleichlich geistvoll-humoristische Darstellungsweise« bezaubernde Palmström-Gestalt gepriesen. Kongenial der Morgensternschen Dichtkunst sei die einzigartige Eurythmisierungskunst der Kisseleff gewesen. Die Künstlerin bejahte grundsätzlich Humor in der Eurythmie: »Das feine, einer jeglichen Übertreibung fernbleibende Humoristische, nur mit sog. Pikanterien gewürzt, die Rudolf Steiner für recht viele Humoresken erteilte, hat in der Eurythmie seine volle Berechtigung. Anders ist es mit der Groteske, die eigentlich auf eine andere Bühne gehört.«

91 Siehe Anm. 82. S. 189. Ansprache vom 16. 10. 1920.

9. Heiterkeit und Humor

92 Auf die Beziehung des Humors zum Rätsel hat Erika Beltle hingewiesen: »Humor und Heiterkeit« (in den »Mitteilungen aus der anthroposophischen Arbeit in Deutschland«, Jg. 1977, Nr. 3).

93 Es werden hier nur Andeutungen über wichtigste Vorgänge der Erden- und Menschheitsevolution gegeben. Der interessierte Leser kann sich anhand des reichlich vorhandenen anthroposophischen Schrifttums näher unterrichten. Eine umfassende Darstellung der Kosmogonie (Weltentstehungslehre) enthält Rudolf Steiners »Geheimwissenschaft im Umriß« (GA 13).

94 Die Evolution vom Gesichtspunkte des Wahrhaftigen. GA 132. 5. Aufl. 1979. 7. 11. 1911.

95 GA 110. 6. Aufl. 1981. 13. 4. 1909, abends.

96 GA 122. 5. Aufl. 1976. 21. 8. 1910.

97 Geistige Hierarchien und ihre Widerspiegelung in der physischen Welt. GA 110. 6. Aufl. 1981. 12. 4. 1909, abends.

98 Esoterische Betrachtungen karmischer Zusammenhänge. GA 235. 6. Aufl. 1975. 24. 2. 1924.

99 Christian Morgenstern, Aphorismen und Sprüche.

100 Die Zitate sind entnommen der von Curt Englert-Faye herausgegebenen Sammlung von Vorträgen Rudolf Steiners: »Das Geheimnis der Temperamente«, 5. Aufl. Basel 1983.

101 Die Philosophie der Freiheit. GA 4. 14. Aufl. 1978. Zweiter Anhang.

102 Siehe Anm. 98. 23. 2. 1924.

103 Wahrspruchworte. GA 40. 5. Aufl. 1981. S. 97.

104 Siehe Anm. 101, Zusatz zu Kap. 8, S. 143.

105 a.a.O., S. 233.

106 a.a.O., S. 232.

107 a.a.O., S. 236.

108 a.a.O., zweiter Anhang, S. 269.

109 Kurt E. Becker/Hans Peter Schreiner: »Anthroposophie heute«. München 1981. S. 220.

110 Johannes Mewaldt, Epikur – Philosophie der Freude. Stuttgart 1973.

111 Siehe Anm. 101, S. 215.

112 a.a.O., S. 159 ff., Kap. »Die Idee der Freiheit«.

113 Siehe Anm. 94, 5. 12. 1911.

114 Theodor Wilhelm, Über das Gespräch, nach dem Zitat im »Gespräch aus der Ferne«, Heiligenhaus 1981, Nr. 281.

115 Geisteswissenschaftliche Erläuterungen zu Goethes Faust. Bd. 1, GA 272. 4. Aufl. 1981. 19. 8. 1916.

116 Esoterische Betrachtungen karmischer Zusammenhänge. Bd. III. GA 237. 7. Aufl. 1982. 4. 7. 1924.

117 Das esoterische Christentum und die geistige Führung der Menschheit. GA 130. 2. Aufl. 1977.

118 GA 239. 2. Aufl. 1975. 30. 3. 1924.

119 Siehe Anm. 58, S. 134.

10. Die Bedeutung von Humor und Heiterkeit für die anthroposophische Bewegung

120 Weltwesen und Ichheit. GA 169. 2. Aufl. 1963. 11. 7. 1916.

121 Die Konstitution der Allgemeinen Anthroposophischen Gesellschaft. GA 260a. 1966.

122 Die Impulsierung des weltgeschichtlichen Geschehens durch geistige Mächte. GA 222. 3. Aufl. 1976. 23. 8. 1923.

123 Anthroposophische Leitsätze. GA 26. 8. Aufl. 1982. S. 14.

124 Siehe Anm. 99.

125 Siehe Anm. 19, S. 346.

126 Goethe, Sprüche in Prosa.

127 Die okkulten Grundlagen der Bhagavad Gita. GA 146. 3. Aufl. 1962. 29. 5. 1913.

128 GA 260a. Bericht im »Nachrichtenblatt« vom 16. 3. 1924.

129 Siehe Anm. 116, 28. 7. 1924.

130 Die spirituellen Hintergründe der geistigen Welt – der Sturz der Geister der Finsternis. GA 177. 3. Aufl. 1977. 13. 10. 1917.

131 a.a.O.

132 Siehe Anm. 82, S. 189.

133 Siehe Anm. 6, S. 455 f.

134 Siehe Anm. 130.

135 Siehe Anm. 130, 1. 10. 1917.

136 Siehe Anm. 85, S. 77.

137 Margarita Woloschin, Aus Tagebuchaufzeichnungen, in »E«, siehe Anm. 1.

138 Abgedruckt in GA 277a, siehe Anm. 76, S. 158 ff., sowie in GA 40, siehe Anm. 103, S. 39 ff.

139 GA 277a, S. 160.

140 Siehe Anm. 120, 11. 7. 1916.

141 Zitiert aus: »Aus dem Leben von Marie Steiner von Sievers«, Biographische Beiträge und eine Bibliographie des Schrifttums von Marie Steiner, herausgegeben von Hella Wiesberger. Dornach 1956.

142 Emil Bock beschäftigt sich in seinen Rudolf Steiner-Studien an mehreren Stellen (S. 58 ff., 66 ff., 71 ff., 79, 86 und 174) mit Simony, den er nicht nur einen hochoriginellen Mathematiker (das Primzahlengesetz und die sogenannte Knotenmathematik waren seine Spezialitäten) nennt, sondern vielleicht den bedeutendsten Botaniker seiner Zeit; daneben war Simony, hühnenhaft von Gestalt, Hochgebirgstourist, befaßte sich wissenschaftlich mit Spiritismus, war aber auch ein ernsthaft forschender Esoteriker mit tiefreligiöser Grundhaltung.
Bock betont, daß die Simony-Episode im Leben Steiners eine gewisse schicksalhafte Bedeutung hatte. Als erster hatte Simony an den jungen Steiner die Frage nach der Wiederverkörperung gestellt.

143 Siehe Anm. 120, 11. 7. 1916.

144 Siehe Anm. 1, S. 280 ff. Auch Herbert Hahn schildert mit gewissen unwesentlichen Abweichungen diese Begegnung mit Simony, in »Rudolf Steiner, wie ich ihn sah und erlebte«. Stuttgart 1961.

145 Vortrag vom 19. 2. 1906, enthalten in: Rudolf Steiner, Kosmogonie, GA 94. 1979.

146 Anthroposophie – eine Einführung in die anthroposophische Weltanschauung. GA 234. 4. Aufl. 1974. 2. 2. 1924.

147 Es verdient festgehalten zu werden, was Friedrich Eckstein in »Alte, unnennbare Tage« über den ihm befreundeten Simony schreibt, bei dem er Mathematik-Unterricht genommen hatte:
»Wie bringst du es fertig«, fragte ich ihn erstaunt, »solche verborgenen Dinge zu entdecken und in solche Tiefen einzudringen?« (Es handelte sich um die sehr schwierige Erklärung der Knotenkunststücke, die die Medien oft im Trancezustand vollführen, indem sie in ein geschlossenes, ringförmiges Band Knoten schlingen (H. E.))
Nach längerem Zögern erwiderte Simony: »Das will ich dir erklären: Von früher Kindheit bin ich von meinem Vater angehalten worden, körperliche Schmerzen mit Gleichmut zu ertragen und mit keiner Wimper zu zucken auch wenn mir mein Zustand schier unerträglich erscheinen wollte. Nun gibt es wenig Dinge, die so wehtun wie das intensive Nachdenken, wenn es über einen gewissen Punkt hinausgetrieben wird. Dies ist der Augenblick, wo die meisten die Sache aufgeben. Mir aber ist die Fähigkeit anerzogen worden, auch diese Art von Schmerz zu verbeißen, und so komme ich mitunter über den Punkt hinüber, an welchem die andern alles hinwerfen, um nur Ruhe zu finden. Aber gerade einen kleinen Schritt weit über eben diesen Punkt hinaus liegen oft die neuen Erkenntnisse.«

Ernst Lehrs erzählt in seinem Erinnerungsbuch, wie einmal Rudolf Steiner seine Begegnung mit Simony geschildert habe und hernach (bis 2 Uhr morgens) dem staunenden Stuttgarter Waldorfschullehrer-Kollegium das *Knotenphänomen* mit Hilfe von Papierstreifen unter Benutzung eines aus dem Rock hervorgeholten großen Schweizer Armeetaschenmessers in aller Ruhe mit überraschender Exaktheit vorführte.

148 Der Wert des Denkens für eine den Menschen befriedigende Erkenntnis. GA 164. 1984. 20. 9. 1915.

150 Erdensterben und Weltenleben. GA 181. 2. Aufl. 1967. 3. 7. 1918.

151 Siehe Anm. 19, S. 316 f.

152 Tunte (auch tuntig): umgangssprachlicher Ausdruck für langweilige, dumme Person (bes. Frau).

11. Der künstlerische Humor

153 Kunst und Kunsterkenntnis – Das Sinnlich-Übersinnliche in seiner Verwirklichung durch die Kunst. GA 271 3. erw. Aufl. 1985. 15. 2. 1918.

154 Goethe, Sprüche in Prosa, Zur Kunst.

12. Die Jugendbewegung

155 Konferenzen mit den Lehrern der Freien Waldorfschule in Stuttgart. Bd. 2., GA 300/2. Als Studienmaterial für die Lehrer an Waldorfschulen. Dornach 1975. 16. 11. 1921.

156 Enthalten in: Die Erkenntnis-Aufgabe der Jugend. GA 217a. 2. Aufl. 1981.

157 GA 217. 5. Aufl. 1979. Der Titel stammt von Marie Steiner (siehe »Beiträge zur Rudolf Steiner Gesamtausgabe«, Nr. 69/70, Ostern 1980).

158 GA 257. 2. 3. 1923.

159 Siehe Anm. 19, S. 154 ff. – Ernst Lehrs schildert ausführlich, wie die Vorträge des »Jugendkurses« »über die Bühne gingen«. »... Der Saal hatte eine Bühne mit einer Ballustrade ... An beiden Seiten führten einige Stufen hinauf.« Hinter einer Ausbuchtung befand sich der für den Redner bestimmte Platz. Dort begann auch Rudolf Steiner zu sprechen. »Bald aber fing er an, dort lebhaft hin- und herzuschreiten. Entsprechend waren seine Gesten. Im fünften Vortrag zum Beispiel, als er über das lebendige Denken sprach, wie es noch vor dem 15. Jahrhundert bestanden habe, ›das die heutigen Menschen nicht leiden können, weil sie es so empfinden, wie wenn ihnen ein Ameisenhaufen im Gehirn herumkribbelte‹, fuhr er, während er dies sagte, mit seiner Hand sogleich in die Haare und bewegte seine Finger darin herum als wären es herumkribbelnde Ameisen.

So sprach er in allen Vorträgen, das Gesprochene mit lebhaften Gesten illustrierend, gleich ob ihm dabei die Haare in die Stirne fielen.«

160 Siehe Anm. 19, S. 345 f.

161 Siehe Anm. 156, S. 211.

13. Das Vortragswerk

162 Siehe Anm. 58, S. 158 f.

163 Esoterische Betrachtungen karmischer Zusammenhänge. Bd. II. GA 236. 5. Aufl. 1977. 9. 5. 1924.

164 Erdensterben und Weltenleben. GA 181. 1967. 3. 7. 1918.

165 Heinrich Scholz, Platon und das Volk der Griechen, in »Deutsche Beiträge«, Jg. 1947.
166 Aus der Akasha-Forschung – Das Fünfte Evangelium. GA 148. 3. Aufl. 1980. 6.10.1913, 18.11.1913.
167 Siehe Anm. 148.
168 Christian Morgenstern, Wir fanden einen Pfad (1912).
169 Brief vom 16.5.1909, in »Christian Morgenstern – ein Leben in Briefen«, herausgegeben von Margarethe Morgenstern. Leipzig 1952.
170 Die Mystik im Aufgange des neuzeitlichen Geisteslebens und ihr Verhältnis zur modernen Weltanschauung. GA 7. 5. Aufl. 1960.
171 Siehe Anm. 120. 13.6.1916.
172 Siehe Anm. 130, 8.10.1917.
173 Siehe Anm. 19, S. 321.
174 Esoterische Betrachtungen karmischer Zusammenhänge. Bd. IV. GA 238. 5. Aufl. 1981.
175 Das Geheimnis des Todes. GA 159/160. 2. Aufl. 1980.
176 Siehe Anm. 78, 4.8.1922.
177 Siehe auch Anm. 130.
178 GA 233. 28.12.1923.
179 Siehe Anm. 120, 11.7.1916.
180 GA 139.
181 GA 163, 28.8.1915.
182 GA 118. 27.1.1910.
183 GA 278. 27.2.1914.
184 GA 143. 25.2.1912.
185 GA 279.
186 GA 187, 3. Aufl. 1979, 29.12.1918. Siehe auch Anm. 130.
187 GA 281.
188 Siehe Anm. 130.
189 GA 240.
190 GA 283, Fragenbeantwortung vom 30.9.1920.
191 GA 273. 19.1.1919.
192 Siehe Anm. 130, 12.10.1917.
193 GA 175. 8.5.1917.
194 GA 184. 2. Aufl. 1983. 21.9.1918.
195 GA 185. 2. Aufl. 1962. 1.11.1918.
196 Siehe Anm. 193, 8.5.1917.
197 GA 338.
198 GA 280. 4. Aufl. 1983. S. 187.
199 GA 147.
200 Siehe Anm. 130. 13.10.1917.
201 GA 302. 14.6.1921.
202 GA 338. 12.2.1921.
203 GA 351. 24.10.1923.
204 a.a.O., 31.10.1923.
205 a.a.O., 15.12.1923.
206 a.a.O., 22.12.1923.
207 GA 233a. 13.1.1924.
208 GA 200. 3. Aufl. 1980. 24.10.1920.

209 GA 163. 28.8.1915.

210 Siehe Anm. 120.

211 GA 282. 4. Aufl. 1981. – Max Reinhardt (eigentlich Goldmann, 1873–1943) Berliner Regisseur. Albert Bassermann (1873–1943), berühmter Schauspieler.

212 GA 147. 31.8.1913.

213 Siehe Anm. 157. 13.10.1922.

214 Geisteswissenschaftliche Erläuterungen zu Goethes Faust. GA 273. 4. Aufl. 1981. 17.1.1919.

215 Vom Leben des Menschen und der Erde. GA 349. 2. Aufl. 1980. 21.4.1923.

216 Siehe Anm. 214, 19.1.1919.

217 Zufall, Notwendigkeit und Vorsehung. GA 163. 1975. 5.9.1915.

218 Siehe Anm. 214.

219 Siehe Anm. 130.

220 Das Verhältnis der Sternenwelt zum Menschen und des Menschen zur Sternenwelt. GA 219. 3. Aufl. 1976. 24.12.1922.

221 Siehe Anm. 78, 27.6.1924.

222 Siehe Anm. 214, 27.1.1917.

223 GA 338. 3. Aufl. 1952.

224 Methodik und Wesen der Sprachgestaltung. GA 280. 4. Aufl. 1983. S. 185.

225 Menschenerkenntnis und Unterrichtsgestaltung. GA 302. 4. Aufl. 1978. 16.6.1921.

226 Siehe Anm. 158.

227 Anthroposophie – ihre Erkenntniswurzeln und Lebensfrüchte. GA 78. 3. Aufl. 1978. 5.9.1921.

228 Siehe Anm. 224, S. 206.

229 Siehe Anm. 20, S. 40.

230 Siehe Anm. 100, S. 34.

231 Rudolf Steiner – Marie Steiner von Sievers, Briefwechsel 1901–1925. GA 262. 1967. S. 146.

232 Siehe Anm. 70, 22.2.1924.

233 Siehe Anm. 130, 8.10.1917.

234 GA 273.

235 Siehe Anm. 174, 23.9.1924.

236 Die Brücke zwischen der Weltgeistigkeit und dem Physischen des Menschen. GA 202. 2. Aufl. 1980. 26.12.1920.

237 Siehe Anm. 166, 10.12.1913.

238 Über Gesundheit und Krankheit – Grundlagen einer geisteswissenschaftlichen Sinneslehre. GA 348. 3. Aufl. 1983. 16.12.1922.

239 Die Apokalypse des Johannes. GA 104. 6. Aufl. 1979. 19.6.1908.

240 Siehe Anm. 174, 18.9.1924.

241 Siehe Anm. 163, 9.5.1924.

242 Der Zusammenhang des Menschen mit der elementarischen Welt. GA 158. 3. Aufl. 1981. 22.11.1914.

243 GA 58. 11.11.1909.

244 GA 273. 10.12.1916.

245 Siehe Anm. 175, 21.2.1915.

246 a.a.O.

247 Die Sendung Michaels. GA 194. 3. Aufl. 1983. 23.11.1919.

248 Geisteswissenschaftliche Behandlung sozialer und pädagogischer Fragen. GA 192. 1964. 9.6.1919.

249 Novalis Verlag. Schaffhausen 1979.
250 Siehe Anm. 58, S. 223.
251 Esoterische Betrachtungen karmischer Zusammenhänge, Bd. V. GA 239. 2. Aufl. 1975. 30. 3. 1924.
252 Siehe Anm. 15, 1. 11. 1918.
253 Christus und die menschliche Seele. GA 155. 2. Aufl. 1982. 30. 5. 1912.
254 Natur und Mensch in geisteswissenschaftlicher Betrachtung. GA 352. 3. Aufl. 1981. 23. 1. 1924.
255 Siehe Anm. 58, S. 104.
256 GA 303. 4. Aufl. 1978. 30. 12. 1921.
257 Siehe Anm. 130.
258 Siehe Anm. 166. 4. 11. 1913.
259 GA 95. 26. 8. 1906.
260 Siehe Anm. 97, 13. 4. 1909, vormittags.
261 GA 102. 27. 1. 1908.
262 Von Jesus zu Christus. GA 131. 6. Aufl. 1982. 10. 10. 1911.
263 Siehe Anm. 217, 4. 9. 1915.
264 GA 218. 2. Aufl. 1976. 23. 10. 1922.
265 Siehe Anm. 214, 29. 9. 1918.
266 Siehe Anm. 130, 12. 10. 1917.
267 GA 151. 5. Aufl. 1980. 21. 1. 1914.
268 Mysterienstätten des Mittelalters. GA 233. 4. Aufl. 1980. 4. 1. 1924.
269 Siehe Anm. 214, 29. 9. 1918.
270 GA 220. 2. Aufl. 1982. 14. 1. 1923.
271 Siehe Anm. 242. 21. 11. 1914.
272 Siehe Anm. 115, 10. 9. 1916.
273 Siehe Anm. 214, 27. 1. 1917.
274 Siehe Anm. 238, 5. 1. 1923.
275 Diesbezüglich hat übrigens Steiner selbst einen didaktischen Hinweis gegeben: wenn man als Lehrer Wissenschaft hat, die auf die Grundlagen geht, könne man sie auch dem einfachen Menschen zum Verständnis bringen.
276 Siehe Anm. 254.
277 Vom Leben des Menschen und der Erde. GA 349. 2. Aufl. 1980. 21. 3. 1923.
278 a. a. O.
279 a. a. O.
280 GA 354. 2. Aufl. 1977. 9. 8. 1924.
281 GA 351. 3. Aufl. 1978. S. 131 ff.
282 Siehe Anm. 238, 10. 1. 1923.
283 Siehe Anm. 277.
284 Siehe Anm. 238, 10. 1. 1923.
285 Siehe Anm. 254, 7. 1. 1924. – Die Wendung »eine Dummheit Gottes« hatte Steiner vor Jahren in einem Schopenhauer-Aufsatz für eine österreichische philosophische Zeitschrift gebraucht, um die »Unvernünftigkeit« des Schopenhauerschen Weltengrundes deutlich zu machen. Der Schriftleiter bat Steiner, diese Stelle streichen zu dürfen, da sonst (im alten erzklerikalen k. u. k. Österreich) die betreffende Nummer konfisziert worden wäre. Steiner stimmte zu, erinnerte aber den Redakteur daran, daß dieser ihm (Steiner) als damaligem Herausgeber einer österreichischen Wochenschrift einen Aufsatz geliefert hatte, in dem geschrieben stand, das österreichische Schulwesen sei eine Dummheit des

Unterrichtsministers. Das hatte Steiner mutig stehen lassen, mit dem »Erfolg« allerdings, daß die Nummer beschlagnahmt worden war. ... Ja, die Dummheit versteht eben keinen Spaß, sie ist völlig humorlos!

286 Siehe Anm. 236, 4. 12. 1920.
287 a. a. O.
288 a. a. O.
289 a. a. O., 5. 12. 1920.
290 Siehe Anm. 214, 27. 1. 1917.
291 Siehe Anm. 247, 15. 12. 1919.
292 Siehe Anm. 174, 27. 9. 1924.

Rudolf Steiner Bildbände

Bilddokumentation zu »Mein Lebensgang«

Band 1

Die Jugendzeit Rudolf Steiners in Österreich, 1861–1890

Mit einem Vorwort und einem biographischen Anhang
von Wilhelm Rath

148 S. mit 116 Aufnahmen, Format 20 × 27,5 cm,
Leinen geb. mit Schutzumschlag, z. Z. vergriffen, Neuauflage 1986

Band 2

Das Wirken Rudolf Steiners von 1890–1907, Weimar und Berlin

Mit einer Einleitung und einem biographischen Anhang
von Georg Hartmann

162 S. mit 97 Aufnahmen, Format 20 × 27,5 cm,
Leinen geb. mit Schutzumschlag

Band 3

Das Wirken Rudolf Steiners von 1907–1917, München–Berlin–Dornach

Text und biographischer Anhang von Wolfram Groddeck

104 S. mit 118 Aufnahmen, Format 20 × 27,5 cm,
Leinen geb. mit Schutzumschlag

Band 4

Das Wirken Rudolf Steiners von 1917–1925

Hrsg. Heinz Herbert Schöffler

Erscheint 1986

Bände 1–3 vom Novalis-Verlag übernommen

VERLAG AM GOETHEANUM

Walter Beck

Rudolf Steiner – Die letzten drei Jahre

Persönliche Erinnerungen

50 S. mit teils farb. Abb. (drei authentische Aquarelle vom ersten Goetheanum),
Großformat, Leinen geb. mit Schutzumschlag

Seine persönlichen Erinnerungen betrachtet Walter Beck im Zu-
sammenhang mit der dramatischen Geschichte des 20. Jahrhun-
derts, daraus zieht er den Schluß: Der geistige Brennpunkt dieses
Jahrhunderts waren die letzten drei Lebensjahre Rudolf Steiners.
Die Gedanken, die Walter Beck, dessen Lebenswerk als Architekt
weithin Anerkennung gefunden hat, im Hinblick auf diesen ersten
Goetheanum-Bau mit seinen Erinnerungen verknüpft, gehören
vielleicht zu den bedeutendsten zeitgenössischen Äußerungen zum
Thema Auswirkungen der Architektur.
Mit einer Reihe bisher unveröffentlichter Dokumente aus seinem
Archiv »illustriert« der Autor seine Schilderung, so daß auch der
Leser einen authentischen Eindruck erhalten kann.

VERLAG AM GOETHEANUM

Walter Beck

Rudolf Steiner – Das Jahr der Entscheidung

Neue Briefe und Dokumente aus seiner Jugendzeit

116 S. mit zahlr. zweifarb. Abb., Großformat,
Leinen geb. mit Schutzumschlag

Der Autor versucht, nicht bereits Bekanntes unter neue Gesichtspunkte zu stellen, sondern umgekehrt: Es soll eine Reihe neuer, bisher unbekannter Dokumente in bereits bekannte Zusammenhänge eingeordnet werden. Es wird versucht, einen Beitrag zu liefern zum Verständnis jenes Zeitpunktes im Leben des jungen Steiner, an dem er mit seiner Forschung aufgrund hellsichtiger Anschauungsmöglichkeiten begonnen hat. Es soll weiter gezeigt werden, wie Rudolf Steiner in einer kulturhistorisch spannungsgeladenen Umwelt aufgetreten ist, wie sich seine Ideenentwicklung mit innerer Konsequenz an die Grundgedanken und Lebensinhalte führender Persönlichkeiten aus Anfang und Mitte des vorigen Jahrhunderts ohne Bruch angeschlossen hat, wie er aber andererseits in dieser so komplizierten und gedrängten Situation Richtlinien entwickelt hat, die zur Klarstellung unserer eigenen Lage in Gegenwart und nächster Zukunft entscheidend werden können.

VERLAG AM GOETHEANUM